LEBRON JAMES
AVANT
LEBRON JAMES

Et si on découvrait LeBron James comme si on y était ?

Bonjour, je suis Nicolas Aaa. Vous avez peut-être pu lire mes articles sur le blog Unlimitednba.blogspot.com et sur le site Basket-infos.com, m'entendre dans le podcast l'Echo des parquets ou encore voir passer mes réflexions sur certains réseaux sociaux, tout ça sous le pseudonyme « StillBallin ».
Si c'est le cas, je suis ravi de vous retrouver ici. Et sinon, bienvenue à vous, j'espère que le voyage vous plaira.

Il faut aussi que je vous dise que ce livre est écrit mais aussi édité par mes seules (mais vaillantes) mains. Personne d'autre ne l'a lu avant sa publication, ni donc n'a eu d'influence sur ces lignes que vous vous apprêtez à lire. Vous êtes ainsi en quelque sorte dans la peau du premier lecteur de ce livre tout juste sorti du four.
Mais évidemment, il n'est par conséquent pas impossible que ce livre vive encore avec quelques imperfections. Vous êtes libres de les signaler sur le salon de discussion Discord dédié (https://discord.gg/k796WsCm) ou par mail (nicolas.aaa@outlook.com). Vous pouvez aussi y faire toutes les remarques et observations que vous voudrez. Vos participations pourront ainsi être prises en compte lors d'une réédition (merci au futur vous !).
J'ai également fait la couverture, toute remarque est ici aussi bienvenue.

Enfin, si cette lecture vous a plu, écrivez-donc un commentaire sur le site où vous l'avez acheté (et ajoutez ainsi une passe décisive à vos stats).

LeBron James
avant
LeBron James

Et si on découvrait LeBron James comme si on y était ?

-Écrit et édité par Nicolas Aaa-

Publié dans sa première édition en mars 2024
526 382 caractères

LeBron James avant LeBron James

Et si Vous découvriez LeBron James comme si Vous y étiez ?

Depuis quand connaissez-vous LeBron James ? Depuis toujours semble-t-il, n'est-ce pas ? Il faut bien reconnaître que celui qui est peut-être (peut-être) le meilleur basketteur de tous les temps est sur la scène médiatique internationale depuis son adolescence et qu'il approche aujourd'hui, en 2023, des quarante ans.

Ça fait donc presque vingt-cinq ans que son nom est sur toutes les lèvres. Pour peu que vous n'ayez pas encore ce nombre d'années à votre compteur personnel, que vous étiez alors plutôt un môme pas encore conscient du monde existant au-delà de votre goûter et de vos camarades de classe, ou que vous l'ayez découvert avec les deuxièmes ou troisièmes trains d'information, vous n'avez pas eu la chance d'assister aux premières lueurs de ce phénomène.
Que diriez-vous de rattraper ce fragment d'Histoire basketballistique et de devenir ce que vous n'aviez pas pu être à l'époque : le témoin de l'apparition de LeBron James ?

Bref, et si on redécouvrait l'Élu comme si nous y étions ?

Vous êtes en 1997, le 13 août plus précisément. New York a encore ses deux tours jumelles, la planète a peur que l'an 2000 fasse sauter les ordinateurs, la chanson « Mo Money Mo Problems » tourne en boucle à la radio et les enfants veulent tous porter un costume et des lunettes noires pour aller chasser les extraterrestres clandestins avec Will Smith.

Comme tous les matins, vous ouvrez l'Akron Beacon Journal, canard local de votre ville d'Akron dans l'Ohio. Dans un petit encart au bord de la page 19, vous voyez que la petite équipe de basket d'enfants de douze ans ou moins, les Shooting Stars de l'association Akron Basketball, vient de remporter le tournoi national de sa catégorie d'âge.

Vous levez un sourcil appréciateur car ce n'est pas d'un petit tournoi de quartier dont il s'agit. Trente et une équipes de jeunes garçons venant de vingt États américains et de Porto Rico ont voyagé jusqu'à Orlando pour s'affronter.

En finale, la formation d'Akron a battu les Charlotte Stars 65 à 47. L'article vous indique qu'un certain LeBron James a été le meilleur marqueur de ce match décisif avec treize points, aidé de ses coéquipiers Sian Cotton (12 pts), Dru Joyce et Vahn Knight (10 pts). Tous ont été retenus dans l'équipe-type du tournoi. Ledit LeBron James a également été nommé meilleur joueur de la compétition.

L'article ajoute que la jeune équipe des Shooting Stars avait aussi précédemment participé à un tournoi AAU (Amateur Athletic Union) avec à la clé une dixième place sur soixante-et-onze équipes participantes. En comptant tous les tournois cumulés depuis février, l'équipe d'Akron a remporté quarante-quatre matchs pour seulement six défaites.

Vous esquissez un petit sourire. C'est toujours agréable de voir des enfants de douze ans faire rayonner le nom de votre petite ville d'Akron jusqu'en Floride. Peut-être même que les jeunes de chez vous ont brillé devant un public plus volumineux que prévu. Après tout, il n'est pas difficile d'imaginer des habitants d'Orlando dépités vouloir regarder un basket plus innocent après avoir vu une saison entière sans Shaquille O'Neal, parti de leur franchise NBA chérie pour les billets et les paillettes de Los Angeles.

Un peu plus d'un an après, le 22 septembre 1998, votre journal habituel vous informe avec un sourire que les Shooting Stars ont à nouveau remporté le tournoi national organisé à Orlando. Il s'agit de l'équipe de la catégorie 13 ans et moins, et, cette fois, des Shooting Stars de la Northeast Ohio Basketball Association. Mais les joueurs semblent cependant être les mêmes.
Vous retrouvez ainsi le petit LeBron James qui a encore une fois était le meilleur scoreur de la finale (face aux Kenner Eagles de New Orleans) avec 21 points. Le trophée de meilleur joueur de la compétition est par contre revenu à son coéquipier, Sian Cotton.
C'est qu'Akron a l'air d'avoir une bonne petite équipe de jeunes, là ! Vous repliez votre journal avec satisfaction. C'est bien dommage que la saison NBA n'ait pas encore commencé, cette petite réussite de la jeune formation locale vous a donné envie de regarder la seule équipe professionnelle de l'Ohio, les Cavaliers de Cleveland. Son effectif ne déborde pas de talents mais il est vaillant. La franchise n'est pas passée loin des playoffs la saison précédente et assurément, elle sera dans la lutte pour s'y qualifier cette année. Et comment ne pas être un fervent admirateur du meneur de poche, Terrell Brandon ? Vous

espérez fermement qu'il réalisera encore de grandes années sous les couleurs bleues et noires.

Quelques jours plus tard, vous assistez un peu médusé au renversement massif de l'effectif de Cleveland. Un paquet de monde part, dont Terrell Brandon, transféré par la franchise. Un paquet de monde arrive, dont Shawn Kemp, justement en échange de Brandon.
Vous ne savez pas quoi en penser. Vous aimiez bien votre équipe de guerriers irréprochables. Mais Shawn Kemp est l'un des meilleurs joueurs de la ligue et l'un des plus spectaculaires. Il était en finale NBA face à Michael Jordan deux ans auparavant ! Certes, il a plus ou moins forcé un transfert parce que son ancienne équipe ne pouvait pas lui donner le salaire qu'il voulait à cause de quelques choix de recrutement hasardeux et il se murmure qu'il fait face à un problème d'alcool. Mais c'est Shawn Kemp !
Arrive novembre et vous observez les débuts difficiles de l'équipe sous sa nouvelle forme (mais le même maillot étrange). Et puis les choses commencent à tourner rond. Shawn Kemp n'est pas tout à fait Shawn Kemp mais son impact est là. Puïs surtout, cinq joueurs de 22 et 23 ans dont notamment Brevin Knight, Derek Anderson ou encore ce très grand européen au nom compliqué, se révèlent être plutôt bons.
Les mois défilent et quand la fin de saison frappe à la porte, vous avez la satisfaction de voir Cleveland se hisser dans le cercle restreint des participants aux playoffs. La franchise se fait ensuite éliminée dès le premier tour mais c'est déjà un accomplissement.
Vous vous excitez ensuite tout l'été en vous attendant à une progression des jeunes et à voir un Shawn Kemp plus

à l'aise. Puis patatras, vous apprenez que la saison NBA est suspendue jusqu'à nouvel ordre par les propriétaires des franchises. Cela tant qu'un accord sur des questions de gros sous n'est pas trouvé avec le syndicat des joueurs.
Juillet passe. Août passe. Puis Septembre. Ensuite Octobre. Novembre. Novembre se termine. Vous arrivez en Décembre. Vous fêtez Thanksgiving, Noël et la nouvelle année. Autant dire qu'une vie est passée.
Puis début Janvier, enfin, la délivrance. Un accord est trouvé entre les propriétaires et les joueurs, la saison NBA reprend. Mais cette fois, votre équipe des Cavaliers de Cleveland trahit vos espoirs et s'entête involontairement à refuser de récompenser votre patience match après match. Février commence avec trois défaites puis se poursuit avec cinq victoires mais encore quatre défaites juste après. Le mois de Mars se partage ensuite à peu près équitablement les victoires et les défaites.
Les promesses de l'année dernière n'ont pas complètement répondu présentes mais votre équipe arrive au milieu du mois d'avril avec un bilan quand même honorable de 21 victoires contre 18 défaites. Et puis c'est la dégringolade. Dix défaites en onze matchs pour terminer l'année. Pas de tournoi d'après saison et à la place, un plateau d'inquiétudes sur l'avenir. Vous voyez des nuages sombres commencer à s'enrouler autour de l'ère Shawn Kemp et de vos rêves de pouvoir suivre enfin une grosse équipe du championnat.
Vous regardez les playoffs avec la télévision éteinte et laissez filer les mois de Mai, Juin, Juillet, Août, Septembre et Octobre à l'écart du monde de la balle orange. C'est une longue période mais elle permet à votre frustration de doucement s'effilocher. Certes, la déception ressentie par le film « Star Wars, La Menace Fantôme » vous fait le même effet que les Cavaliers mais ce petit goût amer

passe beaucoup mieux avec en fond sonore la chanson « Scar Tissue » des Red Hot Chili Peppers.
Un vent de fraîcheur cinématographique vient balancer tout ça avec les sorties de « The Matrix » et de « The Blair Witch Project ». Vous n'attendez plus que le prochain film du réalisateur M. Night Shyamalan après être allé voir trois fois « Le Sixième Sens » dans le petit cinéma de votre quartier. Vous vous réjouissez de voir des américains remporter le tournoi de Roland Garros en tennis et le Tour de France en cyclisme. Celui qui a gagné la célèbre compétition cycliste a d'ailleurs, de façon très impressionnante, réussi cet exploit après avoir réglé son compte à son cancer.
Vous coulez même un regard du côté de l'actualité internationale. Vous vous marrez en voyant le Président de la Fédération de Russie faire des apparitions à la télévision et changer de premier ministre deux fois en quelques mois. Le dernier nommé, un certain Vladimir Poutine, vous fait un peu moins rire quand il déclare qu'il faudra « buter les terroristes jusque dans les chiottes » avant de joindre l'acte à la parole en lançant des troupes militaires en Tchétchénie.

Vous retrouvez la NBA au début du mois de novembre et l'équipe de Cleveland renforcée par deux jeunes joueurs draftés respectivement en 8ème et 11ème position, le meneur Andre Miller et le shooteur Trajan Langdon. Vous apprenez avec un brin d'amertume que le prometteur Derek Anderson a été transféré aux Clippers contre le scoreur Lamond Murray parce que l'arrière demandait plus d'argent que la franchise ne voulait lui en donner.
Shawn Kemp est un peu décevant -il a 30 ans et n'est clairement plus le power forward explosif de jadis- mais

les premières semaines de compétition sont encourageantes avec huit victoires accrochées au tableau de chasse en quinze rencontres.

C'est dans cette humeur joyeuse que vous ouvrez votre journal local, ce matin-là du 4 décembre 1999. Et, tiens donc, le nom de LeBron James apparaît à nouveau.

Vous vous souvenez ? C'est cet adolescent de douze puis treize ans dont vous aviez entendu parler lorsque son équipe avait remporté un tournoi national de catégorie de jeunes pendant deux années d'affilée. Quel plaisir de le voir resurgir, plus d'un an après.

Cette fois, le journaliste de l'Akron Beacon Journal, un certain Brian Windhorst, consacre un article à l'équipe de basket de son lycée, Saint Vincent-Saint Mary qui a remporté son premier match officiel de la saison.

St Vincent-St Mary est un lycée que vous connaissez seulement parce que vous passez devant de temps en temps. C'est un lycée privé catholique pas bien grand, situé un peu au nord du centre d'Akron.

L'article vous informe que le « Fighting Irish » a ainsi battu (écrasé, en réalité) l'équipe du lycée Cuyahoga Falls, 76 à 40. Il vous apprend que quelques inquiétudes existaient juste avant la rencontre car l'équipe de St Vincent-St Mary, plutôt performante l'an passé (elle est allée en finale régionale), ne présente plus du tout les mêmes joueurs. Beaucoup de lycéens de premières années (appelés « freshmen ») -âgés donc de seulement quatorze ans- devront forcément avoir beaucoup de temps de jeu.

Ce qui inquiète c'est que ces garçons à peine sortis de l'enfance vont être opposés à des dernières années de dix-huit ou dix-neuf ans, accusant en principe un écart physique, technique et de savoir-faire semblable à l'épaisse couche de confiture que votre grand-mère mettait sur vos tartines quand vous étiez enfant (plus épaisse que

la tranche de pain elle-même).
L'espace de ce match, ces craintes ont été balayées. Déjà, les anciens ont répondu présent, comme notamment le dernier année (appelé « senior »), Maverick Carter, avec 15 points en jouant à une position qui n'est pas la sienne. Mais c'était le nouvel arrivé et lycéen de première année, LeBron James qui a été impressionnant en marquant lui aussi 15 points.
Vous vous dites que c'est vrai que ce n'est pas rien de réussir à inscrire autant de points à quatorze ans pour un premier match à ce niveau et face à des adolescents en passe d'avoir le droit de vote.
Un autre jeune homme venu de France, Aly Samabaly, a aussi apporté sa pierre à la victoire. Le nom d'un autre freshman vous dit aussi quelque chose. Dru Joyce. Son nom n'était-il avec celui de LeBron James dans un des tournois de jeunes qu'il a remporté deux ou trois ans auparavant ?
L'article ne dit pas grand chose sur la façon de jouer de ces prometteurs basketteurs. On sait que Joyce mesure seulement 1,57m, qu'il a commencé remplaçant, qu'il a mis trois tirs à trois points et qu'il défend bien malgré sa petite taille.
Sinon, on lit l'entraîneur dire que l'équipe a bien partagé la balle et que les cinq titulaires peuvent tous dribbler, passer et shooter correctement. Le jeune LeBron était certainement parmi eux, sinon l'article aurait dit qu'il était entré en jeu, comme il l'a fait pour le petit Dru. L'entraîneur adverse confirme en tout cas que les joueurs de son équipe n'ont pas arrêté d'être débordés sur les dribbles des membres du Fighting Irish.

Le lendemain, la nouvelle édition de l'Akron Beacon Journal se contente d'afficher le score des matchs lycéens et les statistiques de joueurs. Votre œil curieux parcourt les colonnes de chiffres abruptes. Et mince, le lycée dans lequel vous avez fait vos classes a perdu.
Par contre St Vincent-St Mary, l'équipe lycéenne pleine de premières années, a gagné. C'était contre Cleveland Central Catholic. Samabaly a mis 19 points et James 21. Dru Joyce n'en a marqué que trois (un tir à trois points). Vous voyez aussi le nom de Sian Cotton qui n'a marqué que cinq points. Comme pour Joyce, son nom ne vous est pas complètement inconnu.

Le bon parcours des Cavaliers instille en vous une soif d'informations basketballistiques rattachées à votre terre ohioan que la seule équipe de Cleveland ne parvient pas à étancher complètement. Et puis vous refusez de suivre le championnat universitaire tant que celui-ci générera des paquebots de billets verts sans que ceux qui en sont la raison -les joueurs- ne perçoivent pas davantage qu'une bourse d'études. Alors vous rabattez votre appétit sur les scores des matchs lycéens du comté, dont particulièrement votre ancien établissement.
Vous ne vous contentez toutefois pas de regarder ce que fait ce dernier, vous passez en revue un peu tous les résultats, comme un gourmand qui ne cesse de piocher dans la boîte à biscuits sitôt après en avoir terminé un.
Le nom de LeBron James réapparaît alors dans votre journal du 18 décembre à l'occasion d'un rapide résumé des rencontres de la veille parce qu'il a marqué 27 points (pas mal du tout pour un gamin de 14 ans). Dans les semaines suivantes, c'est surtout son équipe de St Vincent-St Mary qui est mise en avant par le même journaliste,

Brian Windhorst, quand elle arrive à battre difficilement un adversaire coriace grâce à « l'ancien de cette équipe pleine de freshmen », Maverick Carter, ou quand elle s'apprête à affronter une autre équipe qu'elle qui est encore invaincue après six matchs (sept matchs, pour St Vincent-St Mary).

Dites-donc, vous dîtes-vous, c'est que ce lycée de St Vincent-St Mary au sept rencontres sans défaite a l'air de se révéler être une des terreurs de la compétition. Le fait que Maverick Carter soit apparemment le seul dernière année de l'équipe est d'autant plus impressionnant. Dans les piliers de cette formation lancée dans une telle chevauchée, Carter est le plus souvent cité avec l'ailier freshman d'un mètre quatre-vingt quatorze, LeBron James (18 points dans le match serré), et le troisième année, Aly Samabaly (19 points).

Il faut bien l'avouer, ce petit coup de projecteur a hameçonné votre attention sur le lycée St Vincent-St Mary. Ainsi, votre lecture de l'Akron Beacon Journal opère désormais un arrêt systématique sur les résultats de l'équipe pour voir si sa série de victoires continue.

Le canard n'y consacre le plus souvent qu'un petit carré de papier avec le score et les succinctes statistiques des joueurs. Semaines après semaines vous voyez ainsi St Vincent-St Mary remporter le match et Aly Samabaly, LeBron James et Maverick Carter apparaître la plupart du temps dans les meilleurs marqueurs.

Le premier février de l'an 2000, alors que vous vous dîtes que, rétrospectivement, c'était quand même bien bête de stresser autant pour un très hypothétique bug informatique généralisé à la planète entière dû au changement de siècle, votre journal publie le classement de la division III du championnat lycéen de l'État (il vous faut un petit d'effort de mémoire pour vous rappeler que les divisions ne sont pas fixées sur des critères sportifs mais au regard de la taille des établissements). St Vincent-St Mary trône à son sommet avec quinze victoires pour aucune défaite, seule formation invaincue jusque-là (même si bon, deux autres équipes n'ont qu'une seule petite défaite à leur passif).

Il y a aussi un classement des statistiques individuelles, avec le trio Samabaly, James et Carter autour du top 20 des meilleurs marqueurs. Samabaly est 19e avec 16,9 pts, James est 21e avec 16,6 pts et Carter, 24e avec 15,5 pts.

C'est quand même fort ce que fait le petit James. Est-il vraiment dans la liste des plus gros pourvoyeurs de points à seulement 14 ans dans un contingent de joueurs pouvant aller jusqu'à 18, voire 19 ans ? Le classement affiché ne donne pas l'âge ou l'ancienneté des joueurs, donc difficile de dire si l'ailier de St Vincent-St Mary est une exception ou non. Qu'importe, c'est déjà suffisamment impressionnant pour que vous hochiez la tête d'appréciation au-dessus de votre journal.

De temps en temps, l'Akron Beacon Journal écrit quelques lignes sur le match victorieux de St Vincent-St Mary. Cette dernière semble être l'équipe à suivre mais également la fierté de la ville d'Akron. Il faut dire qu'au 24 février 2000, le canard rapportait que le quotidien national USA Today classait l'équipe de basket du lycée en 23ème position parmi toutes les équipes lycéennes du pays. Et à la quatrième parmi les établissements du Midwest des États-Unis.

Vous n'arrivez pas à vous souvenir si St Vincent-St Mary ou n'importe quel autre lycée d'Akron a déjà fait une apparition dans ce classement national, par le passé. Mais qu'importe que ce soit la première fois ou non, une petite chaleur de fierté vient caresser votre coeur. Et dire qu'on s'inquiétait de voir cette équipe du Fighting Irish embarquer dans cette saison du championnat avec une formation si jeune, souriez-vous.

Vous n'avez pas la moindre idée de comment est fait ce classement parmi les milliers de lycées dans des championnats aux niveaux disparates, mais vous vous en fichez : une équipe de basket de votre ville est affichée dans tout le pays comme l'une des plus fortes dans sa catégorie.

Le lendemain, dans un article prenant une grande partie de la page, le journal revient sur cet accomplissement. Selon lui, ce succès se fonde sur l'alchimie entre les joueurs, l'altruisme, un investissement de tous les instants et une belle profondeur d'effectif.

Le journal marque sa surprise de voir une telle équipe présenter ces caractéristiques alors que derrière Maverick Carter, leader du groupe, il n'y a pratiquement que des joueurs jeunes et notamment quatre freshmen. Le premier de ces derniers qui est cité est l'arrière (tiens, ils avaient dit ailier la dernière fois, non ?) d'un mètre quatre-vingt quatorze et co-meilleur marqueur de l'équipe, LeBron James.

L'article ne s'attarde pas sur lui, vraisemblablement parce que le journal cite son nom à chaque match depuis trois mois. Cependant, vous vous rendez compte que vous ne savez finalement pas grand-chose de lui, à part son âge, sa taille et qu'il marque beaucoup de points.

Le papier préfère profiter de l'occasion pour développer un peu plus l'histoire des autres. Vous lisez ainsi que Dru Joyce est si petit qu'il « se fait presque avaler par son short mais qu'il peut allumer un incendie par ses tirs de loin » ; ou qu'un autre première année, Sian Cotton, est « beaucoup plus rapide qu'il en a l'air et qu'il se bat dur à proximité du panier ».

Vous apprenez que l'arrière de troisième année, Aly Samabaly, est un extraordinaire joueur de périmètre,

leader de l'équipe au scoring avec James ; qu'il est très rapide, doté d'un bon toucher de balle et qu'il attaque le cercle avec puissance. Malien d'origine, parti en France après le décès de ses parents et désormais habitant dans les environs d'Akron, il est probablement un candidat pour être nommé dans l'équipe type de l'État d'Ohio.
Vous vous dîtes donc qu'il pourrait être intéressant de retenir le nom de certains de ces joueurs, notamment Aly Samabaly, LeBron James et Maverick Carter. Vu le rouleau-compresseur qu'a l'air d'être cette équipe de St Vincent-St Mary et les éloges répétées du quotidien, ils doivent sortir du lot. Ça serait quand même pas désagréable de voir un joueur de votre ville d'Akron être un jour reconnu parmi les meilleurs lycéens de tout l'État d'Ohio. Qui sait, peut-être sera-t-il recruté par la prestigieuse université d'Ohio State ?

Avec son apparition dans USA Today, le lycée de St Vincent-St Mary devient une petite célébrité locale. Vous commencez en effet à entendre quelques conversations à ce sujet quand vous vous baladez dans les rues de la ville et vous-même vous retrouvez-vous à en parler avec vos amis. L'un d'eux vous apprend d'ailleurs que le journaliste de l'Akron Beacon Journal qui signe la plupart des articles sur le Fighting Irish, Brian Windhorst, était lui-même un élève à St Vincent-St Mary il y a quelques années. Tiens donc, voilà qui est intéressant.
On raconte même que 5000 personnes étaient venues regarder St Vincent-St Mary affronter son rival historique, Hoban. Le journal confirme ce nombre astronomique pour une rencontre lycéenne, mais l'explique toutefois davantage par la rivalité que par la circonstance que St Vincent-St Mary a été mis sous les projecteurs par un

quotidien national. Il est vrai toutefois que l'article de l'Akron Beacon Journal rappelle que l'actuellement invincible lycée avait rendu les armes face à Hoban l'an passé et l'année précédente. Il est facile d'imaginer que les gens ont voulu voir si l'équipe qui roule actuellement sur tout le monde parviendra à se venger autoritairement ou au contraire tombera de son piédestal.
Et alors, qu'est-ce que ça a donné ? 90 à 58 pour St Vincent-St Mary sur les ailes du jeune LeBron James qui a inscrit 27 points. Aly Salmany en a rajouté 18. Vous ne pouvez empêcher un petit rire de s'échapper de votre lecture.

Si vous ne viviez pas à Akron ou que vous n'étiez pas ce lecteur de l'Akron Beacon Journal qui attarde toujours un peu ses yeux sur les pages sportives lycéennes, c'est peut-être à ce moment-là que vous liriez le nom de LeBron James pour la première fois. Vous seriez alors, ce 29 février 2000, en train de surfer sur la page internet du quotidien d'envergure nationale, USA Today, ou en train d'ouvrir le journal dans sa version papier (souvent repris par la presse locale, comme dans le Asbury Park Press, petit journal du New Jersey).
USA Today publie en effet ce jour la mise à jour de son traditionnel classement des vingt-cinq meilleures équipes de basket lycéennes du pays. Cependant, cette fois-ci, en plaçant St Vincent-St Mary à la même 23ème place que la semaine passée, le journaliste Dave Krider glisse le nom de LeBron James :

« 23.St. Vincent-St. Mary, Akron, Ohio (20-0)
Semaine dernière: 23. Résultat : LeBron James a marqué en moyenne 23 points contre Rayen (Youngstown) 89-68

et Hoban (Akron) 90-58. Maverick Carter a marqué en moyenne 20 points, cinq passes décisives et cinq interceptions. »

Vous attarderiez cependant plus logiquement votre attention sur le lycée intronisé à la première place du classement, le lycée Dominguez de Compton en Californie (qui vous feriez aussi visualiser sans le vouloir les rappeurs de N.W.A. et le film Boyz N The Hood avant de penser à la balle orange). L'équipe au bilan de 29 victoires pour 2 défaites est semble-t-il portée par un certain Tyson Chandler (13,5 pts, 10 rebonds, 6 contres) et un certain Sherman Gay (14,5 pts). Vous retiendrez ces deux noms en vous disant qu'il paraît plutôt malin de garder en mémoire le nom des meilleurs joueurs de la meilleure équipe.

Vous regarderiez ensuite les autres équipes du sommet du classement comme Oak Hill (Mouth of Wilson, Virginia ; 30 victoires, 2 défaites) et pour qui le journaliste a décidé de mettre en avant Dave Holmes (22,5 pts), DeSagana Diop (17,5 pts, 8 rebonds, 6,5 contres) et Cliff Hawkins (18 passes décisives).

Vous liriez ensuite les autres noms de lycées et de joueurs d'une traite sans spécialement vous y accrocher. Daniel Ewing, Ivan McFarlin et TJ Ford dans une équipe du Texas. Zach Randolph qui réussit sa meilleure performance à la marque en carrière avec 39 points pour le lycée Marion dans l'Indiana. Jack Martinez du lycée Artesia en Californie qui poste un joli 23 points, 20,5 rebonds et 3 contres en moyenne sur deux rencontres. Vous vous diriez que le célèbre État doré tout à l'ouest des États-Unis est bien représenté car vous retrouvez aussi un lycée de Santa Ana dénommé Mater Dei, mené par Cedric Bozeman et Jamal Sampson, un autre de Fresno avec

Charlie Rodriguez et Jason Walberg, puis un dernier de Concord.
En face, la Mecque du basket, New York, n'a pu envoyer que le lycée St Raymond's, Bronx, dixième du classement grâce à Alan Ray et Julius Hodge. Le nom de lycée « Mount Zion Christian » vous parlerait un peu car c'est de là que l'actuel joueur de la NBA, Tracy McGrady, a fait le saut un peu fou du lycée à la grande ligue professionnelle sans passer par la case universitaire. Il n'est que l'un des suiveurs des Kevin Garnett et Kobe Bryant mais avec lui, le monde s'est demandé si le jeune loup aux dents longues n'avait pas fait une erreur après deux premières saisons dans la grande ligue pas des plus brillantes. Mais cette troisième et présente année s'avère beaucoup plus rassurante. Vous regarderiez qui sont les joueurs de Mount Zion Christian de l'exercice en cours : Jonathan Hargett et Jarrett Jack. D'accord, d'accord.

Le vous qui vit à Akron voit la semaine suivante -le 4 mars déjà- dans l'Akron Beacon Journal, St Vincent-St Mary maintenir son hégémonie contre Loudonville avec 17 points de LeBron James, meilleur scoreur de la partie, et 15 points d'Aly Samabaly.
Le match suivant se solde par une victoire contre Hillsdale mais non sans un peu plus de difficultés que d'habitude. Brian Windhorst explique dans son papier que les leaders habituels ont manqué un paquet de leurs tirs, avant que James mène la charge dans le troisième quart-temps avec 15 des ses 23 points (plus haute marque du match, encore une fois), sept tirs réussis sur sept tentés, deux interceptions et deux passes décisives.
« Je l'ai mis au défi juste avant de quitter les vestiaires » dit coach Keith Dambrot au journaliste. « Je l'ai pris à part

et je lui ai dit "Maintenant, nous allons voir à quel point tu es vraiment bon." »

Vous froncez du nez en lisant ces mots. Est-ce normal de compter sur l'un des plus jeunes joueurs de l'effectif pour porter une équipe en souffrance ?

L'article ajoute que James a liquidé le quart-temps avec deux fantastiques passes -une par derrière son dos et l'autre à une main, sans regarder- pour Maverick Carter dans une séquence de dix points contre deux qui a éteint les espoirs de Hillsdale.

L'article de l'Akron Beacon Journal publie également une photo de James. C'est la première fois que vous voyez le notable freshman en image plutôt qu'en lettre. Vous pouvez ainsi voir le jeune adolescent en l'air, à proximité du panier, pour essayer de marquer malgré un défenseur et son bras tendu. Le joueur de St Vincent-St Mary, particulièrement son visage, n'est pas très bien distinguable à cause de l'angle de la photo, qui de plus est en noir et blanc. Vous pouvez quand même apercevoir qu'il porte le numéro 32.

Dans les jours qui suivent, le nom de James apparaît à nouveau dans votre quotidien préféré quand ce dernier annonce les équipes-types de la division III du district. Dans les sept joueurs retenus pour figurer dans la première équipe, vous apercevez les trois éléments majeurs de St Vincent-St Mary : Maverick Carter, LeBron James et Aly Samabaly.

Le 12 mars, LeBron James est une nouvelle fois placardé sur le papier journal comme l'homme providentiel de la victoire -et du bilan toujours immaculé- du lycée d'Akron en finale de la division III du district. Cette fois, ce n'est pas Brian Windhorst qui écrit mais un autre journaliste du Beacon Journal, Michael Weinreb.

Ce dernier rappelle que St Vincent-St Mary rencontrait

Waynedale, ses vingt victoires pour trois défaites, ses sept joueurs de dernières années dans l'équipe et ses quatre éléments à plus de dix points par match. De plus, ce lycée jouait ce jour-là sa seconde finale consécutive de la division III. St Vincent-St Mary avait donc affaire à un gros morceau du championnat.

Le journaliste raconte que, si le Fighting Irish a commencé à mener au score 14 à 3, les expérimentés adversaires sont revenus à 14 partout. Weinreb ouvre ensuite un nouveau paragraphe pour n'écrire qu'une phrase :

« Mais ça, c'était avant LeBron James ».

Je vous laisse lire ce qu'il s'est passé. « Le freshman d'un mètre quatre-vingt quatorze a produit 17 points, 11 rebonds, 4 passes décisives et 5 interceptions. Il a débloqué le match pour la première fois à la fin du premier quart-temps en volant une balle, traversant toute la longueur du terrain, dunkant le ballon dans le panier et prenant une faute technique pour s'être pendu au cercle. Waynedale a manqué les deux lancers francs causés par la faute technique puis James a fait une nouvelle interception, une nouvelle course et un nouveau dunk à une main. »

Confortablement installé dans votre fauteuil, vous hochez la tête d'un air appréciateur. Ce LeBron James a l'air d'être vraiment bon. Et spectaculaire en plus. Votre cœur d'akronien se réchauffe de fierté, ce qui est bienvenu après la nouvelle dégringolade des Cavaliers de Cleveland dont le naguère intéressant résultat de huit victoires pour sept défaites s'est transformé en un hideux constat de 25 victoires pour 36 défaites.

Sur une autre terre américaine, l'autre Vous qui ne connaît Akron que parce qu'elle est appelée la Ville du

Caoutchouc, parcourt le Top 25 des meilleures équipes de basket lycéennes du pays publié par USA Today.
Nous sommes le 14 mars, le lycée venant directement de Compton dénommé Dominguez, est toujours en tête et c'est à nouveau ce Tyson Chandler qui est mentionné. Le bougre a fait un match avec 25 pions, 16 rebonds et, attends quoi ? 14 contres ? Oui, c'est bien ça, 14 contres. D'accord.
Vous retrouvez d'autres noms familiers comme Zach Randolph ou Charlie Rodriguez. Vous ne le remarquez peut-être pas car on ne s'intéresse que rarement aux parties les plus basses des classements (fut-ce un top 25 national) mais le lycée de St Vincent-St Mary est monté jusqu'à la 21ème place après ses victoires contre Hillsdale et Waynedale.
Les petites lignes juste en dessous indiquent que LeBron James a affiché en moyenne de ces deux rencontres, 20 points et 9 rebonds, tandis que Maverick Carter a marqué 17,5 points. Les mots rappelent qu'après avoir remporté le titre de la division III du district, St Vincent-St Mary va maintenant jouer en demi-finale régionale.

Dans l'Akron Beacon Journal du 17 mars 2000 posé encore plié sur la petite table de votre salon, se trouve normalement le résultat de la demi-finale régionale. Ce n'est pas spécialement que vous avez une attache particulière pour le lycée de St Vincent-St Mary mais sa magnifique saison a attiré votre attention et maintenant la curiosité vous chatouille pour savoir si son équipe a poursuivi son clinquant périple.
Vous tournez les pages jusqu'à la section voulue puis vous éclatez de rire. St Vincent-St Mary a remporté la partie 61 à seulement 28. Même en gagnant cette équipe réussit à

vous surprendre. C'était une demi-finale régionale quand même.

Le Beacon Journal se concentre sur les déboires de l'adversaire et, pour St Vincent-St Mary, sur Chad Mraz qui a mis pas mal de paniers avant de devoir sortir du terrain après une lourde chute et probablement une commotion cérébrale (mais il pourra jouer la finale, nous dit-on, alors ça va. Pas vrai que ça va, hein ?).

Quelques mots supplémentaires ajoutent que le freshman LeBron James a été le meilleur marqueur de la rencontre avec 14 points. Un peu comme d'habitude, pensez-vous avant de vous rappeler que ce n'est pas vraiment banal de se dire une telle chose pour quelqu'un de beaucoup plus jeune que les autres joueurs présents sur le terrain. Mais bon, peut-être que cela n'est pas si rare que ça après tout. Peut-être qu'il y a ailleurs dans le pays d'autres premières années qui s'imposent comme les plus gros pourvoyeurs de points de leurs lycées.

Le lendemain, le quotidien consacre un article en prévision de la finale régionale contre Villa Angela-St Joseph qui aura lieu le soir-même. Le canard se préoccupe surtout de la santé de Chad Mraz. Sur la bande latérale, le cinq majeur des deux équipes est présenté et, aïe, dans l'équipe opposée, un certain John Rabb mesure 2,11m. Les joueurs les plus grands de St Vincent-St Mary sont Maverick Carter et LeBron James qui culminent péniblement à 1,94m. Il y a une tête d'écart et je n'ose pas vous dire que l'écart grandit certainement encore si on prend en compte la longueur des bras.

Vous apprenez par ailleurs que LeBron James est le plus productif de son équipe au scoring (18,7 points par match), aux rebonds (8,3) et aux passes décisives (6,0). C'est qu'en plus il est complet, le petit bougre.

La journée passe et ensuite la nuit. Au petit matin, votre

journal vous attend à la porte. Vous ne prenez même pas le temps de revenir vous installer dans votre fauteuil préféré, vous ouvrez le journal, là sur le palier, indifférent à la fraîcheur du fond de l'air de mars.

Vous trouvez rapidement la page qui vous intéresse. C'était une finale serrée. 58 à 51. L'encre sur le papier vous précise que le score était encore de 49 à 47 à trois minutes de la fin. St Vincent-St Mary était derrière, mais le lycée a fini par l'emporter.

Le Fighting Irish a passé les trois dernières minutes de jeu sans aucun dernière année sur le parquet puisque Maverick Carter a dû quitter les siens pour avoir atteint le nombre limite de fautes. Le journal rapporte avec une excitation presque visible derrière ses mots pourtant sobres qu'à la place de s'effondrer, les premières années LeBron James et Sian Cotton, le seconde année encore un peu cassé Chad Mraz et les troisièmes années Aly Samabaly et John Taylor, ont semblé plus déterminés encore à gagner après l'exclusion de Carter.

Vous aviez déjà remarqué que LeBron James s'imposait souvent comme le meilleur marqueur des rencontres qu'il a disputé, donc vous n'êtes pas vraiment surpris de voir que c'est encore le cas cette fois avec 18 points, même si le niveau de jeu de l'adversaire augmente encore.

Vous vous faîtes la réflexion que si le nom du jeune adolescent apparaît depuis le début de l'année, cela ne fait finalement que depuis peu qu'il commence à être réellement mis en avant par le Beacon Journal et qu'un souffle emphatique accompagne les phrases qui le concernent. Mais là, soudainement, l'évocation de LeBron James prend une nouvelle dimension. En effet, en pleine description de la force collective de cette équipe amputée de son leader moral, Maverick Carter, de façon inopinée et presque hors sujet, l'article glisse entre deux tirets que

James est le futur de St Vincent-St Mary.

Ce n'est plus vous qui déduisez que James est un des piliers de l'équipe et que vu son âge, il le sera encore dans les prochaines années simplement en le voyant finir régulièrement dans les meilleurs scoreurs des matchs. Maintenant, c'est un journal qui l'annonce explicitement à tous les habitants d'Akron.

Quelques lignes plus loin, l'entraîneur de l'équipe vaincue, par ailleurs déjà vainqueur deux fois du championnat d'État de l'Ohio, déclare que « n'importe quelle équipe qui a LeBron James sera difficile à battre. » Parlant au journaliste qui l'interroge, il lance que « vous êtes en train de regarder un futur pro ».

Ça y est, le mot est lâché. Vous saviez que le jeune James était fort, peut-être déjà dans les meilleurs joueurs d'Akron et des alentours malgré son âge. Peut-être même qu'il l'était dans un cercle plus grand encore. Mais de là à oser imaginer ce gamin du coin se dessiner un avenir en NBA (parce qu'on se doute que c'est de ça dont parle le coach battu), il y avait un pas que vous n'auriez pas risquer de franchir. Après tout, il n'a que 15 ans. Et vous ne savez pas ce que peuvent valoir les autres adolescents du même âge sur tout le territoire américain. Il y a tellement de joueurs, comment savoir où se situe l'enfant d'Akron ?

Vous regardez la photo qui surmonte l'article. James y apparaît juvénile et hilare, un bras autour du cou de Sian Cotton. Il est encore bien trop tôt pour entretenir des espoirs démesurés, vous dîtes-vous.

Le lendemain cependant, le 22 mars, l'Akron Beacon Journal vous parle de l'engouement, de la hype, qui entoure déjà LeBron James.

En regardant les résultats, les statistiques et les mentions rapidement esquissés depuis plusieurs semaines maintenant, vous aviez bien remarqué, petit à petit, que ce

joueur sortait du lot dans cette formidable équipe invaincue de St Vincent-St Mary et que la circonstance qu'il sorte ainsi du lot à un si jeune âge est quelque chose d'impressionnant. Mais c'est la première fois que la presse vous montre que vous n'êtes pas le seul à avoir perçu ce point lumineux dans la masse du basket lycéen akronite.
De façon un peu soudaine, d'ailleurs. Vous avez presque la sensation qu'hier, James était simplement un joueur marquant dans une superbe équipe locale. Aujourd'hui, il est une petite vedette d'Akron.
L'article vous interpelle en vous demandant d'imaginer à quel point un gamin comme l'élève de St Vincent-St Mary doit être mature pour gérer toute cette effervescence. Toute cette effervescence, si grande qu'elle pourrait manifestement faire tourner la tête, qui ne vous apparaît pourtant que maintenant.
Peut-être que si vous étiez dans les cercles du basket lycéen du coin ou que si vous étiez régulièrement dans les tribunes pour les matchs, vous auriez perçu cette exaltation autour du jeune James, et pas seulement autour de St Vincent St Mary et sa saison sans défaite. En tout cas, maintenant vous savez que tous les regards de la ville sont sur lui.
Et peut-être d'autres aussi. L'article vous dit que les attentes sont déjà hautes à son sujet et qu'il n'y a qu'à regarder ses mouvements fluides et son jump shoot plein de douceur pour comprendre pourquoi. (Vous faîtes une moue sceptique. Il faut généralement un peu plus que ça pour correctement évaluer un joueur.)
L'article lâche ensuite que James est sans doute le meilleur première année de tout l'Ohio, bien aidé par le fait que l'intéressé vient justement d'être nommé dans la deuxième équipe-type de tout l'État. Parmi les trente lycéens réparties dans les trois équipe-types, James est le seul

première année. Il y a ensuite un seul seconde année, rangé dans la troisième équipe. Donc à l'aune de ces distinctions, oui, de fait, James est le meilleur freshman de l'Ohio. Vous notez distraitement que Maverick Carter a été nommé joueur de l'année et, logiquement, membre de la première équipe-type, tandis qu'Aly Samabaly est dans la troisième.
Par contre, le journal pousse plus loin : il murmure que pour certains, certes dans le camp de St Vincent-St Mary, James est l'un des meilleurs premières années du pays.
Je suppose que le coach de l'ailier fait partie de ces gens qui soufflent cette idée. Keith Dambrot est en effet cité disant qu'il suppose que la question est devenue de savoir si James est le meilleur freshman du coin, le meilleur de l'État ou peut-être le meilleur du pays.
Bref, il dit sans vraiment le dire, mais il dit quand même. Il parle possiblement simplement comme un parent qui voit son enfant plus exceptionnel qu'il ne l'est réellement, mais l'idée est lancée. Il n'en faut pas beaucoup plus pour aiguiller pas mal de monde sur ce jeune basketteur d'Akron et peut-être pour allumer la machine de l'emballement.
Le lendemain, le Springfield News-Sun (Springfield, dans l'Ohio), évoquant les deux matchs à venir pour l'obtention du trophée de l'État, mentionne James, brièvement mais en se permettant de le qualifier de « phénomène ». Ainsi, l'idée que LeBron James est hors norme au sein de l'Ohio est dans les têtes.
Puis, vous voyez que la mise en lumière éclaire aussi quelques zones d'ombre. Vous y apprenez en effet que coach Dambrot était par le passé entraîneur à l'université de Central Michigan avant d'être licencié car il aurait fait des commentaires racistes lors d'un entraînement. Vous osez imaginer que s'il est à présent à la tête de l'équipe de

St Vincent-St Mary, c'est que des garanties pour la suite ont été apportées. Du moins, vous l'espérez.

Le matin du 24 mars, le Beacon Journal fait monter la pression en annonçant ce qu'il y a à savoir en vue de la demi-finale du championnat d'État entre St Vincent-St Mary et Canal Winchester qui aura lieu ce soir. LeBron James, cité en tant que leader offensif du Fighting Irish, est appelé « le première année sensation ».
Le journal a prévu, pour chaque équipe, une analyse du type « ce que [nom de l'équipe] doit faire ». Que croyez-vous que le papier propose de faire à la place de Canal Winchester à votre avis ?
« Les Indiens [surnom de l'équipe de Canal Winchester] doivent aller faire des aides pour contenir LeBron James quand celui-ci tente de pénétrer en dribblant et pour le faire shooter de loin. Ça veut dire que la défense collective est la clé. James est dangereux quand il pénètre, et s'il n'a pas une bonne opportunité d'aller au panier, il fait un bon boulot pour trouver un coéquipier démarqué. La défense de Canal Winchester doit aussi faire ses rotations rapidement pour reprendre le marquage du joueur ouvert quand James pénètre et fait une passe. »
On peut presque sentir la peur des supporters de Canal Winchester face à la menace qu'est LeBron James. Celui-ci est clairement décrit comme le joueur à arrêter -non, pas à arrêter, ça à l'air impossible, à freiner plutôt- à tout prix, telle la version basketballistique d'un ogre. Mais James n'a que 15 ans face à une bonne partie de joueurs qui auront 17, 18 et même peut-être 19 ans.
Vous-même, vous commencez doucement par être emballé par ce jeune basketteur à peine sorti du berceau.
D'ailleurs, pour une fois, l'article vous permet de dessiner

son profil de jeu : quelqu'un qui est très fort pour pénétrer en dribblant dans la défense adverse afin d'aller jusqu'au panier et marquer. Si fort dans cet exercice qu'il faut le défendre à plusieurs en ayant des défenseurs qui viennent aider celui chargé de s'occuper de James quand ce dernier déclenche son démarrage en dribble.
Et il ne faut pas seulement protéger le panier de son assaut, puisque le petit bougre maîtrise déjà la parade à cette défense collective où les joueurs se coagulent pour former une sorte de mur devant le cercle. À savoir, faire la passe au coéquipier qui se sera subitement retrouvé libre parce que son défenseur sera allé aider un partenaire à arrêter James.
Être capable de faire la passe au partenaire devenu libre est plus dur qu'il n'y paraît. Quand un joueur engage son dribble vers le cercle, il doit, en un instant et en pleine action, visualiser le regroupement des défenseurs sur son chemin et déceler tout aussi vite quel est le (ou les) partenaire(s) devenu ouvert(s). Puis, avant qu'il ne soit trop tard (ou même trop tôt) faire la passe pile dans les mains de la cible amie.
Ce qui est létal avec cette capacité décrite pour James, c'est qu'elle impose un dilemme à l'adversaire : empêcher l'intéressé de se rendre au panier en s'y mettant à plusieurs, mais avec la contrepartie de voir un autre joueur obtenir un tir sans contestation, ou bien refuser de laisser libre un attaquant mais ce faisant, laisser un défenseur seul entre James et le panier. Ce qui, semble-t-il, signifie plus ou moins encaisser un panier.
Vous rigolez d'un coup en vous remémorant une chose : en plus, dans les joueurs que LeBron James peut servir en attirant la défense sur lui, St Vincent-St Mary a trois fines gâchettes à trois points avec Aly Samabaly, Chad Mraz et Dru Joyce. Ainsi, il semble bien que Canal Winchester ait

en fait un choix à faire entre boire du cyanure et avaler de la strychnine.
D'un point de vue moins positif, ce passage vous apprend aussi que LeBron James n'est pas spécialement un bon shooteur de loin. Ou du moins, qu'il est moins bon shooteur que perceur de défense, puisque le journal conseille l'adversaire d'essayer de le forcer à tirer depuis la zone extérieure du terrain.

Nouvelle matinée curieuse et fébrile, nouvelle sortie sur le palier dans la fraîcheur matinale et nouvelle édition du Beacon Journal... Victoire ! St Vincent-St Mary est toujours invaincu et se retrouve maintenant en finale du championnat d'État !
C'était serré, dix petits points d'écart ont fait la décision. Mais cette fois, le héros est Maverick Carter. Celui qui ne cesse d'être cité dans votre quotidien comme le génial leader de cette équipe, seule dernière année aux milieux d'une bande de gamins (ou presque). Celui qui, vous semble-t-il, a dû jouer à l'intérieur toute l'année même si ce n'est pas son poste. Avec 26 points, il est le meilleur marqueur du match. Il a aussi inscrit quatre lancers francs qui ont été déterminants dans l'issue de la partie.
La ville de Dayton est située à plus de 300 kilomètres d'Akron, mais par un concours de circonstances assez cocasses, vous vous retrouvez avec le Dayton Daily News dans les mains. Celui-ci évoque évidemment le match -en compagnie des autres rencontres- et précise que Carter a réussi 8 tirs sur 11 et 10 lancers francs sur 13. LeBron James, pour lequel il est sobrement indiqué qu'il est freshman et membre de la seconde équipe-type de l'Ohio, n'a pour une fois pas fini avec le plus grand nombre de pions dans la besace mais il a quand même apporté 19

points et 11 rebonds. Samabaly a lui aussi ajouté 11 rebonds, même s'il n'a inscrit que 5 points.
La finale est ce soir, à 17 heures, à la Value City Arena, au Schottenstein Center. À Colombus, la capitale de l'Ohio, St Vincent-St Mary va faire face au lycée Jamestown Greeneview (c'est où, ça, Jamestown ?) pour un dernier match. Celui qui couronnera une saison d'invincibilité et de succès total. Ou pas.

26 mars 2000. Vous vous en doutiez. Vous n'iriez pas jusqu'à dire que vous le saviez mais en réalité, c'était tout comme. Un peu à l'instar de ces films dont la fin est évidente même s'il lui reste encore une bonne demi-heure à dérouler.
St Vincent-St Mary a remporté le championnat d'État en battant son adversaire d'un violent 73 à 55. Devant 13 061 spectateurs (!), le shooteur de quinze ans et d'un mètre soixante, Dru Joyce, a été le joker malicieux de la rencontre avec sept paniers à trois points réussis en autant de tirs.
L'Akron Beacon Journal, glorieux de voir un lycée de la ville qu'il couvre se hisser au sommet de l'Ohio (en sa division III en tous cas), remplit ses colonnes sans parvenir à s'arrêter de sourire. Évidemment, il consacre plusieurs lignes à ce héros sorti de derrière les fourrés qu'est Joyce. Son courage, son talent malgré sa taille et donc, son gabarit miniature. Un mètre soixante de la tête aux pieds ? Oui, s'il se tient sur le bout de ses orteils, glisse le journaliste. L'intéressé avance qu'il pèse 43 kilogrammes.
« Il a dit 43 ? Il ment », plaisante LeBron James. « Plutôt un mètre cinquante » dit Maverick Carter. « Et dix kilos », termine James. Dru Joyce est habitué à ce genre de

blagues à son sujet, poursuit l'article. Son entraîneur abonde. « Les gars comme lui et moi, nous devons prouver notre valeur tous les jours ». Vous faîtes une petite grimace en espérant que ces taquineries n'étaient pas trop souvent répétées. La photo montrant James et un coéquipier porter Joyce sur leurs épaules dans la célébration de la victoire est plus agréable à retenir.
Dans la foule d'encarts que fait le journal, LeBron James n'est tout d'abord pas spécialement mis en avant. Mais son nom ne peut s'empêcher de surgir au détour d'une phrase, montrant à chaque fois qu'il est l'homme -pardon, l'adolescent- majeur derrière le parcours historique de St Vincent-St Mary.
Dans les lignes consacrés à Dru Joyce, le journaliste rappelle que la victoire du lycée d'Akron, certes propulsé par l'incroyable et inattendue coup de chaud du shooteur, n'a rien d'improbable : après tout, le Fighting Irish comporte dans ses rangs Maverick Carter, qui jouera en première division universitaire l'an prochain et un freshman, James, qui pourrait probablement déjà jouer à ce niveau dès maintenant.
Ainsi, le journaliste, Michael Weinreb, lâche l'air de rien que l'ailier de seulement 15 ans serait déjà assez fort pour batailler face à des étudiants de 18 à 23 ans dans le championnat qui est le dernier passage avant la NBA. Rien que ça.
Ailleurs sur la page, l'entraîneur de l'équipe défaite commente la performance de son équipe de Jamestown (vous vous figez un instant en remarquant l'ironie. Jamestown ? La ville de James ? Un petit rire s'échappe de votre gorge en visualisant LeBron James tenir dans sa main la ville qui porte son nom après avoir battu l'équipe résidente). Le coach battu explique qu'il n'avait pas prévu l'allumage à longue distance de Joyce et que c'était

dommage car « en dehors de James, j'ai senti que nous avions fait un bon travail [défensif] sur Carter et Samabaly. »

Lui, le coach de la seconde meilleure équipe de la division III de tout l'Ohio, dit sans dire qu'il n'envisageait pas vraiment de réussir à stopper James, en avançant que son équipe a fait une bonne performance défensive en réussissant à contenir Carter et Samabaly. James n'est pas évoqué dans les objectifs, comme s'il aurait été injuste de compter l'ailier dans l'équation quand il s'agit d'évaluer sa défense.

Il est précisé que James a enquillé 25 points et pris neuf rebonds. Oui, Joyce, avec ses 21 points, est peut-être l'élément de bascule du match et en quelque sorte le héros de l'histoire. Mais au second plan, c'est encore James le meilleur marqueur. Et peut-être toujours le joueur le plus important de la rencontre.

James apparaît encore ailleurs quand le journal rapporte ses propos d'après match, avec lesquels il dédie la victoire à Maverick Carter pour son dernier match sous les couleurs de St Vincent-St Mary avant de s'envoler pour l'université. « Je voulais m'assurer que Maverick sorte d'ici avec le trophée du championnat d'État et on l'a eu pour lui ».

Vous faîtes une petite moue en lisant la première partie de la phrase. Vous l'auriez qualifiée d'un peu pompeuse, arrogante et égocentrée venant de n'importe qui. Alors prononcée par un adolescent de quinze ans... Vous vous secouez l'esprit parce qu'il ne faut jamais lire trop sur la personnalité d'un individu dans une seule de ses phrases. Et puis, difficile d'en vouloir à l'adolescent, les effets de l'effervescence autour de lui dont vous avez entendu parler commencent peut-être à faire sentir ses effets négatifs. Mais peut-être faudra-t-il surveiller cela à l'avenir.

Le journal ne retient de ce discours que l'hommage à Carter et que celui-ci illustre la maturité de James. L'article rappelle d'ailleurs que son entraîneur avait déclaré que l'une des choses qui faisaient du freshman un joueur si spécial, était sa maturité. Vous avez plutôt idée que la carte maturité est sortie dès qu'il s'agit de parler de quelqu'un qui réussit très jeune, ce qui fait qu'il est toujours difficile de dire si c'est vrai ou pas. Vous décidez donc d'attendre un peu avant d'ajouter la maturité aux qualités du petit prodige.
Et puis vous en arrivez enfin aux colonnes réellement consacrées à James. Placées au centre de la page, tout en haut, vous lisez le titre écrit en très gros: « Le nom est James, LeBron James ». Si on passe la référence vue et revue à la célèbre réplique de James Bond, vous comprenez que l'auteur, Tom Gaffney, vous appelle à retenir ce nom.
Le journaliste cherche ensuite à impressionner le lecteur en annonçant que le première année attire des comparaisons avec Jim Jackson et Clark Kellogg.
La plupart des gens qui suivent le basket professionnel connaissent ces deux joueurs. Surtout ceux qui vivent dans l'Ohio. Tous les deux sont en effet nés et ont grandi dans l'État bordant le lac Érié, ont été des vedettes dans la prestigieuse université d'Ohio State, et ont débarqué en NBA avec le torse bombé, draftés respectivement en huitième et quatrième position.
Ils ont aussi tous les deux eu des carrières professionnelles mitigées. Le premier a vu ses débuts de grande qualité être fauchés par des blessures, et il a dû prendre sa retraite avant d'avoir 26 ans. Pendant ses trois saisons pleines, de 1982 à 1985, il a tourné à presque 20 points et 10 rebonds de moyenne.
Jim Jackson est actuellement dans sa huitième année en

NBA. Il a largement montré qu'il était capable de mettre beaucoup de points à ce niveau (des saisons entre 15 et 25 pions par matchs) mais il a déjà joué pour six équipes différentes. C'est toujours difficile de démêler le vrai du faux, mais il semblerait que le joueur ne soit pas des plus faciles à vivre et que c'est souvent là la raison de ces déménagements répétés.
Ces succès pas vraiment aussi bien achevés que prévus ne sont pas ce qui est important, ce qui l'est c'est que ces deux joueurs ont marqué l'Ohio durant leurs années lycéennes et universitaires, avant de montrer que même en NBA, leur talent tant moussé dans l'État n'était pas du bluff.
Aujourd'hui, Clark Kellogg parle aux gens surtout parce qu'il commente les rencontres universitaires. Mais pour vous, ce nom vous rappelle ce jour où vous regardiez un match avec votre père et que celui-ci vous a raconté qu'il y a longtemps, ce commentateur dont vous entendiez la voix avait rempli d'émerveillement et de fierté le cœur des ohioans par son basket. Il vous a parlé de cette fois où il a marqué 51 points au lycée, de ses sélections dans plusieurs rencontres réunissant les meilleurs lycéens du pays dont notamment le McDonald's All-American, événement qui est une sorte de marqueur quand on veut savoir qui sont les meilleurs basketteurs lycéens de l'année. Il vous a décrit aussi que le joueur avait également porté très haut les couleurs d'Ohio State avant d'entrer en NBA par la grande porte.
Pour Jim Jackson, vous vous souvenez plutôt d'un ami venir, tout heureux, vous clamer dans les oreilles qu'un type de l'Ohio avait été retenu au McDonald's All-American. Il était tout excité de savoir que quelqu'un du même État que lui avait été reconnu comme l'un des meilleurs lycéens du pays. Vous aviez ensuite appris que Jim Jackson était dans un lycée de Toledo, à plus de 200

km d'Akron. C'était sûrement à cause de cette distance que vous n'aviez pas entendu grand chose de lui jusqu'alors. Mais vous l'aviez ensuite suivi et vu éclabousser de son talent la NCAA à Ohio State, puis se faire sélectionner dans les cimes de la draft en 1992.

LeBron James serait-il donc probablement la nouvelle star de l'Ohio, à l'image de ce que furent Kellogg et Jackson ? Le futur et nouveau fier représentant de l'État en NBA ? C'est possible mais n'est-ce pas un peu osé de tracer dans l'avenir ce parcours pour quelqu'un qui n'est encore que dans sa première année de lycée ?

Actuellement, les éloges dithyrambiques sont de mises mais d'autres starlettes ohioans n'ont pas eu un destin aussi doré. Vous gardez un souvenir doux-amer de Rick Calloway, nom que vous aviez retenu dans vos jeunes années parce qu'il avait lui aussi été sélectionné parmi les meilleurs lycéens des États-Unis pour le match du McDonald. Puis aussi les souvenirs de Jerome Lane (originaire d'Akron !) et de Chris Kingsbury. Seul Lane est allé en NBA. Sans toutefois parvenir à s'y installer.

Il y a peut-être trois ans, un autre ohioan encore lycéen avait rappelé autoritairement que votre État pouvait sortir des joueurs de niveau national. Le bondissant et spectaculaire Kenny Gregory avait raflé le trophée de meilleur joueur du match du McDonald All-American. Aujourd'hui, il est un bon joueur de la prestigieuse université de Kansas. Mais de ce que vous entendez actuellement, ce n'est pas dit quc la NBA lui ouvre ses bras.

Pour un Jim Jackson, combien il y a de Chris Kingsbury ? Difficile de dire si le destin du jeune James va emboîter le pas de l'un ou de l'autre. Mais quittons le futur et votre réflexe de ne pas mettre la charrue avant les bœufs pour revenir au triomphe du freshman et sur l'article qui lui est consacré.

On y apprend qu'avec la demi-finale et la finale cumulées, LeBron James a marqué 44 points et cela avec une belle efficacité : 16 tirs réussis sur 22 tentés et 10 lancers francs convertis sur treize. Cependant, l'auteur du papier, Tom Gaffney, affirme que ce qui est encore plus important que ces chiffres, c'est la façon dont James joue, avant de décrire celui-ci comme un « arrière-ailier-pivot d'un mètre quatre-vingt quinze [ah il a grandi] qui considère la totalité des trente mètres du terrain comme son domaine privé ». Ben dis-donc, rien que ça.

Il ajoute que la presse présente dans les tribunes n'arrivait pas à croire que James n'est qu'en classe de troisième à l'école. Et c'est tant mieux, vous dîtes-vous, parce que c'est déjà assez difficile d'avaler pour un adversaire qu'il joue sur le « domaine privé » d'un opposant, pensez donc à quel point ça passerait mal s'il savait que le propriétaire en question n'avait que quinze ans.

«Vous pouvez coacher toute votre vie et ne jamais avoir quelqu'un comme lui », dit son entraîneur Keith Dambrot. « Il est spécial ».

C'est avec un plaisir non dissimulé que vous lisez les lignes qui passent un peu de temps à décrire le profil de jeu de ce petit bonhomme si spécial.

Le coach malheureux de la finale dit que James est un bon joueur. Qu'il peut sévir à l'intérieur ou dans le périmètre. Qu'il est rapide et peut shooter en sortie de dribble. Mouais, ce n'est pas l'enthousiasme qui l'étouffe mais en même temps, il patauge encore dans les humeurs de sa défaite et on lui demande de parler d'un des grands responsables de son infortune.

Un des membres de la meute de média et par ailleurs ancien basketteur star à Ohio State, Jay Burson, lance que James a le type de potentiel pour être le nouveau Jim

Jackson, comme si l'idée que le freshman pouvait peut-être marcher dans les pas de cet illustre gars du coin était la question que toute la tribune se murmurait. « James voit le terrain, dribble bien, a une grande assurance et prend des rebonds. Aussi longtemps qu'il ne se repose pas sur ses lauriers et qu'il devient meilleur chaque année, il n'est pas possible de dire à quel point il peut devenir bon. »

Coach Dambrot renchérit : « Il deviendra meilleur parce qu'il est très intelligent. Il peut devenir aussi bon qu'il voudra l'être » (phrase toute faîte qui ne fait reposer la progression que sur la simple volonté de travailler du joueur, omettant un tas de choses au passage, mais admettons). Puis l'article termine en faisant un détour par son obsession : « Et peut-être aussi bon que Jim Jackson et Clark Kellogg. »

Ces comparaisons sont déjà arrivées à votre seuil d'agacement, mais c'est apparemment aussi le cas du jeune James, même s'il reste poli, quand on lui demande ce qu'il en pense : « J'ai lu tout ça. Tout ce que je veux, c'est avancer et travailler aussi dur que je le peux. Je pense que je pourrais être le prochain Jim Jackson mais pour le moment, je veux juste être LeBron James. » Ben oui, arrêtez avec ce genre de questions, enfin.

Au passage, vous avez un peu cillé quand l'adolescent a dit qu'il « a lu tout ça ». Comment ça, il y a déjà tant de papiers sur lui et il y a déjà ces comparaisons ? Si on oublie que James n'a que quinze ans et qu'il est interviewé à la sortie d'un match de lycée, on jurerait que sa phrase est celle d'un jeune joueur de la NBA déjà placardé en couverture de Sport Illustrated ou moussé par une vidéo d'ESPN. Puis l'article du Beacon Journal vous indique ensuite malicieusement que des chasseurs d'autographe étaient après lui vingt minutes après le match.

En effet, la hype dont vous aviez entendu parler sans trop

la percevoir réellement est bien là manifestement. On dirait que l'Ohio s'emballe sérieusement pour le jeune joueur.
Le Dayton Daily News n'a pas les attaches akroniennes du Beacon Journal mais il couvre aussi ce match final d'ampleur étatique. Le shooteur héros du soir, Dru Joyce, prend toute la place des pages noires et blanches. Le quotidien n'oublie toutefois pas, au passage de noter que St Vincent-St Mary a été mené par le « super frosh » LeBron James et de vous donner un ordre à son sujet : « Retenez ce nom. »
Le journal de Dayton n'en est pas à risquer des parallèles avec d'anciennes gloires locales ou à peindre l'image d'un basketteur qui gouverne le parquet. Mais ces trois mots suffisent à faire comprendre qu'il a remarqué un joueur qui dépasse l'ordinaire. Et il confirme quelques lignes après en avançant qu'avec cette finale où James a marqué 25 points face à une défense qui avait pour priorité d'éviter les pénétrations (l'arme principale de James), l'intéressé a solidifié sa réputation d'un des meilleurs premières années du pays.
« Du pays ». Ainsi, ce n'est pas que dans les rangs de St Vincent-St Mary ou même chez les habitants d'Akron qu'existe l'idée de considérer James dans les basketteurs de quinze ans les plus forts des États-Unis. Et vu la place des États-Unis dans le basket, autant dire qu'il est l'un des meilleurs du monde dans sa catégorie d'âge.
Le Dayton Daily News porte peut-être quand même un biais ohioan dans son appréciation. Peut-être gonfle-t-il lui aussi l'image de l'enfant du coin par rapport aux jeunes des autres États. À quel point doit-on suivre son jugement ? Le Cincinnati Enquirer, quotidien d'une ville ohioan bien plus grande et bien moins impressionnable se contente par exemple de citer James et ses 25 points.

Loin d'un Ohio aux yeux d'amour pour son magnifique freshman, le Vous qui lit USA Today et notamment le classement des meilleures équipes lycéennes du pays, ne se voit pas spécialement sommé de « retenir ce nom ».
Dans sa parution du 27 mars 2000, alors que plus ou moins tous les championnats de la catégorie sont terminés, vous observez plutôt le lycée Dominguez conserver définitivement la première place de la liste. Même si on ne vous demande pas ici de retenir un nom, il semblerait opportun de le faire avec Tyson Chandler, troisième année (il lui en reste encore une à faire !) qui est à chaque fois cité pour ce lycée dominant. 21,1 pts, 11,3 rbs, 4,7 contres et 3,2 passes décisives, pour ce qui est des chiffres du jeune homme. Vous notez aussi le nom de son partenaire, Keith Brooks.
L'Oak Hill Academy finit second avec Luke Whitehead, Abdou Diame et Cliff Hawkins. Vous haussez un sourcil appréciateur en lisant que ce dernier a enregistré le record de l'école du côté de la moyenne de passes décisives avec 12,5.
Vous retrouvez ensuite les noms de joueurs habituels. Daniel Ewing, Ivan McFarlin, Zach Randolph, Charlie Rodriguez, Jonathan Hargett, Jarrett Jack, Jack Martinez, Brandon Brooks, etc... Le nom de « Labron James » vous dit quelque chose, non ? Est-ce que vous n'avez pas déjà lu ce nom dans les classements précédents ? Si, il vous semble bien même si votre cerveau tinte comme si quelque chose clochait.
Les quelques lignes sous l'annonce de la 21ème place du lycée St Vincent-St Mary avec son joli bilan final de 27 victoires en autant de rencontres, disent distraitement que l'équipe a remporté le titre de l'État en division III, que le

freshman Labron James a mis 25 points, pris 9 rebonds et réalisé quatre passes décisives, alors qu'un autre première année qui, vous lâchez un petit rire mi-moqueur mi-impressioné, mesure seulement 1,58 m, a planté 21 points avec un sept sur sept à trois points.

La suite évoque rapidement Maverick Carter et sa performance lors de la demi-finale, mais ce qui vous stoppe un instant, c'est le fait que les joueurs cités pour cette équipe sont deux premières années, deux freshmen. Notamment, ce Labron James qui vous semble avoir déjà eu l'honneur d'être mentionné dans ce classement par le passé. Vous fouillez du regard le reste de classement : non, aucune mention d'un autre joueur aussi jeune.

Intéressant. Si cet adolescent est aussi en avance que vous en avez l'impression à partir de ces maigres informations, peut-être serait-il intéressant de garder son nom en mémoire. Peut-être même que vous iriez jusqu'à parler de lui à un de vos amis un de ces jours. « Qui est le meilleur jeune de la NBA entre Vince Carter et Kobe Bryant ? Je ne sais pas trop, je n'ai pas pris le temps de bien étudier les deux joueurs (même s'il faut dire que Bryant défend mieux mais ça, la hype qui souffle derrière Carter ne le dira pas). Je n'ai pas trop eu le temps parce que je regardais un peu qui étaient les futures stars de la ligue avant qu'elles y soient. Attends d'y voir Marcus Fizer et Chris Mihm, l'an prochain, ils vont te régaler. Kenyon Martin aussi.

« Mais la vraie star du futur, celle que tu ne verras que dans plusieurs années, c'est Tyson Chandler. Il n'est encore qu'au lycée, mais note son nom, tu verras bien. Un jour, je te parlerai aussi de Labron James, mais pas tout de suite, c'est encore trop tôt ».

Il ne vous coûte rien de lâcher des noms de joueurs qui ne viendront en NBA que dans longtemps. S'ils échouent avant d'atteindre la dernière marche, personne ne se souviendra que vous aviez annoncé leur réussite. Mais s'ils se font drafter, vous pourrez rappeler auprès de votre pote que c'est vous qui lui en avait parlé en premier. Il n'y a aucun scénario perdant.

Akron, 12 avril. L'effervescence et les espoirs démesurés autour de cet adolescent nommé LeBron James commence doucement à chatouiller un coin de votre cerveau. Le petit frisson de savoir qu'un jeune basketteur de votre ville a peut-être dans les doigts le talent d'un joueur NBA est là, devant vous, attendant que vous l'acceptiez.

Votre scepticisme naturel vous retient encore. Il est idiot de s'enflammer pour quelqu'un de quinze ans, vous raisonnez-vous. À cet âge-là, aucune évaluation n'est fiable. Il peut se passer un tas de choses pour le joueur entre ce moment et ses dix-huit ou vingt ans. Peut-être est-il meilleur que ceux de son âge parce que ses qualités physiques se sont développées plus précocement mais que son avantage s'effondrera une fois que tout le monde aura terminé sa croissance.

Peut-être qu'il va se reposer sur ses lauriers et arrêter de faire progresser son niveau de jeu jusqu'à se faire rattraper et dépasser. Peut-être qu'à force d'être au-dessus de la mêlée, va-t-il faire naître de mauvaises habitudes comme ne jouer que pour sa pomme ou maltraiter ses coéquipiers.

Indépendamment même de son statut de petit prodige de la balle orange, peut-être que la vie et les tentations -bonnes ou mauvaises- l'entraîneront loin du basket. Après tout, à quinze ans, personne n'a vraiment décidé ce que sera sa vie.

Ce n'est pas juste votre caractère coutumièrement

sceptique ou la sagesse de savoir que l'existence de chacun traverse des dizaines de carrefours avant de se fixer sur une autoroute. Ce sont aussi vos souvenirs qui vous murmurent qu'il n'est pas une bonne idée de s'emporter pour quelqu'un comme ce LeBron James.

Ils vous rappellent que vous aviez laissé votre coeur bondir pour Jim Jackson, Chris Kingbury et Jerome Lane, et qu'il a ensuite été déçu. Qu'il avait même fait des cabrioles pour des jeunes espoirs sans lien avec l'Ohio comme Bo Kimble et J.R. Reid, avant de se prendre une douche froide.

Vous gardez un attachement pour ces joueurs. Ils restent ceux qui avaient accroché vos yeux et porté vos espoirs, ils restent liés à une période où tout était possible et où vous preniez plaisir à les suivre. Où vous passiez des minutes entières à imaginer les fabuleuses performances qu'ils réaliseront avec le logo de la NBA brodé sur leur maillot. Mais ce doux attachement cohabite avec une toute aussi douce déception de ne pas les avoir vu matérialiser les rêves que vous aviez entretenus.

Il serait facile de tomber à nouveau pour LeBron James, mais la désillusion vous a déjà fait souffrir par le passé et ça ne vous dit que trop peu de la recroiser. Bien qu'en fait la question peut se poser : vaut-il mieux vivre cette excitation de l'anticipation du fabuleux et risquer de se prendre une sacré douche froide, ou ne jamais connaître cette extase volée à l'avenir et vivant à crédit ?

Vous esquivez votre propre question. Pour le moment, c'est votre réflexe de refus de la souffrance qui prend le pas alors vous résistez encore à l'attrait de croire en l'avenir merveilleux de LeBron James. Mais c'est dur.

C'est dur parce que c'est cette fois des voix bien placées et non biaisées qui parlent à votre oreille : dans un petit encart, l'Akron Beacon Journal vous apprend que le quotidien USA Today et son œil en permanence rivé sur les basketteurs lycéens de tout le pays, a décerné à James une mention honorable dans sa liste des meilleurs joueurs du pays.

Lui, le première année, est cité dans cette liste aux côtés de dernières années comme Maverick Carter ou Dwayne Broyles. Mais surtout, le journal national parle aussi de James comme l'un des joueurs non seniors à regarder en priorité.

Ce journal est vraisemblablement le mieux placé pour avoir une opinion sur le niveau d'un lycéen à l'échelle des États-Unis et il est en train de dire que si on retire tous les dernières années et qu'on ne compte que les freshmen, les sophomores et les juniors, l'ailier de St Vincent-St Mary est dans les plus forts. Selon cet expert, James n'est donc pas juste l'un des meilleurs premières années du territoire aux bannières étoilées, il est l'un des meilleurs basketteurs du pays sur une catégorie d'âge allant de 15 à 17, voire 18 ans et alors que lui-même n'a que 15 ans. Peut-on faire plus prometteur ?

Invisible derrière vos yeux sérieux rivés sur le journal, vous sentez une allégresse courir le long de votre nuque.

Ça y est, vous aussi, vous êtes embarqué dans cette croyance folle et sucrée pour le devenir de cet adolescent d'Akron. Vous réalisez que vous n'aviez même pas pu choisir d'y succomber ou pas, cet attachement s'est imposé à vous, malgré vos sains efforts cartésiens.

Et finalement, qu'importe si la déception vous étreint à nouveau, peut-être plus forte que jamais. Car même dans ce cas, le temps passer à rêver de son potentiel et à le suivre avec l'espoir accroché au cœur aura été grisant.

LeBron James avant LeBron James.

Et si on découvrait LeBron James comme si on y étiez ?

(Il vaut quoi, ce jeune joueur en fait ?)

En ce mois d'avril 2000, le journal américain USA Today met le nom du jeune LeBron James, quinze ans, sous les yeux du monde de la balle orange avec de gros traits rouges pour qu'on retienne son nom.
La saison lycéenne de basket vient de se terminer et le quotidien affirme que l'adolescent d'Akron, Ohio, quand bien même vient-il de boucler seulement sa première année à ce niveau, compte déjà parmi les plus forts joueurs du championnat si l'on oublie les étudiants qui sont dans leur quatrième et dernière année de lycée. Ce qui revient à dire que ce LeBron James sera la saison prochaine, l'un des meilleurs lycéens du pays en dépit de ses deux ans de moins que le reste de l'élite pré universitaire.
Forcément, quand je lis ça, je me dis qu'on est face à un prodige.
Mais est-ce vraiment le cas ? Dans l'histoire du sport, et même du monde de manière générale, les jeunes surdoués n'ont pas toujours confirmé les attentes. Parfois à cause des dîtes attentes, parfois parce que la progression logique ne s'est jamais produite ou parfois parce que l'évaluation du potentiel du joueur était erronée dès le départ.
USA Today donne-t-il le nom de cet adolescent en pâture à la planète basket parce que le journal croit sincèrement avoir décelé un talent générationnel ou promet-il du rêve pour vendre du papier ?

Assis dans mon canapé à des milliers de kilomètres d'Akron, je ne peux qu'étudier la presse pour me faire ma propre idée. D'ailleurs, je ne sais pas grand-chose de ce jeune basketteur à ce stade. C'est la première fois que je lis ou entends son nom. Quel est son profil de joueur ? Quelles sont ses forces et ses faiblesses ? Quelles caractéristiques font-elles qu'il est vu si fort ? Pour l'instant, il n'est à mes yeux qu'un nom mis en avant par un quotidien.

La première excursion dans mon enquête est une grosse redescente. Parce que si USA Today affiche le jeune James dans les déjà-vedettes du lycée malgré son tout jeune âge, ce n'est pas le cas d'un autre média à la tête penchée sur les basketteurs adolescents.

Cinq mois se sont écoulés depuis que j'ai lu son nom dans le journal. Nous sommes aujourd'hui à la fin du mois d'octobre de l'an 2000, la nouvelle saison lycéenne ne va pas tarder à commencer. Les joueurs de dernière année de l'exercice précédent sont maintenant partis à l'université ou vers d'autres cieux, et nous pouvons donc dire désormais que pour USA Today, LeBron James, maintenant au seuil de sa seconde année à St Vincent-St Mary, est dans les plus forts lycéens du pays.

À cet instant, The Sporting News publie son magazine annuel sur le basket universitaire, avec en bonus sa liste des meilleurs basketteurs des lycées. Mais là-dedans, ce n'est pas le nom de James qui est au sommet du classement des meilleurs deuxièmes années (dit « sophomores »). Il n'est que second, derrière un certain Lawrence Carrier qui joue à Salisbury Prep, dans le Connecticut.

Ainsi, même dans sa catégorie d'âge, James n'est pas vu en

première position par The Sporting News. Et soit il y a deux sophomores -Carrier et James- si incroyables qu'ils sont déjà dans l'élite lycéenne malgré un plus jeune âge que les autres appartenant à ce cercle, soit le magazine ne voit pas James être aussi fort qu'USA Today le dit.

Comment The Sporting News argumente-t-il son classement ? Il est difficile de mettre la main sur ce magazine quand on vit en dehors des États-Unis. J'ai dû épuiser les vingt heures mensuelles de connexion à internet permises par mon forfait à demander à la cantonade sur les salons de discussion en ligne américains si une âme charitable pouvait me parler de ce classement.

Malgré mon anglais maladroit qui a pu parfois paraître impoli et un nombre incalculable d'inscriptions à des forums pour pouvoir poser ma question sur leurs pages, la chance a fini par me sourire car un certain Ronnie a bien voulu m'envoyer une photocopie numérique du feuillet souhaité. Même mieux que ça, il m'a aussi transmis le classement de deux autres magazines, ESPN et Athlon Sport, ainsi qu'un lien vers un site internet, basketballphenoms.com. Incroyable. Et dire que mon oncle me regarde de travers quand je lui parle d'internet et du fait que je bavarde en ligne avec des inconnus (je lui en parle, moi, des inconnus imbibés d'alcool qu'il croise dans son bistrot et avec qui il finit par se mettre à chanter Santiano à tue-tête ?).

La qualité des photocopies péniblement retransmises sur l'écran de mon ordinateur n'est pas fabuleuse mais je ne suis pas en position de faire la fine bouche. Qu'est-ce que j'y vois ? Que The Sporting News se contente d'aligner les noms les uns en dessous des autres sans davantage expliquer pourquoi Lawrence Carrier est premier, ni pourquoi LeBron James est second.

Athlon Sport se contente aussi d'une liste numérotée et

cette fois, James est premier. Pour autant, ce ne sont que des sophomores qui sont classés et je ne sais pas si le magazine pense que James aurait aussi sa place dans les sommets du classement des lycéens de troisième et quatrièmes année.

Chose intéressante, le joueur qu'Athlon Sport classe second des deuxièmes années n'est pas Lawrence Carrier, mais un certain David Padgett, suivi d'un Leon Powe et d'un Daon Merritt. Carrier n'apparaît nulle part. Conclusion : les avis peuvent diverger largement d'un magazine à un autre. Ça peut se comprendre, après tout, le nombre de lycéens à connaître et à évaluer est très étendu, certains d'entre eux peuvent passer à travers les mailles du filet. On peut aussi penser que d'un championnat lycéen à un autre, les niveaux de jeu sont disparates et les contextes sont différents, rendant d'autant plus difficiles et donc variables les analyses.

Cela ne m'avance guère toutefois. Impossible, à ce stade, de savoir qui est le plus proche de la réalité entre USA Today, The Sporting News et Athlon Sport. Le fait que James soit dans le top 2 de deux classements signifie quand même quelque chose.

Je regarde du côté d'ESPN. C'est Dick Vitale, célèbre commentateur télévisé du basket universitaire et ancien coach professionnel, qui s'en charge. Et là, James tombe à la cinquième place (ouch). Peut-on encore le qualifier « d'un des meilleurs lycéens du pays » (donc freshmen, sophomores, juniors et seniors compris) comme le fait USA Today quand un autre journal éclairé nous le place seulement cinquième des tous jeunes sophomores ? USA Today ne s'est -il pas un peu emballé, sur ce coup ?

Il semble quand même y avoir un consensus sur le fait que LeBron James est au sommet des joueurs de sa catégorie d'âge. Peut-être n'est-il pas aussi fort que certains le

clament, mais tout le monde s'accorde à dire qu'il est fort.
Contrairement aux autres médias, Dick Vitale décrit un peu le joueur, avançant qu'il est un « meneur de jeu de grande taille et athlétique, avec de sérieuses capacités techniques ["skills" en anglais] et un brillant premier pas ». Il y a une autre ligne, mais la mauvaise qualité de la photocopie m'empêche de la déchiffrer correctement. Il semble y être écrit quelque chose du genre qu'il domine les joueurs plus petits. Et puis après je ne sais pas.
Je suis un peu intrigué par le fait qu'ESPN parle de James comme d'un meneur de jeu. Annoncé partout comme mesurant 1,95m, c'est déjà considéré comme une grande taille pour ce poste chez les professionnels. Mais, lui là, il n'a que quinze ans. Peut-être ne grandira-t-il plus mais s'il prend encore de la hauteur, qu'est-ce que cela sera ?
Il est rare de voir des meneurs de plus d'1,95m car être capable de dribbler précisément et vivement dans la jungle défensive adverse est de plus en plus dur au fur et à mesure qu'on ajoute de la distance entre le sol et la main. Chaque rebond de balle a en effet plus d'amplitude et de ce fait a le double inconvénient de mettre plus de temps à faire son trajet de haut en bas puis de bas en haut, et d'offrir une plus grande fenêtre en temps et en espace à l'adversaire pour qu'il tente d'intercepter la gonfle.
Quelques exemples de meneurs de très grande taille existent en NBA et ces joueurs sont parmi les plus étincelants comme le légendaire Magic Johnson ou encore Anfernee Hardaway qui culminent respectivement à 2,06m et 2,01m. Peut-être que le tout jeune Lamar Odom des Clippers de Los Angeles (2,08m) suivra ce chemin même s'il n'a encore qu'une seule année en NBA dans son sillage et qu'il ne joue les meneurs que par séquence.
Mais ces représentants sont très rares. Du moins, ces trois-là sont les seuls exemples probants qui me viennent à

l'esprit, même en me creusant un peu la cervelle. D'ailleurs, la circonstance que ces joueurs soient si forts me fait me demander s'il n'est pas nécessaire d'être un basketteur d'un talent exceptionnel pour réussir à maîtriser ce dribble de meneur de jeu suffisamment bon pour la NBA quand on est si grand. Probablement que les meneurs de jeu de grande taille moins bons n'arrivent déjà pas à faire fonctionner leur dribble à l'échelon inférieur, le championnat universitaire, et voient les portes de la grande ligue se fermer devant eux avant même d'avoir pu y mettre les pieds. Ou alors ils se reconvertissent sur un autre poste.

Si le meneur de très grande taille est suffisamment bon dribbleur pour outrepasser les problématiques susmentionnées, alors sa taille devient un formidable atout. L'intéressé bénéficie d'un point de vue plus haut placé qui lui permet d'avoir une bien meilleure vision du terrain et de percevoir plus de solutions qu'un homologue aux yeux plus près du sol. Sa longueur verticale lui offre aussi des angles de passe inédits, dont notamment certaines par dessus les défenseurs, avant que ceux-ci aient le réflexe de tendre leurs bras vers le haut.

Un passeur plus petit sera obligé de faire une passe un peu en cloche, forcément plus lente, qui laissera aux opposants le temps d'agir pour intercepter la balle ou venir se coller au destinataire de la passe. Donc en général, ce meneur de taille normale ne fera pas cette passe par-dessus plusieurs joueurs et ne pourra donc pas exploiter directement la partie opposée du terrain.

Est-ce que le jeune LeBron James pourrait grandir un peu et rejoindre le rare cercle des meneurs de très grande taille ? Cela serait fabuleux mais au regard du très faible nombre d'exemples réussis dans le passé, je dirais que les probabilités ne sont pas très élevées.

On peut même craindre que cet atout soit trompeur. Il n'est en effet pas à exclure que le jeune James domine pour l'instant surtout grâce à son avantage de taille face aux frêles extérieurs lycéens (comme le dit Vitale dans son commentaire). Il est possible aussi que ses qualités de dribbles soient suffisamment bonnes à ce niveau pour qu'il joue meneur, mais seront-elles encore suffisantes aux échelons supérieurs, face à des adversaires plus longs, plus vifs et plus intelligents ? Et sera-t-il aussi bon avec un avantage de taille moins épais ? Il est possible que ce James paraisse pour l'instant très fort surtout parce qu'il est en avance physiquement.
Je soupçonne que certains échecs passés de lycéens stars sont liés à cet avantage physique sur les autres adolescents qui disparaît en NBA. Je pense notamment à Korleone Young qui a vingt ans n'est déjà plus dans la ligue, et peut-être aussi à Felipe Lopez et Robert Traylor.
Je me pose plein de questions mais peut-être pour rien parce qu'en parallèle, The Sporting News note plutôt le joueur d'Akron comme occupant le poste d'ailier (« Small Forward »). Bon, bon, bon. Il me faudra attendre d'autres descriptions de son profil avant de me lancer dans des réflexions sur les espoirs et craintes qui l'entourent.
Je lance enfin mon navigateur web sur le site basketballphenoms.com. C'est un petit site internet, loin des grosses cylindrés qu'on l'air d'être les The Sporting News, Athlon Sport et ESPN, mais il présente lui aussi un classement des basketteurs qui entrent dans leur années sophomores cette saison (toujours pas de classement tous lycéens confondus, malheureusement). Comme Athlon Sport et The Sporting News, la page web ne déroule qu'une liste de noms sans décrire même un peu les basketteurs.
J'écarquille un peu les yeux : James tombe en dixième

position. C'est le pire classement du jeune joueur porté aux nues par USA Today (et à l'affront s'ajoute l'insulte car le pauvre adolescent voit son prénom être écorché en « Labron »). Le modeste site web d'un dénommé Aran Smith place d'ailleurs un nouveau nom sur le trône de ces deuxièmes années, un certain Major Wingate. Juste derrière, je lis le nom d'un joueur du Texas, Ndubi Ebi. Richard Cobbs occupe la troisième place, suivi de Marlon Smith, puis de Harrison Schaen et Kendrick Perkins. Je retrouve Lawrence Carrier en neuvième position, juste devant James.
Tiens, James est noté à 1,91 mètre, un peu en dessous du 1,95 mètre annoncé partout ailleurs. En basket, cette poignée de centimètres de différence n'est pas anodine. Peut-être que ce classement s'appuie sur des données un peu vieilles et que James a grandi entretemps. Peut-être que cela a joué dans sa place relativement basse dans la liste, d'autant plus que le site précise bien que l'ordre correspond au potentiel de ces joueurs pour le championnat universitaire et la NBA (sous-entendu, plutôt qu'au regard de leurs performances lycéennes). Sous cet angle, un peu plus de centimètres peut effectivement changer la donne.
Quoiqu'il en soit, je m'interroge un peu sur la valeur à donner à un site d'une si petite envergure pour passer correctement au tamis le basket lycéen américain. Il y a autant d'équipes qu'il y a de lycées dans ce gigantesque pays dont les habitants se comptent en centaines de millions. Même pour un colossal journal comme USA Today qui bénéficie d'un large réseau de journalistes implantés aux quatres coins des États-Unis, l'entreprise paraît incroyable. Vraisemblablement que même lui n'échappe pas à des oublis et des approximations. Alors que penser des possibilités des seuls Aran Smith et

Courtney Goldwire (cité par le premier pour son importante contribution dans la réalisation des classements du site), qui n'ont assurément pas les mêmes moyens ?
De ce manque de moyens, ils en donnent un aperçu quand ils s'adressent au lecteur pour lui demander de les contacter si jamais il connaît un joueur qui mérite de figurer dans leurs classements, et s'il a des images ou des vidéos. Ce site se construit manifestement sur de la débrouillardise, rassemblant des informations là où il peut en soulevant des brics et des brocs.
Cela étant dit, évaluer un jeune joueur et le comparer à d'autres est compliqué. Il n'est pas impossible que le regard de basketballphenoms.com soit plus aiguisé que celui de journalistes locaux, même en regardant une vidéo prise sur un bord de terrain avec un caméscope bon marché. Donc ce n'est pas sans davantage d'informations que j'écarterai la fiabilité de ce site, même face aux Goliaths dont il est le David.
Je peux en venir à ma conclusion quant à tous ces classements : LeBron James est sans aucun doute à compter parmi les plus forts deuxièmes années du pays. Tout le monde l'a au moins dans son top 10. Et probablement qu'il n'est finalement pas loin du podium. Mais il n'est pas spécialement au-dessus de ce lot, et encore moins l'un des meilleurs lycéens du territoire malgré ce que dit USA Today.
Il existe une hypothèse dans laquelle USA Today a raison, seul contre tous. Et il en existe une où c'est basketballphenoms.com qui est dans le vrai. Mais le consensus que je définis un peu à la louche le place entre les deux, et plus proche du petit site d'Aran Smith que du quotidien national à l'emballement détonnant.

Dans son mail, ce bon Ronnie m'a aussi recopié le commentaire que fait Howard Garfinkel sur James dans l'Akron Beacon Journal du 26 novembre 2000.
Ce nom fait bondir mon esprit. Howard Garfinkel gère un service d'évaluation des basketteurs lycéens depuis des dizaines d'années. Mais surtout, il dirige un camp d'été célèbre pour réunir chaque année la crème de la crème des joueurs de lycée, le Five-Star Camp. Il a vu passer des futures pointures comme Moses Malone, Isiah Thomas, Dominique Wilkins, Patrick Ewing, Alonzo Mourning ou encore un arrière du nom de Michael Jordan. Il a vu et analysé des lycéens encore mal dégrossis qui se sont par la suite révélés être des figures de la NBA, et même beaucoup plus que ça pour certains d'entre eux.
Que dit donc ce vénérable spécialiste du basket lycéen au journaliste qui l'interroge, à propos du petit LeBron James ? « Tu as entendu tous ces types de notre division NBA que j'ai mentionnés ? » Là, Ronnie me précise qu'il n'a pas la totalité de l'interview et qu'il ne sait pas de qui Garfinkel parle. Il indique également que la division NBA est en fait, dans le camp de Garfinkel, la division qui regroupe les lycéens de troisièmes et quatrièmes années.
Il ferme sa parenthèse et continue de citer l'article : « LeBron a joué aussi bien, ou mieux que n'importe lequel d'entre eux quand ils étaient sophomores à mon camp. C'était ridicule ; il a été dominant. Je n'ai jamais vu quelque chose comme ça. »
Garfinkel développe un peu plus concrètement : « Au milieu de la semaine, nous avons eu quelques gars blessés dans notre division NBA, et on l'a fait monter. LeBron a joué quatre matchs par jour, avec à la fois les sophomores et notre division NBA. Il a été retenu dans les deux équipes All-Star. Les deux, dans sa propre division et dans la division NBA. En 35 ans que j'organise ce camp, ce

n'est jamais arrivé. »

Et bien, voilà qui s'aligne plutôt puissamment avec l'opinion d'USA Today qui déclarait que James était d'ores et déjà un des meilleurs lycéens des États-Unis. Là, Garfinkel se range à cet avis tout de suite après avoir vu jouer l'élite des lycéens les uns contre les autres. Le bonhomme paraît lui-même surpris de trouver si fort ce joueur si jeune.

On n'ira cependant pas jusqu'à parler de conditions idéales pour analyser des basketteurs. Ça ne reste qu'un camp d'été et une semaine de jeu est une période trop courte pour être représentative du niveau réel des joueurs. Mais il y a beaucoup moins de disparités de talent que dans les matchs lycéens et il n'y a pas le bénéfice (ou le préjudice) pour chacun de ces joueurs d'évoluer dans une équipe organisée autour d'eux.

On ne serait pas loin de penser que c'était talent brut contre talent brut et que tous les participants ont des qualités athlétiques, techniques et mentales de haut rang pour le niveau lycéen de sorte à ce qu'on puisse se dire que les performances de James ne sont pas biaisés par le simple fait d'être plus avancés que des adolescents lambda.

Alors que je commençais à penser qu'USA Today était peut-être allé un peu fort sur son évaluation du joueur d'Akron, voilà un indice plutôt musclé accréditant cette thèse. Il faut rester prudent malgré tout. Il n'est pas inenvisgeable non plus qu'Howard Garfinkel se soit lui aussi emporté par son enthousiasme.

Peut-être que dans les couloirs du Five-Star Camp, deux ou trois joueurs de quatrièmes années ont grommelé en voyant le sophomore être sélectionné dans l'équipe type de leur division NBA parce qu'ils ne l'ont pas trouvé si fort que ça (les sélections prêtent souvent à débat après tout).

Peut-être que la configuration du camp, où il n'y a pas vraiment d'équipe mais un assemblage de joueurs voulant se montrer et/ou se livrer à des duels avec l'élite lycéenne, a favorisé le style de jeu de James, notamment s'il est bien dans un registre de porteur de balle comme le pense Dick Vitale et ESPN. Prudence donc, mais j'ai quand même gagné quelques degrés d'excitation.
Garfinkel n'a pas fini de discuter de James, même s'il parle désormais davantage de son profil que de son niveau de jeu: « Il peut shooter. Il peut faire une passe après le dribble. Il connaît le jeu. Il a l'air d'être un super gamin. Comme je l'ai dit, je ne veux pas en dire trop, mais j'aime beaucoup ce gamin. Je ne veux pas que quelque chose lui arrive. »
Intéressant, ces derniers mots, non ? Garfinkel n'ose pas trop en dire et on comprend qu'il veut éviter d'être trop dithyrambique, même si ça semble lui brûler les lèvres. En poussant l'interprétation, on pourrait presque penser qu'il n'ose pas dire tout le bien qu'il pense de lui, par peur de déchaîner les foudres de la notoriété et des attentes sur l'adolescent.
Il a sans aucun doute vu plusieurs fois au cours de sa longue carrière de merveilleux espoirs de ce sport étouffer sous les attentes et les médias, ou perdre la tête à force d'avoir tout le monde à ses pieds. Au point probablement d'être habituellement un blasé de ce genre de choses et de se contenter d'alerter sur ce risque en prévision d'un futur « je vous l'avais dit » de vieux connaisseur.
Mais là, nul parole flegmatique, nuls pouces tranquillement enfoncés dans la ceinture en énonçant une prédiction pleine d'assurance. Au contraire, on pourrait presque percevoir que si un tel sombre destin arrivait à ce joueur-là particulièrement, son cœur, son vieux cœur qui en a vu d'autres, pourrait se briser.

C'est comme si lui-même était devant quelque chose qu'il n'avait jamais vu auparavant, comme si le potentiel qu'il avait perçu chez le jeune akronien était tel qu'il voulait absolument le voir se concrétiser pleinement. Alors même que lui, a pourtant déjà eu la chance d'avoir eu sous ses yeux les jeunes Isiah Thomas et Michael Jordan.
Je secoue la tête pour me remettre les idées en place. Peut-être que c'est moi qui m'emballe dans mon interprétation de quelques mots dits au débotté à un journaliste. Peut-être que Garfinkel est au contraire un petit malin qui sait qu'instiller du mystère dans ses paroles pourrait au contraire faire augmenter la curiosité du public. Ou simplement peut-être que le vieux loup a trouvé une formulation vague qui lui permettrait d'avoir raison quelque soit l'avenir du joueur.
Un peu plus tard, au début du mois de novembre, je repasse sans trop de raison sur le site basketballphenoms.com. Je suis surpris de voir le classement des sophomores tout chamboulé : Mario Wingate n'est plus premier mais quatrième et son dauphin, Ndubi Edi chute gravement et est désormais accroché à la quinzième place. Richard Cobbs et Marlon Smith sont eux aussi sortis du top 10.
Kendrick Perkins a gagné trois positions. Il est maintenant troisième avec juste devant lui un certain Richard McBride. Et cette fois, LeBron James est premier. Sa taille a aussi été mise à jour et il est noté à 1,95m.

Le 8 janvier 2001, je suis content de parvenir à voir le classement national des lycées établi par USA Today sur son site internet. St Vincent-St Mary est classé troisième avec un bilan de 9 victoires en autant de matchs et un LeBron James à 22 points, 8,5 rebonds et 3 passes

décisives de moyenne lors des trois dernières rencontres. C'est joli, mais difficile d'estimer ce que ça vaut sans savoir si ses adversaires étaient de suffisamment bonne qualité ou non (combien de joueurs de ces équipes n'ont pas et n'auront pas le niveau pour jouer dans le championnat universitaire après le lycée ?).
Je lis d'un air distrait que James a pour coéquipier un pivot de 2,13m répondant au nom d'Aly Samabaly qui a tourné à 18,5 points et 5,5 rebonds. J'ai la fugace impression que quelque chose cloche quelque part dans ces informations mais sans savoir quoi. Je hausse les épaules et passe à une autre pensée : ça doit être bien pratique d'avoir un partenaire si grand, notamment au niveau lycéen où beaucoup n'ont pas encore atteint leur taille d'adulte. Faire 2,13m au lycée doit être comme mesurer 2,30 en NBA. À quel point James a la vie plus facile grâce à lui ? Cela dit, ne prendre que 5,5 rebonds pour quelqu'un qui a tant de centimètres de plus que les autres joueurs est assez inquiétant. Peut-être qu'il n'est pas tant que ça une présence positive, ce pivot de sept pieds.
La partie du classement qu'USA Today consacre à l'équipe de St Vincent-St Mary se termine en informant son lecteur que celle-ci affrontera ensuite Oak Hill Academy, l'établissement qui trône justement en première position de la liste.
Voilà qui est intéressant. Je ne m'intéresse pas vraiment au monde du basket lycéen en général et je ne le fais maintenant que parce qu'un journal a piqué ma curiosité en mentionnant un joueur d'à peine quinze piges qui se montrerait l'égal de ceux qui en ont dix-huit. Malgré tout, j'avais déjà entendu parler d'Oak Hill. C'est le seul lycée dont la notoriété est suffisamment grande pour dépasser les frontières du basket lycéen et parvenir jusqu'à mes oreilles.

Je ne saurai pas dire comment ce lycée a bâti sa force et sa réputation mais ce que je sais, c'est que j'ai plusieurs fois vu son nom accolé à des joueurs NBA et pas les moins talentueux (Rod Strickland, Jerry Stackhouse, Ron Mercer, William Avery ou encore Stephen Jackson). Si USA Today place l'établissement premier et affiche son bilan immaculé de seize victoires pour aucune défaite (sans davantage de commentaire malheureusement), on peut supposer que la formation de Mouth of Wilson en Virginie est cette année aussi plutôt fort bien équipée en bons joueurs.
Cela signifie qu'on va pouvoir voir ce que parvient à faire LeBron James face à ce qui se fait de mieux à ce niveau. Un unique match ne suffit pas pour se faire un avis mais ce sera déjà un solide indice.
Quelques jours plus tard, j'arrive, non sans mal, à trouver sur le net des bribes d'infos sur ce match qui est un sommet dans le monde du basket lycéen américain, mais une vulgaire rencontre d'adolescents pour le reste du monde.
La fameuse Oak Hill Academy a gagné d'un minuscule point. Je siffle d'admiration en apprenant que James a marqué 33 points (excusez du peu) dans cette défaite mais fronce les sourcils en lisant qu'il aurait manqué des tirs cruciaux sur la fin, dont deux lancers francs et le shoot de la gagne.
C'est un peu ennuyeux quand un joueur se rate au moment où le match se gagne ou se perd. Certains pourraient s'inquiéter de voir là l'effet d'un manque de force mentale, que la pression de l'enjeu lui a fait perdre son sang-froid, sa lucidité et la maîtrise de ses gestes.
Mais un seul et unique match ne suffit pas à étiqueter un joueur comme un danger pour sa propre équipe quand la pression de réussir appuie fort sur les esprits. Tous les

joueurs, des plus forts aux plus faibles, connaissent des séquences où ils enchaînent plusieurs actions ratées (même si a priori, cela arrive moins souvent aux plus forts). Ce n'est peut-être qu'une coïncidence si cette mauvaise série de James se passe au plus mauvais moment de la partie. En fait, ce n'est que si ce genre de défaillance se reproduit plusieurs fois dans les moments chauds -et dans ces moments chauds plus souvent que dans les autres moments d'une rencontre- qu'on pourra éventuellement se dire qu'il y a quand même une relation de cause à effet entre la crucialité du moment et les ratés du joueur.

LeBron James s'est peut-être vautré par la malchance d'une mauvaise série de ratés inopinée. Peut-être aussi parce qu'il n'avait plus autant d'énergie après avoir planté 33 pions au meilleur lycée du pays. Il faut se rappeler que son énergie est celle d'un adolescent de (désormais) 16 ans et qu'il l'a dépensé face à des joueurs deux ans plus vieux que lui.

Et d'ailleurs, même s'il avait perdu ses moyens, j'aurai du mal à en vouloir à quelqu'un d'un si jeune âge évoluant dans le monde au-dessus de sa catégorie d'âge. Non seulement cette défaillance serait compréhensible, mais en plus, ne progresserait-il pas dans le domaine avec l'expérience des années ? Tout le monde est plus à l'aise à mesure qu'il ré-expérimente une même situation.

Par ailleurs, une absence d'amélioration malgré un nombre croissant de tentatives de faire basculer un match dans ses derniers instants ne s'expliquerait pas non plus forcément par un problème de vulnérabilité à la pression. Admettons que vous ratiez systématiquement le panier de la gagne, la raison pourrait tout autant venir du fait que vous n'êtes simplement pas très bon sur le type d'actions -souvent spécifique- que requiert ces moments spéciaux d'un match, comme le shoot à distance, la faculté à parvenir à déclencher un tir devant le nez du défenseur ou je ne sais quoi d'autre encore.

Même ça, ce n'est pas grave. Vous ferez simplement une passe. Le basket est un sport d'équipe, avec cinq joueurs sur le terrain. Ce serait bien un échec plus collectif qu'individuel de faire atterrir le ballon décisif dans les mains de celui qui n'est pas capable de le transformer en points au tableau des scores.

Oh et puis mince, admettons même qu'un joueur figure de proue d'une équipe ait cette maladie des jambes qui flageolent dès que la victoire ou la défaite est sur le fil du rasoir. Si le bonhomme est un immense joueur pendant la majorité du match, je serai déjà bien content de le compter dans les rangs de mon équipe. Celle-ci n'aura qu'à déléguer la compétence du tir à haut potentiel de stress à un coéquipier plus à l'aise avec le cuir quand il brûle les doigts, voilà tout. Peut-être même que notre joueur figure de proue aurait fait gagner la partie avant même d'avoir besoin que quelqu'un prenne un tir de la gagne.

Donc au final, ce n'est pas très important que James ait raté ces occasions de la dernière chance.

Ses 33 points sont un peu plus concrets selon moi. C'est un gros chiffre et s'il arrive parfois que de telle ardoise apparaisse sans être méritée parce que l'adversaire largement supérieur n'a pas jugé utile de défendre plus sérieusement son auteur, cela ne semble pas être le cas ici vu que le match était serré. 33 points qui, contre le meilleur lycée du pays dans une partie à couteaux tirés, semble montrer qu'au moins sur cette rencontre, James était bien à la hauteur de ce niveau de jeu. Voire même peut-être au-dessus, au regard de ce volume.

Rien n'est toutefois sûr. 33 points d'accord mais avec quelle efficacité ? 33 points d'accord mais ce simple chiffre ne dit pas grand-chose sur sa faculté à faire les meilleurs choix sur le terrain, ni sur les autres aspects du jeu.

Et puis bien sûr, ce n'est qu'un match. Qui nous dit qu'il n'était pas en fait dans un particulièrement bon jour qui l'a fait apparaître plus bon qu'il ne l'est réellement ? La « chance » ou « malchance » que j'évoquais avec une série de tirs ratés peut se retrouver dans le sens positif avec cette fois des tirs réussis. Il arrive même parfois qu'un joueur affiche une réussite de diablotin sur tout un match. Ce n'est que si James réitère régulièrement ce genre de performances face à l'élite lycéenne qu'on pourra se dire qu'il s'agit bien là de son véritable niveau de jeu. Mais le championnat lycéen morcelé entre les régions, les divisions et les rencontres hors cadre comme celle-ci face à Oak Hill, offrira-t-il à James suffisamment de matchs face au haut du panier pour qu'on puisse se faire un avis sérieux ? Pas sûr.

Bon, moi je n'ai que ces 33 points et le savoir que ceux-là ont été inscrits malgré une très grosse opposition adverse, à me mettre sous la dent pour me faire une opinion sur James. Mais d'autres ont vu le match de près. De très près même puisque celui dont j'ai trouvé le commentaire a dû passer la rencontre à se tordre les mains d'anxiété en le regardant œuvrer.

L'entraîneur d'Oak Hill, Steve Smith (rien à voir avec le shooteur sévissant à Portland) a dit que James jouait avec beaucoup de confiance et qu'il a « été sur nos talons » toute la soirée. Mais surtout, il a déclaré, lui, l'entraîneur du lycée le plus basketballistiquement réputé du pays et classé n°1 par USA Today, que « si James avait été un dernière année, il serait un All-American ». C'est-à-dire sélectionné dans l'une des trois équipe-types du basket lycéen.

Steve Smith dit donc ni plus ni moins que le LeBron

James actuel, du haut de ses 16 ans, a le niveau pour être l'un des trois meilleurs joueurs lycéens du pays à son poste et que la seule raison faisant qu'il ne le sera pas n'aura rien à voir avec lui, mais avec le seul fait que la coutume est de retenir en priorité dans ces « équipes idéales » des joueurs de dernières années (avant qu'ils ne quittent définitivement le monde lycéen avec un pincement au coeur). Donc oui, pour lui, James fait partie des plus forts éléments de la compétition, sans même qu'il soit question de son âge.
C'est quelqu'un qui a vu un paquet de talents qui parle. On peut gager qu'il a l'esprit bien étalonné pour connaître la valeur d'un basketteur lycéen. Mais je sais aussi que les entraîneurs peuvent avoir le compliment très facile pour pas mal de joueurs adverses, que ce soit pour valoriser sa propre équipe (plus l'adversaire est fort, plus sa propre performance, dans la victoire comme dans la défaite, est respectable), par simple gentillesse, par volonté de se donner une bonne image, ou par petit espoir de voir l'intéressé rejoindre les rangs de son équipe (et oui, James a encore deux années pleines à accomplir au lycée après l'actuelle et il peut changer d'établissement s'il le souhaite).
Je me garderai donc de me contenter de cet avis. Mais quand même, c'est un solide indice.
Steve Smith poursuit ses éloges en déclarant qu'il n'arrivait pas à se sortir de la tête le fait que James ne soit qu'un deuxième année : « Il peut shooter à trois points, marquer à l'intérieur, il a été très bon dans ses actions en sortie de dribble. Et c'est effrayant de penser que durant les deux prochaines années, il ne fera que s'améliorer. »
Comme dit précédemment, la parole d'un entraîneur adverse n'est pas forcément fiable. Je me répète deux ou trois fois cela pour retenir mon cœur de plonger dans l'engouement autour de l'adolescent d'Akron. Et puis

encore une paire de fois après ça.
Je vois aussi passer l'information selon laquelle il y avait près de 6000 personnes entassées autour du terrain pour regarder ce match. Puis 4000 deux semaines après pour une rencontre beaucoup moins explosive opposant St Vincent-St Mary à un autre lycée d'Akron, Buchtel.
J'apprends aussi que la célèbre marque d'équipement sportif, Adidas, file gratuitement chaussures, sacs de sport, maillots d'entraînement, t-shirts et autres, à l'équipe de St Vincent-St Mary, et qu'aux dires du coach, Keith Dambrot, c'est uniquement grâce à LeBron James.
Pour le niveau de jeu, je ne sais pas encore mais l'engouement autour du jeune personnage, lui, est bien réel.

Début février, un article signé par un certain Terry Pluto et publié dans l'Akron Beacon Journal (merci Ronnie pour l'envoi !), m'apprend des petites choses marrantes à propos de James comme par exemple qu'il ne mesurait encore que (façon de parler) 1,85m l'année juste avant le lycée (contre 1,98m actuellement, en plein milieu de sa seconde année de lycée), que ses coéquipiers aiment bien se moquer de ses oreilles et qu'on peut le voir porter un titanesque chapeau de cow-boy lors du « Cowboy Day » organisé par l'école.
Mais ce qui m'intéresse surtout, ce sont les quelques mots que le journaliste consacre aux caractéristiques de son jeu. « James a un solide jump shot extérieur, avec une grosse marge de progression. » Par solide, j'entends « correct », et donc au niveau de la moyenne, voire un peu au-dessus. Alors si Terry Pluto pense que l'adolescent a encore une grosse marge de progression par rapport à ce niveau déjà correct plutôt qu'une petite ou une moyenne, c'est qu'il

estime que James peut devenir un shooteur d'élite comme Reggie Miller ou Allan Houston, non ?
Mais qu'est-ce qui lui fait penser que le joueur détient un tel potentiel dans les doigts ? Sa mécanique de tir (ce qui n'est pas spécialement un indicateur fiable, d'ailleurs) ? Son toucher de balle ? Son adresse aux lancers francs ? Mystère.
Pluto poursuit en avançant que le sophomore « peut s'élancer vers le panier et claquer un dunk, ou glisser jusqu'au cercle et envoyer le ballon caresser le panneau pour ensuite regarder le cuir traverser le filet. » Bref, il veut dire que James peut pénétrer dans la défense adverse jusqu'au panier et une fois là-bas, qu'il est assez athlétique pour s'élever dans les airs et dunker ou assez adroit à la finition pour réussir des lay-ups (malgré le trafic ou dans des angles compliqués, sous-entend-il même probablement).
« Il a d'énormes mains avec des longs doigts qui agissent comme une langue de serpent quand il faut arracher un ballon flottant. » Ainsi James a les mains vives (très bon point) et peut-être même qu'il a une excellente coordination main-œil (très très bon point). On pourrait déduire de ces mots que James est un bon rebondeur, voire même un bon voleur de ballon. Mais puisque le journaliste ne le dit pas, difficile d'en être sûr. La poésie, c'est joli mais ce n'est pas toujours très précis.
« Son savoir-faire dans la défense sur l'adversaire direct a besoin de travail [ah ? Première vraie critique négative]. Il est un superbe « free safety » [c'est un poste de foot américain, ça. Il s'agit d'un défenseur qui fait office de filet de sécurité pour venir perturber l'attaque quand celle-ci passe les premières lignes de défense. On pourrait parler de « libéro » en foot européen], vagabondant pour faire des interceptions et contrer des tirs dans la "press" [type de

défense consistant pour les joueurs à coller agressivement leur adversaire direct, très perturbante pour les attaquants. C'est aussi très risqué, un peu fondé sur la philosophie du « ça passe ou ça casse », où un raté offre beaucoup d'espace dans le dos. D'où l'intérêt d'avoir un bon « free safety »] de l'Irish [le surnom de l'équipe de St Vincent-St Mary. Enfin The Fighting Irish, plus exactement] ».
Ainsi, le jeune homme ne fait pas un très bon boulot pour tenir en un-contre-un son vis-à-vis (il ne doit pas bien boucher les angles, des trucs comme ça ; choses par ailleurs assez fréquentes chez les jeunes joueurs). Mais sa faculté à couvrir les arrières de ses coéquipiers laisse penser qu'il a, en plus de belles qualités physiques (avec ses doigts comme des langues de serpent, là), une véritable attention défensive. Et peut-être même, une bonne vision du terrain, associée pourquoi pas à une jolie compréhension du jeu, doublé d'un certain sens de l'anticipation. Ces qualités-là sont merveilleuses parce qu'elles sont rares et utiles dans pratiquement tous les aspects du jeu, en attaque comme en défense.
Mais ne nous emballons pas, il est possible que James soit suffisamment long, véloce et vif comparé aux autres lycéens qui ne seront pas tous des professionnels dans quelques années, pour réussir ainsi à jouer les deuxièmes vagues sans toutefois avoir besoin de deviner les actions à venir. Et peut-être que pour chaque interception ou contre, il y a un deux ou trois fois un James qui fait une mauvaise anticipation et qui, en quittant ainsi à mauvais escient son joueur, provoque des trous dans la défense collective. Les interceptions et les contres se remarquent bien plus facilement que les erreurs de placement, et on cite souvent les premiers en oubliant les dernières.
Dans le reste de ce grand article, on peut lire que lorsque l'entraîneur de St Vincent-St Mary demande à l'équipe où

chaque joueur devrait être dans telle ou telle situation, c'est James qui répond, et qui répond avec les bonnes réponses. « LeBron connaît vraiment le jeu », dit le coach au journaliste, « il comprend tout ce qu'on lui dit. » Parlant de concept tactique et technique basket, je présume. Le contraire serait pour le moins perturbant.
On peut aussi lire que le coach de Canton McKinley (un lycée de la ville de Canton, Ohio) énonce que « LeBron rend meilleur tout le monde autour de lui » (sur le terrain, je présume ici aussi. Même si au-delà serait également un bon point). Que « dans cette équipe, vous pouvez être un joueur secondaire et marquer des points parce que LeBron va vous donner la balle. » Dans une position qui offre un tir pas trop compliqué à mettre, je présume encore une fois, parce que juste donner la balle à ce joueur secondaire ne va pas spécialement lui faire directement marquer des points.
Voilà qui raccroche avec l'idée d'ESPN selon laquelle James était -ou jouait comme- un meneur de jeu. Cette caractéristique de rendre les autres meilleurs en les plaçant dans des positions favorables, c'est ce qu'on attend des meneurs de jeu et c'est ce que parviennent à faire les plus forts d'entre eux.
Mon cœur me tire doucement par la manche comme un enfant passant devant une boutique de friandises : cette faculté à créer des positions faciles pour ses coéquipiers n'est-elle pas l'une des qualité à plus grande valeur ajoutée du basket ? Faire en sorte que son équipe marque des paniers efficacement, faire en sorte que les quatre joueurs autour apportent plus que ce que leurs seules capacités intrinsèques leur permettent habituellement : ne s'agit-il pas là de choses qui font gagner une équipe ?
Additionné au fait que James semble aussi être un scoreur individuel de bon niveau, vu les 33 pions qu'il a planté

dans les côtes du meilleur lycée du pays au cours d'une rencontre serrée, se seraient ici plusieurs pans de l'attaque qui seraient couverts par l'intéressé.
Peut-être même que le bougre combine son scoring et son passing pour mettre la défense face au dilemme permanent suivant : « se mettre à plusieurs pour l'empêcher de marquer au risque de laisser d'autres attaquants libres » -ou- « laisser chaque défenseur concentré sur son propre attaquant pour éviter que l'un de ces derniers se retrouve seul, quitte à tenter de laisser le fort scoreur face à un seul et pauvre défenseur ». Si le porteur de balle est vraiment doué, aucune de ces deux options n'est bonne pour la défense.
Les 33 points contre Oak Hill ont une très bonne gueule, mais sans connaître le pourcentage de réussite, cette jolie figure est peut-être un masque qui cache un gros gaspilleur de possessions de jeu. Impossible de trouver cette information mais par contre, ce bon Terry Pluto me glisse à l'oreille que sur la saison, James inscrit en moyenne 25 points en ne prenant que 17 tirs par match.
Voilà, qui est très efficace. Il marque 1,47 point par tentative là où, en NBA, on considère que marquer un point par tir est bien. 1,47 point/tir, c'est un brin mieux que Karl Malone lors de la saison 1999/2000 qui plante en moyenne 25 pions avec 18 tirs. C'est mieux que d'autres NBAers tournant à 24 ou 25 points par match comme Grant Hill, Vince Carter, Chris Webber ou encore Gary Payton (1,32 pts/tir ; 1,19 pts/tir ; 1,14 pts/tir ; 1,2 pts/tir).
Évidemment, réaliser ces chiffres en NBA est une toute autre histoire que de le faire au lycée. On pourrait même peut-être se dire que face à certains lycées dont les joueurs sont plutôt promis à des carrières professionnelles éloignées du basket, le chiffre d'1,47 pts/tir ne signifie en réalité pas grand-chose. C'est pour ça que j'aurai aimé

connaître son pourcentage de réussite lors de la rencontre qui l'a fait se mesurer à l'élite lycéenne.

Cela dit, cela n'aurait pas suffit à me contenter. Je ne le serai qu'en voyant son volume de points et son pourcentage de réussite contre une vingtaine d'équipes comme Oak Hill. Il me faudrait aussi voir ce que font les autres grands talents de ce niveau de compétition pour savoir si James fait mieux qu'eux, pareil ou finalement moins bien. Si ça se trouve, le chiffre d'1,47 point par tir n'est pas si exceptionnel que ça à ce niveau de compétition.

À ce propos, l'article avance que James aligne 25 pions par rencontre, mais qu'il pourrait très bien en enfiler 40 en réalité s'il jouait dans un autre système de jeu (le papier insiste sur le fait que l'entraîneur de St Vincent-St Mary prône un important partage de la balle) ou si James voulait monopoliser le ballon. Donc, James serait potentiellement un scoreur plus fort que ce qu'on pourrait croire.

S'il ne le paraît pas dans les chiffres, dit Pluto, c'est parce que le sophomore préfère passer que marquer. Il précise que l'intéressé mène son équipe dans le classement des passes décisives.

Le portrait qu'on nous dessine avec un amour évident (c'est un journal d'Akron, après tout) est celui d'un joueur à la fois capable de scorer avec du volume et de la justesse, et en plus de rendre ses coéquipiers productifs. Je traduis : de générer à lui tout seul une attaque complète et efficace.

L'entraîneur de St Vincent-St Mary abonde : « LeBron est difficile à coacher seulement pour une chose ». Suspense. « Il est si bon que tu t'inquiètes qu'il s'ennuie ».

Ces phrases sont plus sucrées qu'une pâtisserie bretonne. Peut-être énoncent-elles une réalité mais il est aussi facile de tomber dans l'exagération aveugle quand on parle de son poulain ou, dans le cas du journaliste de l'Akron Beacon Journal, de l'enfant prodige du coin. Comment savoir si ces avis sont biaisés ou pas ? On ne peut pas, alors que je ne vais les écouter que du bout des oreilles et tenter de trouver d'autres sources d'analyse qui comportent un risque de biais moindre.

C'est un samedi pluvieux qui frappe sur la vitre de mes fenêtres. J'essaie toujours d'utiliser internet avec parcimonie pour économiser mon forfait et le faire tenir jusqu'à la fin du mois, mais ça fait maintenant bien une grosse heure que je tourne un peu en rond dans mon appartement emprisonné par le mauvais temps. Mars vient juste de commencer, mais certainement que je peux malgré tout me permettre un petit écart.

Sans doute parce que ça faisait longtemps que je n'y étais pas allé, je tape « basketballphenoms.com » dans l'adresse de mon navigateur. Ce n'est cependant pas ce site qui s'affiche sur mon écran mais un autre, nbadraft.net. Je comprends vite que c'est une simple refonte de l'ancien site et qu'il est toujours tenu par Aran Smith.

J'y découvre avec une certaine surprise que sous sa nouvelle forme, le site se livre à l'exercice difficile des prévisions de draft NBA. J'apprécie l'effort car le tableau de draft établi permet de noter les noms qui ont, pense-t-on au moment de son édiction, le potentiel pour aller dans la grande ligue professionnelle et quelles sont leurs places dans la hiérarchie. Une chose importante, ces joueurs d'avenir sont rangés pratiquement indistinctement de leurs catégories d'âge, contrairement à la plupart des classements que j'ai pu lire jusque-là. Donc le numéro un de la liste est le numéro un parmi tous au global. C'est par conséquent un gros drapeau de signalement qui est mis sur ces jeunes basketteurs.

L'exercice de la draft factice est intéressant et utile, mais il est aussi assez courageux pour celui qui le réalise. Il s'agit en effet de tenter de prédire ce qu'il se passera dans plusieurs mois. Autant dire que le risque est grand de voir, le moment venu, quelqu'un se tourner vers cette ancienne prédiction et la pointer du doigt en ricanant parce les choses se seront passées autrement.

Malgré tout, nbadraft.net, loin de se contenter de la draft à venir, en imagine également une pour la draft de l'année suivante, puis aussi pour celle d'après. Évidemment le risque d'erreur grossit exponentiellement à mesure que la draft est loin dans le futur, surtout qu'il s'agit alors d'adolescents dont les progressions ou chutes peuvent être spectaculaires ou inattendues, et que les vies peuvent facilement basculer. J'adresse un petit salut à ces soldats d'internet qui n'hésitent pas à se sacrifier pour pouvoir nous donner une silhouette de ce que sera le basket de demain.

La plus lointaine draft projetée par le site est la draft de l'été 2003, à savoir la première à laquelle LeBron James pourra être éligible. L'akronien aura alors terminé le lycée et, s'il est si bon que ce qui commence à se murmurer, peut-être envisagera-t-il de faire le grand saut directement en NBA, sans passer par la case universitaire comme l'a fait Darius Miles durant la dernière intersaison, ou encore Kevin Garnett et Kobe Bryant avant lui.

Je clique sur le lien hypertexte et quand le tableau de draft s'affiche, je ne vois aucune trace de LeBron James. La première position est donnée à quelqu'un du nom d'Amare Stoudemire, suivi par un Gerald Wallace que je ne connais pas davantage. Viennent ensuite des noms comme Kwame Brown, Kelvin Torbert et Shavlik Randolph.

J'étudie un instant la liste des soixante joueurs qu'Aran

Smith imagine les équipes NBA sélectionner durant cet été 2003. Avec la pincée d'informations donnée à la suite de chaque nom (la taille, le poids, le poste et le club actuel), je comprends qu'il est normal et sans lien avec son niveau de jeu, que James n'y soit pas inscrit.

Les plus jeunes présumés candidats à la NBA affichés dans le tableau sont des lycéens de troisième année, comme le dit Amare Stoudemire (les autres sont Shavlick Randolph, Lenny Cooke, Sani Ibrahim et Shelden Williams). Lors de l'intersaison 2003, ce Stoudemire viendra en principe de terminer sa première année universitaire.

J'en déduis que nbadraft.net se refuse d'imaginer à l'avance des joueurs se présenter à la draft à la sortie du lycée, peut-être pour éviter d'être sous le feu de ceux qui grommellent que les médias font se monter le bourrichon à ces lycéens et les poussent à se croire suffisamment forts pour aller en NBA sans avoir besoin de s'aguerrir à l'université au préalable.

LeBron James est donc un an trop jeune pour être pris en compte par le site. Probablement que l'année prochaine, je le verrai quelque part dans la draft factice de 2004.

Et j'ai un peu hâte car je pourrais alors peut-être voir la page de profil que nbadraft.net lui aura concocté. Parce que je me suis rendu compte qu'on pouvait désormais cliquer sur le nom des joueurs et que s'affichait une description de leur jeu, dont notamment leurs forces et leurs faiblesses. Même s'il ne s'agit que de quelques succinctes lignes, il est rare de voir dans la presse une analyse aussi détaillée d'un basketteur qui n'est pas encore en NBA.

Pour Gerald Wallace par exemple, ailier venant d'arriver à l'Université d'Alabama et que nbadraft.net projette en seconde position de cette draft factice (dite « mock draft » aux États-Unis) de 2003, il est dit de lui que ses forces sont une incroyable capacité de saut, une grande agilité, de l'explosivité et beaucoup d'énergie. Qu'il a un bon tir en suspension, que son potentiel offensif est très élevé et même que, globalement, son potentiel est celui d'une superstar au niveau supérieur, c'est-à-dire en NBA.

La manière dont nbadraft.net écrit son analyse me tire un petit sourire. Il évoque chaque élément de façon lapidaire, en quelques mots, chacun espacé de quatre petits points. On jurerait entendre un médecin taciturne qui se parle à lui-même à haute-voix pendant qu'il ausculte son patient : (à propos des points faibles de Wallace) « Le maniement de balle a besoin d'améliorations.... Le tir extérieur a besoin d'être plus consistant.... A un gros talent brut qui doit être exploité pour qu'il puisse atteindre le maximum de ses capacités. »

Je ne serai pas contre une réflexion plus poussée (tous les aspects du jeu d'un joueur ne sont pas évoqués, ni comment toutes ces caractéristiques sont mises en oeuvre sur le terrain) mais au regard de ce qui se fait par ailleurs (ou qui ne se fait pas, plutôt), je suis déjà content d'avoir ces détails à croquer. Concernant les faiblesses notamment. Pratiquement jamais on en parle, des faiblesses.

Il conviendrait néanmoins de se questionner sur la valeur de l'avis d'Aran Smith (je devine que c'est lui qui rédige les analyses des joueurs). Après tout, il n'a pas la légitimité d'un entraîneur ou de quelqu'un qui a fait de l'évaluation des jeunes basketteurs son métier comme Howard Garfinkel par exemple. Cela ne veut pas dire que la parole de ces derniers vaut automatiquement plus que celle du créateur d'un site web, mais qu'en attendant de connaître le niveau de pertinence réel des uns et des autres, leur statut est un indice pour estimer qui a le plus de chances d'être dans le vrai.

Smith n'a pas de curriculum vitae pour montrer patte blanche, ni encore de faits d'armes à mes yeux. Mais probablement que si je me retrouve à regarder plusieurs matchs de Gerald Wallace et que je constate moi aussi que son maniement de balle n'est pas tout à fait satisfaisant, puis que je m'aperçois d'un paquet de confirmations similaires -ou que ses avis sont confirmés par un tas de spécialistes éprouvés-, je placerai à côté du nom de Smith un tampon « analyste pertinent ». En attendant ce jour, je noterai ses très intéressantes évaluations, avec toutefois une petite distance précautionneuse.

Sortant un peu de ma réflexion, je vois, en regardant toujours la page consacrée au freshman d'Alabama, que jnbadraft.net a aussi la coquetterie de proposer une comparaison avec un joueur de la grande ligue. Ici, Gerald Wallace (ou plutôt le futur Gerald Wallace) est vu comme un Vince Carter. Ce dernier, tout jeune qu'il est, est un fort scoreur et une machine à actions spectaculaires en NBA chez les Raptors de Toronto. Pas mal comme comparaison, non ?

Malheureusement, les joueurs de la draft prévisionnelle de 2003 qui sont encore au lycée, comme le projeté numéro un, Amare Stoudemire, ou encore Kwame Brown, Kelvin Torbert et Shavlik Randolph (occupant les places trois à cinq ; ils sortiront alors de leur première année universitaire), n'ont pas encore droit à leur rapport d'évaluation. Aran Smith n'a manifestement pas encore pu se faire une opinion sur eux. Ce n'est donc pas dit qu'il suffise que LeBron James apparaisse sur la mock draft 2004 pour que je puisse prendre connaissance des forces et faiblesses que le site lui voit. Mais sait-on jamais.

Je n'étais pas bien vieux quand j'ai découvert qu'il existait une récompense individuelle qui portait la drôle d'appellation de « Mister Basketball ». Je crois que c'était dans la description du palmarès de l'ailier shooteur Glen Rice, tout juste drafté en quatrième position par le Heat de Miami. Une petite ligne affichait « Michigan's Mr. Basketball 1985 ». J'étais un gamin et cette appelation était beaucoup plus amusante que les autres lignes de trophée, même si je ne voyais pas trop à quoi cela correspondait.

Ce n'est qu'un peu plus tard que j'ai compris que ce titre avait vocation à nommer le meilleur basketteur lycéen d'un État comme Rice pour le Michigan, Nick Anderson pour l'Illinois en 1986 ou encore Glenn Robinson pour l'Indiana en 1991.

LeBron James est le Monsieur Basketball pour l'Ohio en cette année 2001.

C'est le grand quotidien The Cincinnati Enquirer, dans son édition du 22 mars 2001, qui me l'apprend. Je comprends également que la saison régulière lycéenne est finie et qu'il est l'heure de décerner les récompenses individuelles. Celles-ci sont attribuées avant le tournoi qui déterminera le champion, comme si elles n'avaient pas leur place dans la phase finale car on considèrerait qu'à ce stade, la seule récompense qui mérite de se trouver dans la ligne de mire des joueurs, est le titre collectif.

L'article, deux petites colonnes réduites en un timide carré sur un bout de la page, ne nomme pas James dans son titre. Il écrit « Un sophomore nommé Mr. Basketball ».

Parce que c'est ça l'info marquante : c'est la première fois qu'un lycéen de deuxième année décroche cette récompense. Ce trophée existe dans l'Ohio depuis 14 ans et jamais cela n'était encore arrivé. Cela dit, 14 ans, ce n'est pas tant d'années que ça, surtout comparé à son équivalent dans l'Indiana et premier du nom, qui a livré son premier Mr. Basketball en 1939 (à un certain George Crowe).

Quoiqu'il en soit, l'Ohio considère donc que le meilleur de ses lycéens basketteurs n'a que 16 ans. C'est impressionnant mais est-ce si significatif ? Je me méfie toujours des trophées individuels car ils résultent du vote de journalistes (c'est le cas ici) ou de pairs pas toujours objectifs, pas toujours dépourvus de biais et pas toujours si compétents que ça pour évaluer correctement des joueurs ou trop fainéants pour le faire sérieusement.

Vu le petit battage médiatique dans le microcosme lycéen autour de James (USA Today, le grand article de Terry Pluto, les 6000 spectateurs du match contre Oak Hill Academy, les mots de l'entraîneur de cette dernière, ceux d'Howard Garfinkel, etc), je ne serai pas étonné que les décideurs aient suivi le sens du vent sans trop s'embêter. Ou alors ne voulaient-ils pas se retrouver à être seuls à voter à contre-courant. Ou bien avaient-ils envie de participer à la légende locale que l'adolescent est en train de créer en se montrant parmi les audacieux qui avaient dès le début reconnu ce talent formidable et osé aller jusqu'à le considérer comme le plus fort, qu'importe qu'il ne fut qu'un sophomore. Peut-être aussi que si James terminait un jour dans les hautes sphères de la NBA, ces votants voulaient plutôt être de ceux qui le savaient avant tout le monde et surtout ne pas se retrouver sous les moqueries pour avoir préféré quelqu'un d'autre que lui à l'époque.

Je ne dis pas que James n'était pas effectivement le meilleur lycéen de l'Ohio, je dis que je ne suis pas sûr de la bonne analyse des votants. Toutefois, même si cette décision collégiale n'est pas des plus sûrs, c'est quand même un indice de la valeur du joueur récompensé.

Or, ces indices commencent à s'accumuler sur mon tableau d'étude digne de ce qu'on peut trouver dans le commissariat d'un film télévisé. Aucun de ces éléments récoltés jusque-là n'est très fiable mais plus ils s'accumulent, plus l'image qu'ils dessinent a des airs de réalité. Attention quand même, les consensus n'ont pas toujours raison. Après tout, la médecine a cru un moment que les maladies mentales se soignaient avec des électrochocs.

Le Cincinnati Enquirer m'indique que James a enregistré des moyennes de 25,6 points, 7,5 rebonds et 7 passes décisives pendant que son équipe affichait un résultat de 24 victoires pour une seule minuscule défaite, celle d'un bête petit point contre l'ogresse Oak Hill Academy. Le papier ajoute malicieusement que St Vincent-St Mary en est à 51 victoires en 52 rencontres depuis l'an passé. C'est-à-dire depuis que l'établissement compte James dans ses rangs.

Ce bilan à peine taché ne doit pas être pris comme argument pour l'attribution à James du costume de Mr. Basketball sans être mis en perspective (ce n'est pas en étant seul sur le parquet que le sophomore a obtenu cet incroyable bilan), mais je dois reconnaître que ça en met quand même plein les yeux.

Steve Smith, l'entraîneur d'Oak Hill, réapparaît dans ce papier pour faire de nouveaux compliments. « Il est presque impossible à défendre en un-contre-un » et « Quel futur, que celui que ce jeune homme a devant lui ». Pareillement, ces mots, sortis de cette bouche-là, sont peut-être faussés comme je me le suis déjà dit un peu avant, mais eux aussi, ils en mettent plein les yeux.

La force d'un joueur en un-contre-un est un élément parfois un peu regardé de travers car il est souvent accompagné d'un égoïsme pas toujours bénéfique à l'équipe, mais il n'en reste pas moins un atout majeur. Pouvoir battre son vis-à-vis direct signifie pouvoir déstabiliser une défense,h et déstabiliser une défense est fréquemment le premier pas vers un panier, que celui-ci soit inscrit par l'auteur du fait lui-même ou par un coéquipier ayant bénéficié d'un tir ouvert ultérieur, né de ce décalage initial.

Sortant de mes pensées, je regarde rapidement qui sont les autres joueurs du podium de ce trophée. Peut-être entendrais-je un jour parler d'eux aussi. Le second est ainsi Mike Gansey d'Olmsted Falls, suivi à la troisième place par Kevin Martin de Zanesville. Le papier se contente de quelques lignes, je n'en saurai donc pas plus sur eux.

Le journal de Cincinnati me donne aussi une information moins locale : LeBron James a également été désigné par The Sporting News -cette revue nationale qui s'intéresse de près au championnat lycéen sur tout le territoire- « sophomore de l'année » à l'échelle de la nation américaine.

Ainsi donc James a battu Lawrence Carrier dans les yeux du magazine durant cette saison lycéenne.

Mes réserves sur les trophées individuels restent d'actualité avec celui-ci, mais avec The Sporting News et son audience nationale, on peut retirer le potentiel biais de vouloir chérir plus que de raison le prodige de sa contrée afin de le voir porter le nom de l'Ohio à travers toutes la terre à la bannière étoilée. Cette distinction a donc un peu plus de crédit à mes yeux. Quoiqu'il en soit, c'est encore un doigt tendu vers l'idée que James est vraiment très, très fort.

Certes, cette récompense ne dit pas qu'il est dans les meilleurs lycéens du pays comme l'avait sous-entendu USA Today un an auparavant. Elle dit seulement qu'il est le plus fort Deuxième année. Toutefois, je note avec un petit sourire en coin que si The Sporting News fait des classements par catégorie scolaire, il ne croise pas ces différentes catégories. James n'a mécaniquement pas été élu meilleur Troisième ou Quatrième année parce qu'il ne répond pas à ces critères d'éligibilité. Mais rien ne dit qu'il n'est pas plus fort que le meilleur Troisième année ou qu'il n'aurait pas été classé dans les cinq meilleurs du classement des Quatrième année si on oubliait son rang scolaire.

Le Miami Herald du même jour me livre un panorama un peu plus garni de ces récompenses. Le Quatrième année (dit « senior ») de l'année est Kelvin Torbert, un arrière venant de Flint, dans le Michigan, qui rejoindra justement la fameuse université de Michigan State à l'automne. Torbert, que j'avais aperçu dans la draft fictive du site nbadraft.net, a devancé le pivot de 2,15m issu de Compton, Tyson Chandler. Ce dernier vient juste de déclarer qu'il se présenterait directement en NBA plutôt que de passer par l'université et donc le championnat NCAA. Faut dire qu'il est annoncé dans le top 5 de la draft, indique le Miami Herald.

Le Troisième année (dit « junior ») de l'année est Shavlik Randolph, un ailier de 2,08m en provenance de Raleigh en Caroline du Nord. Lui aussi, j'ai déjà vu son nom. Le journal glisse que le bonhomme est « considéré comme le meilleur prospect sorti de Caroline du Nord depuis Michael Jordan », ce qui peut vouloir dire qu'il est très fort ou qu'il ne l'est pas tant que ça mais que l'État du sud-est américain n'a pas produit de gros talents depuis vingt ans.

Les lycéens ont la cote. La NBA a les yeux grands ouverts sur eux cette année. Bien plus que pour la draft de la saison passée, où c'est surtout de Darius Miles dont on parlait. DeShawn Stevenson avait lui aussi été pioché par la grande ligue mais beaucoup plus loin, en 23ème position. On était loin du ras-de-marée qu'on commence à voir venir aujourd'hui. Trois ou quatre lycéens, voire même peut-être davantage, pourraient en effet être appelés dans les tous premiers lors de la prochaine draft.

On est le premier avril 2001, et je mets justement la main sur un article du Baltimore Sun qui fait part de la 45ème All-America High School Boys Basketball Team du magazine Parade. Je crois d'ailleurs que c'est l'article même du magazine qui est repris dans son intégralité par le canard de Baltimore, parce que je le retrouve à l'identique dans le Atlanta Constitution du même jour. On y voit listées cinq équipe-types de dix joueurs, sélectionnés par des entraîneurs, des prospecteurs de jeunes talents (des « scouts ») et des recruteurs venant des quatre coins des États-Unis. Ici, il n'y a pas de distinction par catégorie d'âge, ce sont des sélections tout âge confondu.

LeBron James est dans la seconde sélection, aux côtés de Shavlik Randolph, T.J. Ford, Jawad Williams, Julius Hodge, Aaron Miles, Wayne Simien, James White, Cedric Bozeman et John Allen. Ainsi, le magazine « Parade » rejoint l'idée qu'USA Today avait exprimée un an auparavant selon laquelle James, à l'issue de son année sophomore, était un des meilleurs lycéens du pays.

Certes, vraisemblablement que cette saison supplémentaire a ajouté des arguments à cette position, mais le résultat est le même. Sauf peut-etre si USA Today s'attendait à ce qu'une progression d'une année complète porte James à être plus haut encore, disons dans une Première équipe ou peut-être dans le top 3.

Pour Parade, il y a néanmoins dix joueurs meilleurs que

lui. Et peut-être plus parce que je ne sais pas où le magazine situe James dans cette seconde équipe. Si l'ordre des joueurs a un sens, James est mis en sixième position de cette équipe numéro 2. Selon cette hypothèse, il serait alors le seizième meilleur joueur des lycées.

Le USA Today de l'an passé serait peut-être un peu déçu de ce positionnement (ou ronchonnerait que c'est Parade qui a les yeux de travers et qui ne sait pas reconnaître le talent du joueur d'Akron) mais il n'en reste pas moins que James est ici rangé dans les plus forts alors qu'il n'est qu'un sophomore. C'est d'ailleurs dommage que la liste n'affiche pas à quel grade scolaire sont les basketteurs retenus. J'aurai bien aimé savoir s'il y avait d'autres sophomores que James pour évaluer si c'est vraiment une anomalie ou non de voir quelqu'un de si précoce dans ces sélections.

Voir le nombre de Troisième année aurait également permis d'étalonner la performance de James. Imaginez donc que Shavlik Randolph, élu Junior de l'année, soit le seul Troisième année dans cette liste. Qu'est-ce que cela dirait de l'exploit de James de, lui le Deuxième année, se hisser là où même les Troisième année peine à parvenir ? Mais bon, tant pis.

Dans l'équipe numéro 1, on retrouve en premier Eddy Curry qui apparaît d'ailleurs en personnage principal de l'article accompagnant la sélection. Le journaliste, Michael O'Shea, énonce tout de suite que ce joueur de 2,11m venant de South Holland dans l'Illinois, n'ira pas à l'université de DePaul comme prévu initialement mais directement en NBA après le lycée. Plus que ça, les scouts sont « stupéfaits » par sa rare combinaison de taille et de qualités athlétiques, écrit-il, et prédisent que le lycéen pourrait être choisi en première position de la draft. Ce qui serait inédit. Le lycéen le plus haut drafté jusqu'à présent est Darius Miles, l'été dernier, en 3ème position.

Comme pour James chaque fois que son jeu est un peu détaillé, les commentaires autour de Curry sont dithyrambiques. « Virtuellement inarrêtable comme pivot pour son lycée » ; « Un joueur d'équipe accompli, il se bat sur le terrain avec intensité et concentration, réalisant en moyenne 23 points, 10 rebonds et 3 contres » (bon, donner l'adresse aux tirs n'est toujours pas dans les mœurs, on dirait) ; « Eddy a une superbe attitude et est facile à coacher » ; « Il peut marquer depuis n'importe où sur le terrain, y compris depuis la distance à trois points ».

Décrit comme ça, je suis prêt à nettoyer gratuitement chaque soir les sols collant de restes de bière et de popcorn des tribunes pour l'avoir dans mon équipe.

Dans le reste de la First Team, je retrouve des noms familiers comme Kelvin Torbert, Tyson Chandler ou encore DeSagana Diop qui joue à Oak Hill et dont j'ai vu le nom passé il y a quelques semaines à l'occasion du match de LeBron James contre le prestigieux lycée de Mouth of Wilson. Les autres joueurs retenus sont Dajuan Wagner, Kwame Brown, Ousmane Cisse, Rick Rickert, David Lee et David Harrison.

C'est la crème du championnat lycéen, alors je marque ces patronymes dans ma mémoire pour plus tard. Enfin, pas si tard que ça si autant de monde prévoit de tenter sa chance en NBA dès cet été.

J'attendais l'avis d'USA Today sur James, un an après que le quotidien ait annoncé que le joueur d'Akron était l'un des meilleurs lycéens des États-Unis au moment d'entamer sa saison sophomore. Le voilà qui arrive dans mes mains quelques jours après l'article de Parade. USA Today continue d'être plus emballé par James que la

plupart des autres médias que j'ai pu consulter car le basketteur d'Akron se retrouve nommé dans la première équipe type de la saison. Et là, ce n'est pas une sélection à dix joueurs comme pour Parade, mais de cinq. Le célèbre journal crie ainsi à la face du monde qu'il considère James comme l'un des cinq plus forts lycéens de l'année, ou au moins peut-être, le meilleur à son poste. Et il n'a toujours que 16 ans, hein.
USA Today n'en fait cependant pas son joueur de l'année (le quotidien essaie de rester raisonnable), cet honneur revenant à Dajuan Wagner. Les trois autres joueurs retenus sont Eddy Curry, Kwame Brown et Kelvin Torbert.

Le classement final des meilleures équipes lycéennes du territoire américain établi par USA Today m'informe que St Vincent-St Mary est en cinquième place et que la formation de James s'est à nouveau approprié le titre de champion d'État dans la division III (devant plus de 17 600 personnes mais ce genre d'affluence devient banal, finalement).
Le lycée de James a donc remporté tous ses matchs à élimination directe depuis la fin de la saison régulière. Il conserve donc son éclatant palmarès d'une seule défaite en deux ans (d'un ridicule point contre le chef de file de la compétition, on le rappelle). Les succinctes lignes de description du classement précise que sur le tournoi (constitué de deux matchs, opposant les différents champions régionaux en demi-finales puis en finale, si je ne me trompe pas), James a mis 54 points, soit 27 de moyenne.
Je lève un sourcil intéressé en voyant qu'il a mis ce gros volume de points avec seulement 31 tirs (il en a réussi 23, indistinctement entre tentative à deux et trois points ; les

lancers francs ne sont pas comptés dans ce 23 sur 31 mais je ne doute pas qu'ils le sont dans les 54 pts).

Je lève un sourcil parce que j'ai une petite information supplémentaire sur son adresse aux shoots, mais plus encore parce que ces chiffres sont fantastiques. C'est qu'il a marqué 1,7 point par tir, le bougre. Et en parallèle, il n'a pris qu'une quinzaine de tirs par match alors que vu sa domination, il aurait été tout à fait légitime à en prendre plus. Cette idée que James partage le ballon malgré son talent supérieur ne semble pas usurpée.

Tout cela reste néanmoins des chiffres réalisés face à un niveau de jeu lycéen d'envergure locale (fusse le meilleur de l'Ohio) qui n'est peut-être pas vraiment suffisant pour mettre sérieusement à l'épreuve un tel joueur. LeBron James est au-dessus du lot, mais à quelle hauteur est ce lot ?

C'est avec cette incertitude en tête que je découvre sur le site internet Rivalshoops.com que James a participé au 4ème et annuel « Youth Development Festival » d'USA Basketball (USA Basketball est l'équivalent de la fédération américaine de basket) qui s'est déroulé mi-juin.

En furetant un peu, notamment sur le site de l'organisation, je comprends qu'il s'agit d'un tournoi réunissant une sélection de lycéens (hors les dernières années qui ne sont plus des lycéens à ce moment de l'année mais de tout frais universitaires ou postulants à la NBA) répartis en quatre équipes selon les zones géographiques.

Et bien, voilà qui est pratique. Moi qui me plaignais de ne pas savoir face à quel degré d'adversité James réalisait ses merveilleuses statistiques, j'ai là l'occasion de voir ce qu'il fait face aux meilleurs lycéens du pays de l'an prochain.

Il me semble que c'est la première fois que Rivalshoops.com mentionne James. Ce site se concentre sur l'évaluation des lycéens en basket et en foot américain, notamment en vue de voir dans quelle université ils vont s'enrôler. Et pour une première fois, c'est une sacré première fois.

L'article daté du 19 juin et publié à l'issue du tournoi, commence à évoquer la victoire de l'équipe du Nord mais s'empresse de passer à autre chose en énonçant que l'histoire de la compétition n'est pas l'un des lycéens futurs seniors comme on pourrait s'y attendre, mais plutôt LeBron James, futur junior qui vient d'être nommé Mr. Ohio Basketball en tant que sophomore.

C'est lui qui a mis 25 points en finale pour mener son équipe du Nord à la victoire (d'un seul petit point). Mais surtout, il a mis 120 points en cinq matchs (24 pts/match) -record battu- en réussissant 48 paniers sur 91 (1,32 pt/tir). Il a aussi été dans les meilleurs rebondeurs (5e avec 7,2) et passeurs décisifs (9e avec une minuscule moyenne de 2,2... Bah ce sont des sélections, tout le monde se croit très fort et joue pour sa pomme afin de se montrer ou prouver des choses. Le chiffre de James est petit mais il finit quand même dans les meilleurs du tournoi. Ne me regardez pas comme ça, je n'y peux rien, moi).

Rivalshoops.com indique qu'un certain Carmello Anthony (écrit avec deux « L », faut que je retienne cette orthographe pour ne pas me tromper à l'avenir) a aussi tourné à 24 pts de moyenne mais il n'a pas joué la finale pour laquelle son équipe de l'Est était pourtant qualifiée. Enfin, le site précise que le seul sophomore invité autre que James était le pivot de 2,08m, Grant Billmeier.

Je jette un œil au site d'USA Basketball, celui-ci apporte quelques éléments supplémentaires avec notamment un détail des effectifs. Tous les joueurs sont nés entre 1982 et 1984. James, né en 1984, est dans les plus jeunes mais ils sont beaucoup à être de cette année-là, même si James et

Billmeier (également né en 1984) sont les seuls sophomores. Ainsi, James n'est pas réellement plus jeune que tout le monde. Il a moins de saisons lycéennes dans les pattes, mais il n'est pas plus précoce que des Troisième (bientôt Quatrième année) en fait.

Enfin un peu quand même. L'ailier est né à la toute fin de l'année 1984, le 30 décembre. À deux jours près, on aurait dit qu'il était un 1985. Ça me fait penser, n'existe-t-il pas des études avançant peu ou prou que les enfants nés en début d'année civile avaient une meilleure réussite (scolaire, sportive, etc) car ils avaient quelques mois d'expérience de vie supplémentaires sur leurs homologues en culotte courte ? James n'est pas né en début d'année mais il a manifestement commencé son cursus scolaire avec ceux débarqués sur Terre en 1985, un peu comme s'il était né le 1er janvier de cette année, plutôt que deux jours avant.

C'est vraisemblablement pour ça qu'il n'est que sophomore aujourd'hui quand d'autres 1984 sont des juniors. Et bien, si ces études disent vrai, voilà peut-être un petit avantage dont a bénéficié l'adolescent d'Akron. Un avantage marginal toutefois. Les gens nés en janvier ou les 30 et 31 décembre ne dominent pas tous la planète à ce que je sache.

USA Basketball donne aussi des statistiques plutôt complètes, et j'ai le plaisir de voir les chiffres d'adresse de James. Un joli 54% de réussite sur les tentatives à deux points, un très fort 47,8% à trois points sur un gros volume de tirs (4,6 tentés par match ! Le journaliste de l'Akron Beacon Journal avait-il donc raison de lui voir un gros potentiel de shooteur ?) et enfin un, euh... beaucoup moins séduisant 61,9% aux lancers francs (on peut dire mauvais, même). C'est assez étrange d'être si adroit de loin et en même temps si faible sur le shoot à distance le plus facile du jeu.

Par curiosité, je regarde l'autre gros scoreur du tournoi, Carmelo Anthony (avec un seul « L » cette fois, faudrait savoir) : un fabuleux 73,9% à 2 points et un bon 38,5% à 3 points. De très, très bons chiffres.

Est-ce que la défense était-elle aux abonnées absentes dans cette compétition (ce qui ne m'étonnerait pas, le contexte de sélections réunissant des jeunes starlettes peut mener à privilégier l'attaque pour impressionner les recruteurs universitaires, les performances offensives sautant effectivement davantage aux yeux que les performances défensives) ? Je ne crois pas, trois équipes sur quatre faisaient plafonner l'adresse générale des équipes adverses a minima à un moyen 46% de réussite (42 et 35 pour les deux meilleures défenses parmi ces trois-là). Il n'y a que l'équipe du Sud qui se faisait manifestement percer de tout part (54%).

Je voulais avoir une nouvelle occasion de voir ce que donnerait James dans un contexte un peu plus relevé que la saison lycéenne classique, après n'avoir eu que son très bon match face à Oak Hill Academy à ronger jusqu'à présent. Je l'ai eu avec ce tournoi d'USA Basketball et on devine en filigrane des mots de Rivalshoops.com que le joueur de l'Ohio y est apparu comme le plus impressionnant dans ce groupe de lycéens triés sur le volet parmi ceux de tout le pays. Groupe dans lequel il était d'ailleurs l'un des plus jeunes et des moins expérimentés.

Un match contre Oak Hill n'est qu'un match et l'USA Basketball Festival n'est qu'un tournoi de sélections. Deux occurences de la sorte restent un échantillon de performance bien trop faible en volume pour se faire des idées sérieuses. Mais bon sang, pour l'instant, le bonhomme passe haut la main toutes les épreuves qu'on met sur sa route.

La performance de James durant le USA Basketball Festival a fait une petite percée au-delà du petit monde lycéen car le Hartford Courant, dans son édition du 1er juillet, commence un de ses articles consacré à la NBA par un étalage impressionné des chiffres de l'adolescent ohioan lors du tournoi.
Mais il y a un sombre rebondissement dans cette histoire. J'aurais dû le voir avant car le titre de l'article et surtout le sous-titre ne laissent pas tant que ça planer d'ambiguïté : « Devenir adulte en NBA » puis « Le mouvement jeune est-il allé trop loin ? ».
Ken Davis, l'auteur de l'article, vient de voir la NBA être prise d'assaut par des lycéens. Effectivement, une poignée de jours auparavant, Kwame Brown, Tyson Chandler, Eddy Curry et DeSagana Diop se sont emparés respectivement des 1ère, 2ème, 4ème et 8ème places de la draft 2001. Jamais des lycéens n'avaient été draftés si haut que Brown et Chandler, jamais un lycéen n'avait été sélectionné en tout premier et jamais autant de ces joueurs à peine bacheliers n'avaient été retenus dans le top 10.
Je peux comprendre que cette vague massive secoue un peu les esprits et fasse naître des inquiétudes sur un futur inconnu. Je peux même entendre qu'on puisse avoir un petit sursaut de panique et tirer un peu fort sur l'alarme. Mais ce bon Ken Davis souffle dans les voiles de ce vent de panique comme s'il avait une langue fourchue et sifflante.
Pourquoi parle-t-il de James et de son éclatante performance lors de l'USA Basketball Festival dans un papier s'inquiétant de la conquête de la draft NBA par les lycéens, alors que le basketteur d'Akron n'aura lui-même fini le lycée que dans deux années pleines ?

Parce que James vient de dominer la crème des lycéens tout en étant bien plus jeune que chacun d'entre eux, et que dans cet élan de peur de voir les adolescents infester la ligue professionnelle, Davis imagine les choses s'aggraver avec ce joueur qui de la même manière que Kevin Garnett et Kobe Bryant étaient suffisamment forts pour convaincre des équipes NBA de les drafter dès leur sortie de lycée, pourrait creuser encore la brèche en se faisant drafter plus tôt encore, c'est-à-dire l'été prochain à la sortie de sa troisième année lycéenne (sur quatre).
Ken Davis érige ainsi LeBron James en basketteur si talentueux, si en avance sur les autres qu'il pourrait casser une norme comme personne n'aurait pu l'imaginer quelques années auparavant. Et par là, devenir un nouveau pionnier qui marquera l'Histoire.
C'est un fabuleux compliment mais Davis se sert ici de James pour l'agiter comme un épouvantail devant les yeux du lecteur. « Aujourd'hui, ce sont deux lycéens qui prennent les premières places de la draft et ça sera quoi après ? Un joueur qui n'aura même pas pris la peine de faire sa dernière année de lycée ? », grogne-t-il.
A ma connaissance, personne n'a jamais évoqué cette idée de voir James candidater à la NBA dès l'été prochain mais Davis brandit ce scénario hypothétique avec un joueur encore plus jeune que les déjà considérés comme des nourrissons à l'échelle du basket professionnel (les Brown, Chandler, Curry et Diop) sur qui des franchises NBA viennent d'engager leur avenir, pour accentuer la portée dramatique de son propos.
Le reste de l'article arrête rapidement de s'intéresser à James pour vraiment plonger sur cette tendance et les craintes qu'elle génère pour l'avenir du basket américain. Mais voilà, le jeune basketteur d'Akron est affiché comme un prodige susceptible d'être historique.

Même si Davis nuance en disant que ce premier « high school junior » en NBA sera peut-être un autre que James, le mal est déjà fait tant il vient de faire mousser l'adolescent aux yeux du lecteur. Il rapporte en effet que « certains disent que James leur rappelle Magic Johnson » et qu' « il y a ceux qui disent qu'il est plus talentueux que n'importe quel senior lycéen du pays ». Comment voulez-vous ne pas penser que James est la 8ème merveille du monde après ces mots ?
Sans jamais le dire directement, il double la mise en se demandant si James lui-même, assis devant sa télévision à regarder sur l'écran Kwame Brown et Tyson Chandler être sélectionnés en poles positions de la draft, ne pensait pas être peut-être déjà meilleur qu'eux deux. Ken Davis ne dit pas que James est déjà meilleur qu'eux mais il glisse malgré tout l'idée que ça pourrait être le cas, quand bien même l'ohioan a deux ans de moins que ces deux jeunes hommes que des franchises NBA ont pourtant recrutés en priorité et en grillant pour cela de fabuleusement précieux picks de draft.
En suggérant l'idée que James se perçoit peut-être déjà comme plus fort que les n°1 et 2 de la draft, Davis insinue aussi subtilement qu'un talent comme James pourrait voir ce talent être accompagné d'un ego assez proéminent. Au point peut-être de se voir possiblement bien plus doué qu'il ne l'est réellement.
Il faut dire que c'est un peu l'un des sujets de l'article : des joueurs arrivant en NBA si jeunes ont-ils la maturité pour réussir ? Personne ne sait ce que va devenir James, plus encore dans cette tendance où les grands espoirs brûlent les étapes avec du feu grégeois.
Mais le journaliste est malin, il ne donne jamais son avis et se contente de faire parler les autres ou d'implanter une idée sans la présenter comme sienne, tel qu'avec ce truc

d'imaginer James penser se mesurer à Brown et Chandler. Ainsi, il n'a pas dit que James était extraordinairement incroyable au point d'être déjà au-dessus de ces deux immenses espoirs du basket mais il l'a fait quand même comprendre. Il n'a pas avancé que James allait décevoir parce que jeunesse et précipitation ne font pas bon ménage, mais il l'a laissé entendre. Si on ne donne pas son opinion, on ne peut pas avoir tort. Mais les informations, elles, sont quand même passées.

La comparaison avec Magic Johnson m'intéresse pas mal. Tout d'abord, Johnson est l'un des meilleurs basketteurs de tous les temps, ce qui en dit long sur le potentiel que les auteurs de la comparaison (les observateurs sans nom que Davis appelle « certains » ou « ceux qui disent », pas Davis lui-même, mais vous avez cerné la technique) voient en James.

Ce n'est pas anodin d'oser faire un tel parallèle, même si en réalité ce n'est guère plus qu'un léger indice à ne prendre qu'à moitié au sérieux. Le jeu des comparaisons a en effet souvent montré une tendance à s'emballer drôlement vite. Je me souviens avoir vu une pelletée de jeunes basketteurs être désignés comme les nouveaux Michael Jordan sans jamais ne serait-ce que s'approcher de sa sphère (Harold Miner, Scottie Hopson, Jerry Stackhouse, tandis que le jury ne s'est pas encore prononcé sur Kobe Bryant, bientôt 23 ans).

Ce qui m'intéresse réellement dans cette comparaison, c'est surtout que parmi tous les grands joueurs disponibles dans le passé glorieux et rutilant de la NBA, c'est Magic Johnson qui a été sélectionné. Si on peut dire que la comparaison en terme de niveau de jeu est une projection dans le futur assez hasardeuse, cette même comparaison en terme de profil de jeu s'appuie sur des choses un peu plus concrètes puisque la façon de jouer du jeune espoir est immédiatement observable sur le terrain. Les erreurs demeurent possibles et certains basketteurs développent un profil différent avec le temps -parfois justement pour trouver une place en NBA- mais les ratés sont plus rares.

Comparer le jeune LeBron James à Magic Johnson, c'est alimenter l'idée déjà avancée par ESPN avec Dick Vitale que le lycéen est un meneur de jeu, malgré sa grande taille (son actuel mètre quatre-vingt-dix-huit est déjà une taille élevée pour ce poste, et il pourrait possiblement encore s'allonger pendant le temps que James possède encore avant d'atteindre sa majorité ; Johnson, lui, mesure 2,06m).

Un meneur de jeu. Donc quelqu'un qui a le ballon en début de chaque possession et qui décide quel sera le premier mouvement de son équipe. Parfois, le meneur est même celui qui a la responsabilité de faire fonctionner correctement toute l'attaque. Il ressortait déjà depuis un bon moment que James était peut-être un peu plus un passeur qu'un scoreur. Mais c'est une chose d'être un excellent et prolifique passeur, c'en est une autre d'occuper totalement le rôle de meneur de jeu.

C'est une chose de recevoir la balle et de faire une bonne passe ou d'essayer de s'enfoncer dans la défense puis de profiter de la déstabilisation des adversaires pour servir un coéquipier devenu démarqué ; c'en est une autre de commencer chaque possession, de déterminer comment attaquer au vu de ce qu'il y a sur le terrain, d'alimenter tout le monde en ballon, de gérer le tempo, d'attirer les regards si l'attaque ne roule pas bien, etc, etc.

Ainsi, James ne serait pas seulement un bon passeur et une âme altruiste, il aurait aussi la capacité d'occuper le rôle de meneur de jeu. Du moins au niveau lycéen pour le moment.

Magic Johnson est aussi quelqu'un dont la force majeure

est la passe. La tendance de James à passer plutôt que scorer est tout le temps mentionnée (même si au vu de son volume de points quand même assez important, j'ai l'impression que c'est plutôt d'un bon équilibre entre les deux options dont il s'agit). Mais cela ne signifie pas forcément que son jeu de passe est la meilleure partie de son répertoire. Cela signifie qu'il fait plus souvent des passes qu'autre chose mais pas pour autant que c'est là qu'il est le meilleur.
Cependant, s'il est comparé à Johnson en termes de profil c'est que ça doit être le cas, non ? Et vu que jusqu'à présent, James a su mettre des tonneaux de points sur la tête des meilleurs lycéens du pays comme face à Oak Hill ou lors du Festival d'USA Basketball (avec une bonne adresse durant ce dernier), son jeu de passe, s'il est encore meilleur, doit vraiment être impressionnant. Certes, son nombre de passes décisives ressort moins que son nombre de points dans les retours que j'ai, mais les passes décisives ne sont que peu représentatives de la qualité de passeur d'un joueur.
Bon, après, il se peut que la comparaison avec Johnson repose uniquement sur le fait que James est un meneur de grande taille. Je ne pourrais pas en vouloir à son auteur, l'exercice des comparaisons est toujours approximatif, chaque joueur étant la plupart du temps assez unique. Et puis trouver une bonne comparaison à la fois en termes de niveau et de profil est périlleux, plus encore avec un profil pas forcément très répandu chez les très grands joueurs.
Les meneurs, et plus encore les meneurs passeurs, ne sont en effet pas en grand nombre dans les plus hautes cimes du basket. Parmi les basketteurs qui sont les plus souvent cités dans les plus forts de tous les temps, on retrouve plutôt des extérieurs scoreurs (Michael Jordan, Larry Bird, Jerry West, Elgin Baylor, Julius Erving) et des pivots

(Kareem Abdul-Jabbar, Bill Russell, Wilt Chamberlain, Hakeem Olajuwon, David Robinson et probablement bientôt Shaquille O'Neal). Chez les meneurs, je crois que je m'arrêterai (pour ce que je peux en juger, il n'y a que certains membres de ce beau contingent que j'ai sérieusement vu jouer) à Magic Johnson et Oscar Robertson. Allez, rajoutons Isiah Thomas aussi.
Les franchises NBA ont elles aussi l'air de ne jamais vraiment porter leurs plus grands espoirs sur des meneurs. Aucun d'eux n'a été sélectionné dans les vingt premières places de la draft cette année. Aucun dans le top 7 la saison passée (et encore, je suis conciliant en comptant Jamal Crawford comme un meneur plutôt que comme un arrière scoreur). La dernière fois qu'un meneur a été drafté en première position, c'était Allen Iverson en 1996, lui-même étant bien plus un scoreur qu'un passeur. Et avant lui, il faut remonter jusqu'à Magic Johnson, justement. En 1979.
Iverson n'étant pas un meneur dont la passe est l'atout majeur, ça fait plus de vingt ans qu'aucune équipe en position de choisir n'importe quel jeune talent dans une immense cuvée annuelle, n'a considéré que le candidat à la draft à plus fort potentiel était quelqu'un de ce profil. Àh croire que personne ne pense qu'un meneur passeur peut être cet équivalent basketballistique du messie capable de transformer une équipe des bas-fond du classement en fier navire voguant vers le titre. Ou alors, il faut être Magic Johnson. Et donc peut-être LeBron James alors ?

Quelques jours plus tard, le jeune LeBron James affole toute la planète basket. Pas vraiment par son niveau de jeu -du moins pas directement-, mais parce que sa mère aurait affirmé que le prodige envisageait de faire une chose jamais vue et qui offusque les hommes en costume : se présenter à la draft avant même d'avoir terminé le lycée.

Je repense à l'article de Ken Davis dans le Hartford Courant. Une petite souris l'avait-elle informé que l'adolescent songeait à une pareille chose ? Ou bien est-ce que c'est en lisant son papier que ce dernier (ou sa mère) s'est mis à penser que cette éventualité d'être drafté sans finir le lycée ne serait pas tant inimaginable dans son cas ? Est-ce sinon une bête coïncidence comme il en existe bien plus qu'on ne le croit ? Ou alors est-ce que le joueur et le journaliste sont tout simplement parvenus à la même conclusion en voyant le basketteur se montrer dès à présent être digne du gratin lycéen et qu'en parallèle la draft 2001 a affiché de façon évidente que la NBA était prête à se jeter sur les meilleurs de ces adolescents ?

Enfin bref. Qu'importe, l'idée de voir le basketteur d'Akron se présenter à la draft 2002 n'est plus une fiction un peu audacieuse désormais, mais un réel sujet de discussion.

Les adultes paniquent. Ils voient déjà d'un mauvais œil l'invasion des lycéens en NBA, spectaculairement illustrée par la présence de trois d'entre eux dans les quatre premières places de la toute fraîche draft, tout comme ils transpirent en voyant la ruée des franchises sur ces pochettes surprises qui peuvent se révéler être des Tracy McGrady ou des Jonathan Bender. Alors imaginer maintenant un adolescent avoir l'outrecuidance de sauter dans le wagon des professionnels avant même de faire sa dernière année de lycée, fait tressauter nerveusement leur paupière gauche.

Beaucoup de papiers inquiets tapissent le net dont la synthèse et ce que j'en devine derrière les mots se résument à peu près à ceci : « Que va devenir le niveau de jeu de la NBA avec tant de nouveaux débarquants pas

assez mûrs mentalement, techniquement et physiquement ? Les équipes de la grande ligue ne vont-elles pas devoir passer du temps à les former plutôt qu'à essayer de gagner des matchs ? Combien de ces trop jeunes joueurs ne vont jamais réussir à monter cette marche trop haute ? À coup sûr, ces jeunes-là auraient pu devenir des bons éléments s'ils étaient passés par l'université plutôt qu'être injouables, c'est donc tout un contingent de NBAers qui part en fumée. Avec ces bons basketteurs en moins, la NBA ne va-t-elle pas trop s'appauvrir ? (Et nous faire perdre beaucoup d'argent, bon sang !)
Et la NCAA alors ? Si tous les meilleurs lycéens dédaignent le championnat universitaire, celui-ci aussi va s'appauvrir et finir par désintéresser le public, c'est évident (Et nous faire perdre beaucoup d'argent, bon sang !). »
D'autres voix comprennent que ces adolescents succombent à la tentation, notamment ceux dont la famille a été laissée sur le bas-côté de la société. D'autres encore rappellent que si l'État fédéral américain considère qu'un jeune homme de 18 ans peut s'engager à l'armée, pourquoi ne pourraient-ils pas jouer au basket professionnellement.
Il faut reconnaître que les choses vont vite. 1995, l'année où Kevin Garnett a lancé la tendance des lycéens en NBA, c'était il y a seulement six ans. Et ce n'est réellement que lors de cette présente draft 2001 que les franchises de la ligue se sont jetées sur eux comme des morts de faim, trop flippées qu'elles sont désormais de passer à côté d'un talent exceptionnel. Brusquer les habitudes créent toujours des résistances.
L'idée que LeBron James risque de s'embarquer pour la NBA de façon encore plus précoce que les autres jeunes loups aux dents de lait déjà bien trop longues, secouent ainsi des cerveaux déjà à fleur de peau. Jusqu'où tout cela

va-t-il aller ? se disent-ils. Est-ce que bientôt ce seront des enfants d'école primaire qui seront draftés dans les toutes premières places ?

La NBA tente de rassurer les esprits surchauffés en rappelant que ne peuvent se présenter à la draft que les joueurs qui ont décroché leur diplôme lycéen. Toutefois, les règles internes à la ligue ne sont pas gravées dans l'acier. D'autre part, le système scolaire américain permet d'avoir son diplôme un an à l'avance en cumulant les modules d'enseignement actuels et futurs.

Le monde s'excite face à l'éventualité que présente James parce que c'est inédit et un peu fou. Mais aussi parce que cela signifie que la starlette de St Vincent-St Mary est perçue comme si forte que ce scénario incroyable à des chances de se produire. On a ce sentiment qu'on assiste à l'Histoire, et à l'Histoire écrite par un prodige aux airs basketballistiques d'un Mozart ou d'un Rimbaud.

Sur son site internet, ESPN -peut-être le plus grand média sportif du pays de Tom Sawyer- s'emballe alors que le gamin d'Akron vient de marquer de son empreinte l'ABCD Camp d'Adidas, fameux camp d'été regroupant les meilleurs lycéens du territoire (parmi lesquels il y a le « prochain Tim Duncan », le « prochain Tracy McGrady », le « prochain Jason Williams », dit l'article sans cibler des participants en particulier).

L'auteur de ce papier numérique paru ce 10 juillet 2001, Scott Burton, lâche que James pourrait se présenter à la draft l'an prochain et que s'il ne le fait pas, et bien il devrait parce qu'il est projeté comme le troisième candidat choisi après Yao Ming et Jason Williams.

Oui, il dit que cet adolescent qui aura 17 ans dans six mois, est d'ores et déjà le troisième meilleur jeune de la planète parmi ceux qui ne sont pas encore en NBA. L'auteur a toutefois un ton volontairement exubérant. Il en fait des tonnes pour pouvoir dire sans dire. Toujours cette stratégie d'instiguer l'idée que James est ce phénomène impensable, sans toutefois se mouiller sérieusement.

Burton envoie du charbon dans la chaudière de la locomotive sans se préoccuper des stocks : « selon l'expert que vous consultez, James est plus avancé au même âge que Tracy McGrady, Kobe Bryant et Stephon Marbury. Il est le lycéen le plus talentueux du pays, y compris en comptant les futurs hauts choix de draft Amare Stoudemire, Lenny Cooke et Shavlik Randolph. »

Je m'amuse ensuite de son petit jeu de dire sans dire en le lisant écrire « Et comme l'a dit un collègue dément, il [James] a plus de basket dans les mains, en ce moment, que la moitié des arrières titulaires de la NBA. » Je pourrais parier mon petit doigt que ce collègue dément est plutôt une pensée du fond de sa tête qu'il n'ose pas encore présenter sans la grimer.

Le journaliste poursuit en racontant que James a joué avec Michael Finley, l'actuel joueur majeur des Mavericks de Dallas, lors d'un entraînement et que bien qu'il n'a pas dominé, il a tenu son rang. Le basket à l'entraînement n'a rien à voir avec un véritable match NBA, mais mince, moi qui voulait connaître des performances de James à un niveau de jeu plus sérieux que le lycée, me voilà servi.

Si Scott Burton joue la carte de l'humour et de l'exagération, peut-être de façade, pour éviter de passer pour un fou, ce n'est pas le cas de tout le monde. Un article fourni par le service d'information du New York Times et que je lis en ce même 10 juillet dans le petit quotidien local d'un patelin de Caroline du Nord, le Rocky Mount Telegram (trouvé au petit bonheur de la chance sur internet), se demande dans son titre si un « lycéen de troisième année est prêt pour la NBA », à propos de James en se projetant pour la prochaine draft. L'article ne conclut

pas son développement par une réponse claire et directe à sa question de départ, mais la lecture du papier ne laisse que peu de doute. C'est un gros « oui ».
C'est à l'occasion de l'ouverture de l'Adidas ABCD Camp que tout le monde s'excite. J'avais déjà vaguement entendu parler de cette session de matchs regroupant les meilleurs lycéens du pays organisée par la célèbre marque de chaussure. Mais au fil de mes lectures, je comprends que c'est un événement central pour la mise en avant des meilleurs basketteurs adolescents. Ce camp permet à ces derniers d'attirer l'attention des meilleures universités. Et maintenant que les lycéens postulent directement à la NBA, c'est un moyen d'apparaître sur le radar des franchises de la grande ligue et peut-être même de faire monter sa cote jusqu'à gagner quelques places à la draft.
Dans son édition du 9 juillet, le Daily News m'a en effet appris que, d'après Ron Naclerio du Hoop Scoop Magazine, c'est durant ce camp que Tracy McGrady a fait exploser sa réputation. Naclerio ajoute que Kobe Bryant est également sorti d'ici, avant d'expliquer que ce camp est la première véritable fois que les recruteurs d'équipes professionnelles peuvent évaluer les plus gros talents lycéens. Donc non seulement ce camp fait s'affronter les meilleurs jeunes du pays, mais en plus ces derniers jouent leur avenir sur ces quelques rencontres au sommet. Tout est réuni pour des matchs joués sérieusement, peut-être même épiques, et donc pour avoir une bonne idée de ce que valent ces basketteurs adolescents.
Je reviens sur mon article de l'équipe du New York Times, paru dans le Rocky Mount Telegram qui se demandait si James serait prêt pour la NBA dans un an, malgré un cursus lycéen inachevé. Évoquant justement les « connaisseurs » regroupés dans le Rothman Athletic Center de l'Université de Fairleigh Dickinson qui accueille

le camp, l'article écrit que ceux-ci pensent que James -dépeint comme un meneur, arrière shooteur, petit ailier qui est parfois les trois en un, comme un genre de couteau suisse du basket- aurait été sélectionné au premier tour de la draft (donc dans les 29 premiers choix) qui a eu lieu quelques jours auparavant. Pas la prochaine draft mais bien celle de cet été qui vient de couronner Kwame Brown. Peut-être même, disent-ils, James aurait-il été pris parmi les « lottery picks » (c'est-à-dire les quatorze premiers picks de la draft, ceux dévolus aux équipes qui ne se sont pas qualifiées pour les playoffs, le tournoi d'après saison).
Ces propos dit avec plus de sérieux que Ken Davis qui imagine James se penser meilleur que les n°1 et 2 de la draft discutée, sonnent d'autant plus forts dans mon esprit cartésien qu'ils viennent de spécialistes de la question. Que ceux-là semblent être nombreux et que leurs noms n'apparaissant pas, ils n'ont aucune image à défendre. Du moins, si le journaliste a rapporté fidèlement cette somme d'avis anonymes.
Ainsi donc, selon eux, James, deux ans plus jeune que des joueurs déjà vu comme beaucoup trop jeunes pour la NBA, aurait pu être considéré par des équipes de la ligue comme l'un des quatorze meilleurs prospects de l'année. C'est assez fou quand on y pense.
Sonny Vaccaro, fondateur et directeur de l'ABCD Camp, évoque la même chose plutôt pour la saison prochaine (lui aussi avec plus de sérieux que Scott Burton qui, blaguant sans blaguer, voyait James être déjà le troisième meilleur prospect de cette cuvée 2002). Vaccaro avance par ailleurs cette pensée avec une sorte de certitude quand il précise que l'adolescent d'Akron sera alors plus grand, plus costaud et plus intelligent qu'il ne l'est actuellement.
L'article interroge ensuite Tom Konchalski qui évalue les

basketteurs lycéens pour son respecté HSBI Report (sorte de lettre d'information régulière qu'utilisent surtout les entraîneurs universitaires pour trouver chez les lycéens les meilleures recrues possibles pour leurs équipes). Konchalski livre cependant plutôt une description de James : « LeBron n'est pas un athlète extra-terrestre [tiens, n'est-ce pas l'ombre d'une petite critique négative que je vois ?] mais il a un formidable sens du jeu. Il voit les situations deux passes en avance. Il a été comparé à Vince Carter et Tracy McGrady. Mais je pense qu'il a un meilleur sens du jeu qu'eux ».

Un meilleur sens du jeu que Carter et McGrady quand ceux-là avaient seize ans, veut-il dire, questionne l'article. « Non », répond l'évaluateur, « je veux dire dès maintenant ». Ainsi donc, pour un expert, James, du haut de ses 16 printemps, a un meilleur sens du jeu que des stars de la NBA respectivement âgés de 24 et 22 ans qui sont loin d'en être dépourvus. Bon.

Qu'entend-on pas « sens du jeu » ? Ce n'est pas quelque chose de facile à définir. Disons que sur un terrain de basket, selon quel joueur a le ballon et à quel endroit du parquet, selon la disposition des autres joueurs et leurs habitudes de jeu, il existe un certain nombre de possibilités d'actions et d'enchaînements d'évènements pour réussir à atteindre l'objectif collectif : marquer un panier ou éviter d'en encaisser un.

Parmi ces possibilités, il y en a des pertinentes et des logiques parce qu'elles exploitent des points forts de son équipe ou des faiblesses de l'adversaire. Il y en a aussi des meilleures qui augmentent plus encore les chances de parvenir à l'objectif. Et puis de l'autre côté, il y a les mauvaises actions qui, elles, n'ont qu'une chance réduite d'atteindre le but recherché (et les catastrophiques qui font se demander ce que le joueur avait dans la tête en entamant cette action si mal appropriée).

Savoir régulièrement quelles sont les bonnes actions à entreprendre, et plus encore déceler les meilleures d'entre elles, voilà d'après moi ce qui se cache derrière la notion de « sens du jeu ».

Ce n'est pas facile du tout. Il faut comprendre le jeu à un niveau suffisamment élevé pour pouvoir diagnostiquer efficacement en une fraction d'instant les zones de l'adversaire à exploiter. Il faut avoir intégré au plus profond de son esprit les enchaînements et relations de cause à effet qui sont susceptibles d'être engendrés par chaque geste, chaque mouvement afin de pouvoir en tirer profit positivement.

Il faut aussi maîtriser les timings car un instant avant ou un instant après peut tout changer. Il faut également agir aussi vite qu'on pense parce que la bonne analyse et la bonne décision ne se voient pas sur le terrain si cette dernière n'est pas mise en œuvre.

Ce n'est pas donné à tout le monde de faire tout ça à peu près correctement à longueur de match. Certains joueurs arrivent d'ailleurs à avoir une solide carrière sans être capable de faire régulièrement la bonne chose au bon moment. Soit ils sont suffisamment précieux dans d'autres domaines pour que leurs entraîneurs acceptent de vivre avec cette faiblesse qu'il tente généralement de minimiser en donnant la consigne aux intéressés de se contenter de rester dans un coin du terrain et de shooter quand ils reçoivent la balle, ou de se limiter à suivre strictement le script prédéfini du plan de jeu. Soit ces joueurs sont suffisamment forts pour réussir l'action quand bien même celle qu'ils ont entreprise n'était pas la plus pertinente par rapport à la situation de jeu. Je ne citerai pas de noms mais il y a des amoureux du tir difficile qui me font soupirer d'exaspération en tentant un shoot à reculons malgré la pression de deux défenseurs et qui réussissent quand même à mettre le panier.

Mais bon, quoiqu'il en soit, on comprend bien que savoir discerner les bonnes, voire les meilleures actions à engager et parvenir à les exécuter efficacement est un atout formidable chez un joueur. Tant en attaque qu'en défense, d'ailleurs. Alors entendre que LeBron James est déjà incroyablement fort dans ce domaine à son jeune âge est fabuleusement excitant.

Mais je retiens encore mon avis. Juger la qualité du sens du jeu d'un basketteur n'est pas aisé et les erreurs sont faciles à commettre. On peut facilement donner l'impression d'avoir un excellent sens du jeu quand on joue à un niveau pas très élevé et notamment face à des joueurs inexpérimentés. Le flair de James qui éclabousse apparemment l'opposition lycéenne sera-t-il aussi visible face à des professionnels, plus vieux, plus intelligent, plus vif et plus long ? Ça ne serait pas la première fois que je vois un jeune être affublé de l'étiquette de détenteur d'un excellent sens du jeu qui se révèle finalement assez quelconque en la matière une fois plongé en NBA.

Je me suis écarté du sujet, mais les propos de Konchalski, de Vaccaro et des experts anonymes présents à l'ABCD Camp donnent selon moi une réponse claire à la question posée par l'article. Si James aurait pu être drafté dans les quatorze premiers choix cette année, il le sera sans aucun doute l'an prochain. S'il a déjà un meilleur sens du jeu que des stars NBA reconnues, effectivement le Troisième année lycéen est probablement prêt pour la ligue professionnelle.

Au passage, le papier m'apprend une nouvelle chose intéressante. Vous vous souvenez qu'il y a quelques semaines, le quotidien USA Today retenait James dans son cinq majeur idéal des lycéens ? Et bien il semblerait que c'était la première fois en dix-huit ans que cette sélection existe, qu'est ainsi choisi un joueur qui n'est pas un dernière année. C'est encore plus saisissant quand on sait que James a cassé ce plafond alors qu'il était non pas un mais deux rangs scolaires en dessous de ces quatrièmes années intégrant auparavant systématiquement cette équipe idéale.

L'Adidas ABCD Camp se déploie sur à peu près une semaine, mais apparemment, c'est un match particulier qui concentre toutes les attentions. En réalité, ce n'est pas vraiment le match lui-même qui fait bouillir l'assemblée, mais une opposition entre deux joueurs dont cette rencontre sera l'occasion. Le taulier du camp, Sonny Vaccaro (qui vend un peu son produit, hein) appelle cette opposition la plus anticipée des dix-sept ans d'histoire de ce qu'il qualifie du meilleur camp d'Amérique (bon, c'est de son propre camp dont il parle, mais ce n'est pas forcément éloigné de la réalité, de ce que je comprends).

Ce duel de lycéens qui chauffent les esprits de tout le monde met aux prises LeBron James et Lenny Cooke.

J'ai vu passer le nom de Cooke une fois ou deux mais pas aussi souvent que je l'aurais pensé d'un lycéen qui fait tant lever les foules pour son duel avec LeBron James. Je fais une rapide recherche à son sujet et découvre qu'il avait été, avec Charlie Rodriguez, élu meilleur joueur de l'ABCD Camp de l'an passé justement, dans la catégorie des « underclassmen », les joueurs qui ne seront pas encore dans leur dernière année lycéenne à la rentrée scolaire.

Le site d'évaluations des basketteurs lycéens, Rivalshoops.com fait ressortir par une série d'articles entre mai et juin que Cooke n'est pas moins doué que d'autres lycéens qui viennent tout juste d'être draftés en NBA et qu'il est peut-être le meilleur de la promotion des joueurs qui quitteront le lycée l'été prochain (la classe de 2002, LeBron James étant dans la classe de 2003), en compagnie d'un intérieur appelé Amare Stoudemire (pas un inconnu). Et apparemment, il ne fait que peu de doute que Cooke ne prendra pas la peine de passer par l'université avant d'aller en NBA.

D'après un de ces papiers, Lenny Cooke est décrit comme un « swingman » (un joueur qui peut occuper plusieurs postes) d'un mètre quatre-vingt dix-huit qui est un fantastique passeur et qui déploie beaucoup d'énergie en attaque. D'après un autre article, plus éloquent, le talent venu de Brooklyn « dribble la balle comme un yo-yo, envoie des passes à la Bob Cousy et conclut les attaques au panier aussi bien que n'importe qui de la promotion 2002 ».

Ce profil n'est pas sans rappeler celui de James, pas vrai ?

Un article du Daily News du 9 juillet me donne une explication au fait que le nom de Cooke est resté loin de mes yeux pratiquement toute l'année, pourquoi je ne l'ai pas aperçu dans les différentes récompenses et sélections de fin de saison, malgré un talent que certains disent appartenir déjà à la NBA. Il se trouve que le jeune homme n'a pu jouer que huit matchs cette année à cause de résultats scolaires insuffisants (parce que si vos chances d'avoir un diplôme sont faibles, on va aussi réduire vos chances de réussir autrement, comme par le sport par exemple). Cooke, 19 ans, est aussi le père d'un petit garçon d'un an.

C'est donc un duel entre le meilleur (ou presque) prospect de la promotion 2002 et le meilleur de la promotion 2003 qui va se dérouler sous les yeux grands ouverts des plus puissantes universités et surtout de la NBA. Même mieux, les deux jeunes loups ayant un profil assez similaire, il y a de fortes chances qu'ils jouent l'un contre l'autre directement. James défendant sur Cooke d'un côté du terrain, et Cooke défendant sur James de l'autre. Vous les entendez, les tambours ? Moi oui.

« LeBron James calcine Lenny Cooke. » C'est le titre peu respectueux que Rivalshoops.com affiche sur sa page internet en ce 11 juillet. Le Central New Jersey Home News du même jour commence par relater une action brillante de Cooke en début de partie, enchaînant dribbles croisés et dribbles entre les jambes à la vitesse de l'éclair pour que James perde son équilibre d'un poil, avant d'exploser en arrière pour un shoot à reculons qui fait deux points. Le Hartford Courant dit plutôt que ces dribbles d'orfèvres n'ont pas réussi à briser la posture défensive de James et que Cooke a dû se rabattre -avec succès- sur un tir à distance (chacun choisira laquelle des deux interprétations est la bonne).
Victoire ou demi-victoire de Cooke sur cette première action du duel épique, qu'importe. Le Central New Jersey Home News nous fait comprendre que le reste du match a appartenu à LeBron James. Un dunk moulin à vent à une main, un débordement sur Cooke pour marquer avec le sommet de la planche, une passe aveugle pour le lay-up d'un coéquipier et enfin, un improbable panier de la victoire à la dernière seconde d'un tir désespéré, déclenché en pleine course à près de huit mètres (douze pour Rivalshoops.com) du panier. Sur la tête de Cooke.
James a terminé la rencontre qu'il a dominé avec une ardoise de 25 points (9 tirs réussis sur 14 dont 2 sur 5 à trois points) et 14 passes décisives. Cooke a réussi 10 passes décisives mais seulement 9 points, pratiquement tous inscrits en première mi-temps. Rivalshoops.com

lâche que James a montré qu'il était le meilleur prospect du pays, qu'il a la faculté de remonter la balle sur tout le terrain, de distribuer celle-ci, d'user de dribbles et de mouvements avancés pour se créer son propre tir. Que ses qualités athlétiques sont d'une autre stratosphère (tandis que Konchalski disait qu'elles n'étaient pas extraterrestres... Qui a raison ?) et qu'il s'infiltre régulièrement entre les lignes et explose jusqu'au cercle pour des dunks puissants.

Bon, le ton de l'article de Rivalshoops.com laisse quand même penser que l'excitation pourrait avoir pris le pas sur le sang-froid dans l'esprit de son auteur et qu'il y a là un peu d'exagération propulsée dans ce papier par l'émotion. Cela dit, il rappelle que Lenny Cooke est un attaquant très talentueux mais peut-être un peu trop porté sur l'esbroufe avec trop souvent des dribbles spectaculaires mais échouant à le libérer de la défense resserrée de James.

Dit comme ça, on ne sait pas si c'est Cooke qui tentait des dribbles plus chics qu'efficaces ou si c'est l'excellente défense en un-contre-un de James qui a fait échouer un pourtant fantastique manieur de ballon. Quoi qu'il en soit, James a dû rassurer Terry Pluto de l'Akron Beacon Journal qui, en février dernier, avait noté que son savoir-faire dans la défense sur l'adversaire direct avait besoin de travail. Peut-être aussi que James a mis davantage d'énergie et de concentration dans cet aspect qu'à l'accoutumée parce qu'il jouait face à une autre grande star lycéenne, cela sous les yeux de la NBA. Après tout, pour un joueur qui semble avoir des atouts physiques tels qu'une vitesse latérale et une longueur suffisantes, il ne manque pratiquement que l'énergie et la concentration pour être un défenseur efficace.

Au final, le natif d'Akron est sorti grand gagnant du duel face à son rival tourneur de têtes des observateurs, par ailleurs plus vieux que lui de deux ans. Plus globalement, il semble même que James a été dominant dans ce match réunissant la fine fleur du basket lycéen. Après Oak Hill et le Festival d'USA Basketball, James montre une nouvelle fois que son niveau de jeu ne baisse pas quand il rencontre les meilleurs spécimens de 19 ans ou moins.

Tout le monde ne paraît s'être intéressé qu'à ce match contre Lenny Cooke. Pourtant l'ABCD Camp dure une semaine et comporte plusieurs autres rencontres, mais impossible d'avoir beaucoup plus que des miettes pour ce qui est des performances de James en dehors de cette confrontation contre l'autre lycéen star.

J'arrive, je ne sais comment, à apprendre que James a été élu Most Valuable Player (MVP) du camp parmi les underclassmen, comme Cooke un an avant. Ce trophée est manifestement toujours décerné à deux joueurs parce qu'un certain Sebastian Telfair a eu droit à ce même honneur. Parmi les seniors, ce sont DeAngelo Collins et Antonio Lawrence qui l'ont décroché.

Pas de traces de Cooke. Je n'ai pas la moindre idée de ce qu'a fait le joueur de Brooklyn lors du reste de la compétition mais je ne serai pas étonné que ce match pas vraiment réussi contre James ait fait beaucoup pour l'écarter de la course à cette récompense individuelle. Je fais une rapide recherche et voit Mike Sullivan de Rivalshoop.com répondre à mon interrogation dans un papier du 12 juillet. Il dit que durant ce tournoi, Cooke n'a eu qu'un seul mauvais match mais c'était à l'occasion de son plus grand défi. C'était ce match face à LeBron James bien sûr.

Le journaliste indique ainsi que Cooke a montré qu'il était peut-être le meilleur joueur de la promotion 2002.

Dribbleur enivrant, possiblement le meilleur passeur parmi ceux de son âge, plein d'énergie en attaque et capable de mettre des shoots d'un peu partout, il doit encore gommer sa tendance à dribbler trop longtemps sur place. Mais il est aussi bon que n'importe quel lycéen qu'il a vu jouer, conclut Sullivan.
Revenons sur LeBron James. Au détour d'un article du 15 juillet centré sur l'immense présence de recruteurs travaillant pour des franchises NBA lors de l'évènement d'Adidas, le Philadelphia Inquirer m'a offert quelques commentaires qu'un détracteur qualifierait de croustillants. Avançant que ces scouts sont notamment venus voir le joueur d'Akron, le journal lâche sans ambages que sur le terrain n°4, le super lycéen ne ressemblait ni à une légende, ni à un mythe. Seulement à un joueur frustré qui essayait de toucher le ballon.
Lors des dix premières possessions de son équipe, James n'a eu le ballon que deux fois. Et encore, seulement en le récupérant après des tirs ratés de l'adversaire, jamais suite à une passe d'un coéquipier. Sonny Vaccaro, le fondateur et directeur de l'ABCD Camp (manifestement très proche de l'adolescent durant ces quelques jours, parlant beaucoup avec lui et sa mère, notamment de l'écrasante présence de représentants des équipes NBA) rapporte au journal que James était dégoûté de l'égoïsme de ses partenaires.
Ne disais-je pas effectivement, il y a quelque temps, que dans ce genre de rencontres des meilleurs jeunes, chacun joue tout le temps sa propre carte dès qu'il a la gonfle, pour se montrer ? Vaccaro en profite pour badigeonner un peu plus James de peinture dorée en disant de lui qu'il joue ce jeu au sens le plus pur du terme, contrairement à d'autres jeunes dans les camps.
Bref, Vaccaro, conscient que le participant le plus

médiatisé de l'histoire de l'ABCD Camp n'est pas aussi mis en valeur qu'espéré (et que c'est quand même bien dommage que la réputation du camp qu'il dirige ne puisse pas briller de mille feux en se faisant le théâtre des exploits d'un tel prodige), ne va pas laisser les choses demeurer ainsi. Surtout qu'arrive le match contre l'équipe de Lenny Cooke. « Laissons-le jouer meneur de jeu. » a-t-il suggéré à l'entraîneur de la formation de James. « C'est ce qu'il est ».

Résultat, on se retrouve avec Rivalshoops.com qui titre « James calcine Cooke » (hé, mais c'est qu'il y a un jeu de mot là-dedans ! Je n'avais même pas vu) et tout un tas d'autres papiers se faisant des gorges chaudes de la domination du lycéen de St Vincent-St Mary. C'était quoi ses stats déjà ? Ah oui, 25 pions en réussissant 9 tirs sur 14, et 14 passes décisives.

L'idée de voir LeBron James être réellement un meneur de grande taille comme Magic Johnson ou Anfernee (« Penny ») Hardaway se précise, du moins face aux meilleurs lycéens du pays. Il convient toujours de craindre qu'à des niveaux supérieurs, les inconvénients liés à toute cette hauteur de la tête aux pieds se révèlent trop importants pour occuper ce poste à plus haut niveau. Notons toutefois qu'à l'ABCD Camp, il a quand même dû dribbler face à des défenseurs à la longueur et à la vivacité probablement pas si éloignées que ça de la grande ligue (mais probablement pas aussi doté en termes de science du jeu et d'expérience, certes).

Je n'en saurai pas plus sur les performances de James durant le reste de la compétition. C'est dommage, j'aurai vraiment apprécié avoir une analyse approfondie de son jeu dans ce contexte au niveau élevé à l'échelle lycéenne (bien que manifestement très peu collectif). Il y avait tant de recruteurs au bord du terrain durant cette foire aux prospects... J'aurai accepté de brûler les vingt heures de mon forfait internet mensuel en une fois si cela m'avait permis de jeter un œil sur le rapport de l'un d'entre eux.

L'article du Philadelphia Inquirer expliquait, non sans une touche d'humour, ce que ces scouts NBA faisaient là en si grand nombre. « Personne ne veut répéter les erreurs des Warriors de Golden State », commence-t-il. L'erreur en question, c'était de préférer drafter quelqu'un d'autre qu'un lycéen qui se révèlera par la suite être une vedette. Et les Warriors ont répété cette erreur autant de fois qu'un acteur comique marche sur un rateau.

En 1995, la franchise californienne utilise son premier choix de draft pour sélectionner le meilleur joueur universitaire de l'année, Joe Smith (qui est, aujourd'hui, en 2001, en plein milieu d'une carrière pas spécialement transcendante) plutôt que Kevin Garnett. L'année suivante, elle use son 11ème choix sur Todd Fuller (un pivot qui ne jouera jamais plus de douze minutes par match) tandis que deux places plus loin, une autre équipe prendra Kobe Bryant. Lors de la draft d'après, elle a le 8ème pick et elle le dépense pour sélectionner Adonal Foyle, un pivot (encore) faisant des grosses stats dans une petite fac me reste en mémoire à cause de son nom de marque de dentifrice (Colgate). Foyle passera dix ans en NBA cependant sans jamais dépasser son rôle de remplaçant. Qui donc a été sélectionné juste derrière ? Tracy McGrady. Évidemment.

Le Philadelphia Inquirer prévient ses lecteurs de la ville de l'amour fraternel de ne pas trop rire des maladresses des Warriors. Les 76ers de Philly ont eux aussi cocher la mauvaise case en privilégiant le choix de Tim Thomas -pas vraiment satisfaisant et évoluant déjà sous les couleurs d'une autre équipe- sur celui de McGrady.

Les lycéens qui se présentent à la draft prennent un gros

risque en tentant de sauter une marche aussi haute, éventuellement trop haute pour eux. Mais ceux-là sont aussi généralement les meilleurs de leur cuvée. Qui d'autres en effet se sentiraient suffisamment forts pour prendre un tel pari ? Donc dans le lot, oui il y a très possiblement des vedettes en devenir. Ce qui signifie qu'éviter de drafter un lycéen, c'est, comme les Warriors l'ont montré, risquer de passer à côté de l'une d'elle.
La présence de recruteurs d'au moins la moitié des franchises NBA à l'ABCD Camp (sans compter ceux qui sont venus sans porter sur eux le logo de leur équipe, précise le papier) confirme ce qu'on savait déjà depuis la dernière draft : le tabou de drafter des lycéens, si jamais il a réellement existé, a complètement éclaté.
Cela n'empêche pas les médias et certains professionnels de continuer de s'inquiéter de cette tendance (dont notamment les entraîneurs universitaires, mais bien sûr, ceux-là ont un intérêt direct à ce que les meilleurs lycéens n'esquivent pas la case NCAA). Et on en revient à ce qui frisait déjà les moustaches de certains : la perspective de voir LeBron James se présenter à la draft dès 2002 sans effectuer sa quatrième et dernière année lycéenne. Cette information selon laquelle Gloria James a dit que son fiston, le petit LeBron, envisageait cette option, apparaît en effet un peu partout alors que bon, on en est au mieux au stade d'un adolescent qui se pose des questions avec sa maman devant une assiette de pâtes.
Le 12 juillet, le Charlotte Observer apporte un peu de raison et de nuances en avançant plutôt que Madame James se prépare en fait à toutes les éventualités existantes pour LeBron, que ce soit un saut en NBA en 2002, en 2003 après le cursus lycéen complet, ou même plus tard après quelques rencontres universitaires. Le Charlotte Observer semble d'ailleurs tout content d'apprendre que la

prestigieuse faculté de North Carolina fait partie de celles qui intéressent l'adolescent prodige. Gloria James rappelle qu'au final, c'est LeBron qui choisira ce qu'il veut faire et où il veut aller.
Que dit d'ailleurs l'intéressé ? Dans l'article du Central New Jersey Home News du 11 juillet, le joueur de St Vincent-St Mary démentait vigoureusement vouloir être le premier troisième année de lycée à tenter l'aventure NBA. « Je n'ai jamais dit ça. Le reporter a dû comprendre de travers. Je n'ai jamais rien dit de la sorte. Actuellement, je prévois d'aller à l'université. »
Peut-être dit-il cela parce que c'est ce que le monde du basket américain veut entendre (enfin, pas de façon unanime, Sonny Vaccaro rappelait que personne ne s'est plaint du fait que l'équipe de baseball des Dodgers de Los Angeles ait signé un jeune dominicain de 16 ans) et qu'on lui fichera un peu la paix avec ça. Il serait difficile de lui en vouloir.

Les semaines suivantes vont d'ailleurs le laisser un peu tranquille. Ou du moins à travers la presse, car je devine qu'il y a toujours un paquet de gens qui l'arrêtent dans la rue ou essaient de le convaincre de faire ceci et cela. Mais pour moi, confortablement installé dans mon fauteuil loin d'Akron et ne voyant son monde que par la plume du net et des journaux, son nom apparaît beaucoup moins.
Je trouve quand même une petite friandise à grignoter avec cette brève de Rivalshoops.com du 14 août qui nous apprend que James -qualifié au passage de probable meilleur joueur des lycées- fait vendre des valises de tickets. Son équipe de St Vincent-St Mary s'attend en effet à vendre 3000 abonnements à l'année. Mais, sapristi, le gymnase du lycée est trop petit pour accueillir tout ce

monde. Alors elle va jouer dans la salle de l'université d'Akron, avec ses 6000 places. James est déjà un poisson beaucoup trop grand pour sa mare.

Je pensais que les choses allaient sagement rouler dans ce relatif calme jusqu'au début de la saison lycéenne qui débute, me semble-t-il, en novembre. Et puis bougm, je découvre que SLAM, l'un des magazines de basket les plus connus des États-Unis, consacre une double page à LeBron James dans son édition de septembre 2001.

Même si internet prend de plus en plus de place, la télévision et les magazines papiers restent les plus importants flux d'informations du basket. Ce sont ces médias qui drainent le plus de personnes et ce sont eux qui sont la référence dans l'esprit des gens. Le grand public de la balle orange sait que ces médias ont un nombre de pages ou un temps d'antenne limités. Il sait par conséquent que ce dont ils parlent est ce qu'ils ont considéré comme étant le plus important.

Donc même si ce grand public s'intéresse plutôt à la NBA de manière générale, quand il voit un grand magazine comme SLAM décider de donner deux de ses précieuses pages à cet adolescent de seize ans, il lève un sourcil intrigué et grave son nom dans sa mémoire. Ainsi, désormais, non seulement le grand public sait que LeBron James existe mais il sait aussi que ce lycéen est spécial.

SLAM qui fait ce grand article, c'est comme si un crieur public hurlait sous les fenêtres de milliers de personnes que ce jeune garçon était un phénomène à ne pas rater. Le projecteur qui était déjà sur James vient de se gonfler d'une intensité à voir en pleine nuit comme s'il faisait jour.

L'auteur du papier, Ryan Jones, montre aux lecteurs l'étrange engouement à deux vitesses qui existe autour de James en racontant l'interruption de son repas au restaurant avec l'intéressé à Akron par la serveuse qui sollicite un autographe au nom de son collègue cuisinier.

La serveuse demande au jeune LeBron si c'est bien auprès de lui qu'elle est supposée obtenir une signature, certainement un peu étonnée de ne pas reconnaître un visage apparemment suffisamment célèbre pour que son collègue de cuisinier la pousse à importuner un client de seize ans avec un motif personnel. Au contraire, le cuistot a de son côté manifestement pris le risque de se faire sèchement engueuler par son patron pour recueillir cet autographe.

James n'est connu que de certaines personnes, celles qui suivent au moins un peu le basket lycéen. Celles-ci, toutefois, le traitent comme l'une des merveilles du monde. Dans ce microcosme, James soulève des foules, mais ceux qui n'en font pas partie passent à côté de lui sans y faire attention comme un aveugle qui écoute couler l'eau de la fontaine de Trevi sans savoir qu'il est devant un chef d'œuvre à faire pleurer un cœur lourd.

Après cette anecdote, l'article revient agréablement sur les jeunes années de James qui l'ont amené à St Vincent-St Mary avec sa bande de copains, puis il laisse ses entraîneurs, amis et experts (on retrouve Howard Garfinklel !) expliquer ce basketteur phénomène. On y apprend également des petites choses intéressantes comme le départ de l'entraîneur de St Vincent-St Mary, Keith Dambrot, pour prendre la chemise d'assistant coach à l'université d'Akron. Il est remplacé par Dru Joyce, assistant de Dambrot l'an passé et père d'un coéquipier et ami de James qui s'appelle Dru Joyce lui aussi.

Est-ce que le fameux magazine m'avance un peu sur mon analyse du joueur qu'est James ? Je lis que l'adolescent a de longs bras et d'énormes mains, ce qui sont effectivement d'excellents atouts physiques dans à peu près tous les compartiments du jeu, si ce n'est peut-être le

shoot (sans pour autant être rédhibitoire).
Le reste est du classique : qualités de passeur, vision de jeu et instincts supérieurs, compréhension du jeu, intelligence (« tu lui dis quelque chose une fois, il comprend », dit Dambrot). D'après son ancien coach, l'adolescent devient plus dur chaque année, sans que je sache trop dans quel sens (résistance aux contacts ? Aux blessures ? Résistance au stress ? Au doute ?).
Au final, sur le jeu de James, c'est toujours un peu les mêmes choses qui reviennent. J'allais dire que cette redondance alimente ce consensus qui semble s'établir sur ce qui fait que l'akronien se distingue positivement des autres lycéens : cette intelligence et son sens du jeu. Mais ne tomberai-je pas dans un piège en ajoutant l'opinion du journaliste de SLAM à la pile ? Ryan Jones fait une description sans citer de sources extérieures mais il semble être dans ce papier davantage dans le reportage que dans l'analyse donc il se peut que ce ne soit pas son avis qu'il livre ici, mais plutôt celui, global, qui est ressorti de ses recherches et lectures. Si ça trouve, il a repris les commentaires que j'ai déjà lus.
Il n'y a donc peut-être pas une nouvelle voix qui renforce le consensus mais simplement la répétition, sous une autre forme, d'un avis déjà donnée. Je parie que c'est comme ça que naissent les fausses rumeurs. Un type voit détaler un rat grand comme une boîte à chaussures derrière une poubelle sur un trottoir (du moins c'est l'impression qu'il a eu, ça s'est passé vite et il a eu un coup de trouille faut reconnaître), il le raconte à plusieurs personnes différentes, l'une d'entre elles raconte à son tour qu'un ami à elle a vu énorme gros rat dans le quartier et celui qui l'écoute lui répond « mais non ! Une connaissance m'a dit la même chose ! ». « C'est Mathieu qui t'en as parlé ? ». « Non, c'est David. Tu connais David ? ». « Punaise non.

Ça veut dire que si deux personnes différentes ont vu ce rat, c'est qu'il existe vraiment ! C'est bon je rentre chez moi et je sors plus. Dis à tout le monde de faire gaffe. »
Sauf que David, c'est le pote d'Abdel et Abdel, c'est de la bouche de Mathieu, le seul réel témoin de l'affaire, qu'il a entendu parler de ce rat. Et boum, tout le quartier est persuadé qu'un rongeur grand comme un micro-onde se balade entre les maisons. Tout ça parce que notre protagoniste ne connaît pas David et ne prend pas la peine de demander d'où ce gars-là tient son information.

Dans le cas de James, il y a suffisamment de personnes différentes (avec noms et statuts légitimes pour qu'on donne une présomption de crédibilité à leurs avis sur le joueur) qui ont mentionné ces qualités d'intelligence, de vision de jeu et autres, pour que je puisse penser que l'adolescent d'Akron détient bien ces atouts et que ceux-ci le distinguent effectivement du reste des lycéens. Simplement, dans le doute, je me garderai d'ajouter l'article de SLAM comme une nouvelle opinion solidifiant ce consensus.

J'imagine cependant que ce genre de rumeurs involontairement fausses doit arriver de temps en temps dans l'univers du basket lycéen. Les matchs ne sont pas toujours faciles à voir et ne sont, dans le meilleur des cas, médiatisés qu'à une petite échelle locale. Donc le bouche-à-oreille est vraisemblablement un flux majeur d'informations. Je ne serai pas étonné d'apprendre qu'un journaliste du Sporting News ou d'Athlon Sport se soit un jour rendu dans le petit gymnase d'un lycée de quartier après avoir entendu un nom revenir plusieurs fois et qu'il s'est retrouvé déçu quand il a eu l'intéressé sous ses yeux. Tout ça parce qu'en réalité, c'est la voix d'une seule personne (pas forcément fiable) qui, à force de circuler, a paru être celles de centaines.

Certainement que désormais, une plus grande frange de la population de la planète basket pousse du coude un ami pour lui parler de cet adolescent de 16 ans qui est dans SLAM, ou inscrit le nom de James dans la rubrique « joueurs d'avenir à suivre » de leur cahier de notes mental. Mais de mon côté, je ne trouve rien de nouveau à me mettre sous la dent pendant les semaines suivantes.
Au bout de deux mois plein (que j'ai passé à craindre une guerre mondiale après l'attentat du World Trade Center, tout en zigouillant des gens au ralenti dans le jeu vidéo « Max Payne »), j'ai enfin appris quelque chose, même si ce n'était pas forcément ce que j'attendai. J'ai ainsi découvert dans un article de l'Associated Press du 29 octobre 2001 écrit par Andy Resnik, que LeBron James fait aussi des merveilles sur un terrain de football américain. L'équipe de St Vincent-St Mary est sur le point d'attaquer le tournoi d'après saison régulière avec James jouant receveur. Et il se trouve que le bougre a été nommé dans la première équipe-type de l'Ohio.
Je suis un peu jaloux de voir quelqu'un exceller dans des domaines aussi prisés que le basket et le foot US. Cependant, je me doute bien qu'avoir de superbes qualités athlétiques et un cerveau prodiguant compréhension du jeu, bonne vision, sens de l'anticipation et vivacité d'esprit comme cela semble être le cas de James à travers ce que la balle orange dit de lui, aident forcément beaucoup pour la plupart des autres sports collectifs.
Est-ce que pour autant on doit croire son coach de football, Jay Brophy, quand celui-ci dit que James pourrait être un grand footballeur professionnel s'il le voulait ? Évidemment qu'il prêche pour son sport et aimerait pouvoir dire plus tard à ses petits-enfants que si James est

un joueur NFL, c'est un peu grâce à lui. Mais autant j'ai pu voir le basketteur James prouver à plusieurs reprises qu'il était dans les tous meilleurs de sa génération (ce qui n'est toujours pas une garantie de réussite en NBA, hein ; Korleone Young et Felipe Lopez traînent toujours dans un coin de ma tête pour me le rappeler), autant je n'ai pas la moindre idée de ce qu'il en est pour le footballeur James.

Retour au basket. Le 4 novembre, le reconnu Boston Globe livre quelques rapides mots sur les lycéens en vogue, parlant d'Amare Stoudemire qui sera apparemment -là à presque huit mois de la draft 2002- le seul high schooler à viser la NBA dès l'an prochain. Celui qui est peut-être le meilleur lycéen du pays, LeBron James, dit le quotidien, a affirmé la semaine dernière qu'il ne se présenterait pas à la draft et irait à l'université. Ainsi, quatre mois après l'ABCD Camp, le prodige réitère vouloir aller en NCAA.

J'entends de là les dirigeants de la ligue universitaire amatrice se frotter les mains et compter les liasses de billets verts. Sur quelle faculté l'élève de St Vincent-St Mary va-t-il jeter son dévolu ? On peut se préparer à une nouvelle fournée de dépêches enflammées, de rumeurs gonflées à l'hélium et de spéculations excitées. La prestigieuse université d'Ohio State verrait-elle comme une trahison le choix de James d'aller porter les couleurs d'un autre État que celui qui l'a vu naître et grandir ? James ne voudra-t-il pas suivre les traces de son idole Michael Jordan à North Carolina ? Ou celle de Magic Johnson avec qui il est comparé et dont il portait le numéro 32 dans ses débuts lycéens (avant de le troquer ensuite par le numéro 23 du premier nommé), à Michigan State ? Ou peut-être voudra-t-il rejoindre le soleil et enfiler les couleurs bleues et oranges de Florida ?

Et pourquoi ne resterait-il pas dans sa ville d'Akron, à

l'université du même nom, et dans la salle qu'il va déjà mettre en ébullition lors de ses deux prochaines saisons lycéennes avec St Vincent St Mary ? C'est une petite université mais le défi de mettre cette minuscule institution au sommet de la NCAA est tentant, non ?
Je ne sais pas exactement par quelle connexion de mon cerveau mais imaginer le jeune James avec un maillot universitaire (allez savoir pourquoi, c'est le maillot bleu ciel de North Carolina qui est apparu en premier dans ma tête) me fait penser au petit site internet nbadraft.net. J'avais presque oublié son existence.
Je décide donc d'y faire un tour et c'est comme ouvrir un coffre au trésor. Tout d'abord, je m'aperçois que LeBron James est désormais présent dans la projection de la draft 2003. Lors de ma précédente incursion sur le site, quelques mois auparavant, j'avais noté son absence. Néanmoins celle-ci semblait dictée par une volonté de son auteur de ne pas compter parmi les potentiels candidats ceux qui pourraient faire la bascule directement depuis le lycée, sans passer par les bancs de la fac.
Ce n'est manifestement plus le cas désormais. Certainement que voir quatre lycéens être sélectionnés dans les huit premières places de la draft 2001 l'été dernier a fait voler en éclats ses scrupules.
Nbadraft.net devine ainsi James être choisi en tout premier de la draft 2003. Ce qui revient à dire que le site considère que dans ce futur encore lointain, en s'appuyant sur l'état des choses actuel et en essayant de l'extrapoler, le joueur de St Vincent-St Mary sera le plus fort des postulants à la draft, tout âge et expérience confondus. Ce genre de déclaration n'est plus tout à fait une surprise après tout ce qui a été dit durant ces derniers mois, mais c'est une nouvelle voix éclairée ajoutant à l'idée que nous nous trouvons face à un joueur au potentiel immense.

Ma curiosité me fait regarder les autres noms de ces prévisions, quand bien même celles-ci sont écrites bien trop tôt pour être véritablement pertinentes. Mais ça donne une image de la cote actuelle de ces encore très jeunes basketteurs. Et puis c'est amusant de se projeter deux ans dans le futur.

C'est un ailier actuellement en première année à l'université de Florida qui est annoncé second par le site d'Aran Smith. James White, il s'appelle. Est-ce que je n'ai pas déjà vu ce nom quelque part ? Je ne sais plus. Vient ensuite Mike Dunleavy Junior qui a terminé une solide saison sophomore dans la prestigieuse faculté de Duke et qui va maintenant attaquer son année junior. Il est aussi le fiston de l'actuel entraîneur du même nom qui a quelques belles années à la tête d'équipes NBA dans son portfolio (même si bon, là, il vient d'être renvoyé des Trail Blazers de Portland).

En troisième position, je reconnais un lycéen de dernière année : Carmelo Anthony. Je me souviens de lui, il avait été l'une des stars de je ne sais plus quel tournoi en compagnie de LeBron James. Chris Wilcox (ailier fort sophomore de Maryland) et David Lee (ailier freshman à Florida) sont les suivants. Je retrouve ensuite un nom que j'avais noté en parallèle de mes récoltes d'infos sur James, Kelvin Torbert. Il va commencer sa carrière universitaire avec Michigan State.

La seconde belle surprise du modeste petit site est que lorsque je clique sur le patronyme de James, une nouvelle page s'affiche avec un descriptif de ses forces et de ses faiblesses.

Je me souviens que la dernière fois que j'ai consulté ces pages, la totalité des profils des lycéens étaient vides. D'ailleurs, c'est encore le cas pour Carmelo Anthony. Le site donne quelques maigres mots pour un meneur jouant dans un lycée de Caroline du Nord du nom de Raymond Felton qui est projeté en onzième position, et pour un power forward de 2,08m, Shelden Williams, qui ira à l'université de Duke. Mais rien de plus.

Par contre, LeBron James, tout lycéen de troisième année qu'il est, se voit gratifier de pas moins de quatre paragraphes pour son profil. Le joueur de St Vincent-St Mary a aussi l'honneur d'une comparaison avec un joueur NBA, ce qui n'est pas le cas de tous les basketteurs listés dans la mock draft, y compris parmi les universitaires haut placés à l'image de Chris Wilcox et de Mike Dunleavy Junior (même si pour ce dernier une allusion à Larry Bird -prêtée à quelqu'un d'autre- a été glissée dans le texte).

Sous une photo de James en noir et blanc qui pourrait être la couverture d'un roman de polar noir, un de ceux écrits par Chester Himes, l'enfant de l'Ohio se retrouve comparé à Kobe Bryant. Je devine que c'est davantage le niveau de jeu que le profil qui justifie ce parallèle dans l'esprit d'Aran Smith, car la circonstance que James semble être le genre de joueur à préférer faire une passe plutôt que marquer alors que Bryant montre une tendance inverse, est quand même une différence fondamentale irriguant l'ensemble du jeu offensif de chacun.

Peut-être aussi que le parcours de lycéen prodige des deux hommes a tiré des ficelles invisibles dans l'esprit de l'analyste pour rapprocher les deux basketteurs. Un peu comme avec les jeunes européens candidats à la draft qui sont systématiquement comparés à des NBAers originaires du Vieux Continent (je jette un rapide coup d'œil aux européens des différentes mocks draft de nbadraft.net et vois l'espagnol Pau Gasol être comparé au croate Toni Kukoc, le serbe Vladimir Radmanovic à son compatriote Pedrag Stojakovic et le tchèque Jiri Welsch au Slovène

Sani Becirovic. Tony Parker, de son côté, n'a pas droit à son NBAer totem sur sa page, seulement à des lignes de statistiques).

Mais passons tout de suite à ce qui m'intéresse vraiment, l'analyse que nbadraft.net fait du jeu de James et de son potentiel. La section des forces commence d'ailleurs de façon tonitruante : « Il n'y a pas plus joueur qu'il ne faut pas rater que lui. »

Elle affirme ensuite que James est béni de caractéristiques athlétiques d'une qualité suprême et du cerveau pour maximiser ces outils. Je regrette un peu que le site ne détaille pas un peu quelles sont ces caractéristiques athlétiques (à moins qu'il considère que James est exceptionnel dans absolument tous les aspects -vitesse, explosivité, détente, puissance, résistance, coordination, agilité, contrôle du corps, capacité à décélérer, vitesse latérale, etc, etc-, ce qui serait proprement incroyable tant il y en a), mais c'est une voix de plus qui s'ajoute à celle de rivalhoops.com pour dire que le natif d'Akron est impressionnant sur le plan athlétique. Je vais pour l'instant écarter l'avis de Konchalski qui semblait rester un peu sur sa faim à ce propos.

Dans sa phrase, nbadraft.net note aussi à juste titre qu'il est possible pour un basketteur de disposer d'immenses atouts athlétiques sans toutefois détenir le savoir-faire pour s'en servir efficacement. Un joueur peut effectivement être capable de sauter plus haut que tout le monde mais s'il décolle systématiquement trop tôt ou trop tard, il ne réussira pas le contre tenté ou n'obtiendra pas le rebond convoité. Quelqu'un peut être aussi rapide qu'un claquement de doigt, s'il se contente de foncer dans le tas balle en main, il finira la tête dans un torse plutôt qu'à proximité du panier.

James, donc, semble poser le double problème à ses

adversaires de détenir de fabuleuses qualités athlétiques et de savoir s'en servir sur un terrain de basket. Je peux bien imaginer la peine d'avoir face à soi un individu très rapide qui en plus envoie sa vitesse dans les bons espaces et au bon moment ; ou alors qui est assez costaud pour se creuser un chemin entre deux défenseurs séparés d'un petit interstice sans pour autant causer un passage en force qui attirerait le coup de sifflet réprobateur de l'arbitre.
Même si là, c'est mon imagination qui papillonne à droite et à gauche car nbadraft.net n'a pas précisé quelles caractéristiques athlétiques et quel savoir-faire il avait en tête. Mais bon, à défaut de savoir exactement de quoi il retourne, on sait que c'est quelque chose de très positif pour James.
Aran Smith et son site confirment que le lycéen est « très altruiste et, comme Magic Johnson, semble tirer le plus de satisfaction d'une excellente passe ». Ils pointent d'ailleurs que sa vision de jeu et ses compétences de passeur sont l'un des grands aspects qui le distinguent des autres phénomènes de la nature de deux mètres qui jouent ailier. Donc des jeunes joueurs aux capacités athlétiques à se renverser de sa chaise et qui savent s'en servir, il y en a quand même quelques uns mais James est le seul d'entre eux à présenter aussi de réelles facultés de passe et une bonne vision de jeu. Bref, le bonhomme est un phénomène athlétique au-dessus des autres phénomènes athlétiques.
Cet angle de meneur de jeu, le rapport le poursuit un peu plus, indiquant que celui qui n'a pas encore commencé son avant-dernière année de lycée affiche un incroyable sang-froid sur le terrain qui est, écrit-il, le fruit de sa vision d'élite et de son sens du jeu (je ne suis pas sûr du lien de causalité mais peu importe).
Nbadraft.net enchaîne par un dérapage à quatre-vingt-dix degrés pour revenir parler des qualités athlétiques et

préciser ses dires, comme si l'auteur s'était rendu compte de son oubli (ou de mon ronchonnement). Il réalise ce trajet pour simplement une poignée de mots mais c'est déjà ça.

Selon lui, James a ainsi une autre vitesse (une capacité de suraccélération, je comprends) pour mettre dans son dos virtuellement n'importe quel défenseur. N'importe lequel, donc même les plus vifs de la compétition (lycéenne, certes). Ainsi, l'akronien compterait parmi les joueurs les plus explosifs du championnat (alors même qu'il mesure deux mètres, ceci dit en passant). Et bien, voilà qui justifie en effet un premier pan du qualificatif de suprême donné à ses atouts athlétiques un peu auparavant.

Aran Smith ajoute que James a une grande capacité de saut lui permettant d'aller au-dessus du cercle (juste sa main et son avant-bras, pas toute la moitié supérieure de son corps comme un ogre au-dessus d'un chaudron bien évidemment) pour marquer un panier de façon spectaculaire. J'ai déjà entendu ça quelque part et c'est un élément intéressant, car cela signifie qu'il est plus difficile pour l'adversaire de le contrer proprement, voire même juste de le gêner durant la joute aérienne. Quant au côté spectaculaire, c'est juste pour les yeux mais c'est sympa aussi.

La page internet termine son évaluation technique des points forts en avançant que James est un joueur aux fondamentaux de jeu très solides avec une excellente gestuelle de jump-shot.

Avoir une très bonne forme de tir n'est pas forcément synonyme d'une belle adresse mais c'est une bonne base. Cependant, je me souviens de Terry Pluto qui parlait d'un tir satisfaisant et avec une marge de progression, de quelques autres observateurs notant sa capacité à shooter les trois points et son impressionnante adresse dans ce domaine lors du Youth Development Festival d'USA Basketball.

Donc mis à part l'article de SLAM qui se montrait un peu tiède, je commence à penser qu'en plus de pouvoir aller au cercle à volonté et d'y marquer sans trop de problème, James est un bon shooteur. Quelques chiffres sur davantage de matchs que ceux du festival pourraient conforter cette position mais obtenir les feuilles statistiques des rencontres d'un établissement scolaire de l'Ohio est peut-être un peu trop demander à internet.

Quant à l'affirmation selon laquelle l'adolescent a déjà une bonne maîtrise des fondamentaux, je ne sais pas trop quoi en penser. En principe, les fondamentaux sont -pour le dire autrement- les bases du basket : le dribble, la passe, le tir, la défense, etc. Bien sûr que les joueurs appelés à devenir un jour des professionnels de ce sport (et globalement tout adolescent qui joue au basket depuis plusieurs années) les maîtrisent.

À un degré un peu plus avancé, on peut, en parlant de fondamentaux, viser plutôt une somme de petits détails et astuces qui rendent plus efficace un joueur. Un exemple de ces astuces basiques est d'utiliser systématiquement la planche pour un tir tout proche du panier.

Aujourd'hui, tout le monde a pris cette habitude sans se poser de questions parce que le fait qu'il s'agit de la manière de marquer la plus efficace quand on est ainsi collé au cercle, est intégré par tous comme une évidence aussi sûre que le soleil se lève à l'est. Ce n'est guère plus que quelque chose qu'on apprend aux basketteurs hauts comme trois pommes et qui tentent encore de mémoriser leurs tables de multiplication sur les bancs de l'école.

Tout cela ne concerne pas LeBron James et tous les autres jeunes joueurs suffisamment doués pour être mentionnés dans la presse. Mais en réalité, cette question des petites

astuces et bonnes habitudes peut être poussée très loin, probablement à un point où ce n'est plus de fondamentaux qu'il s'agit mais d'un savoir-faire et même, d'une expertise. Et là, il y a un tas de ces trucs que des professionnels font et que d'autres, malheureusement, ne font pas.
Le premier exemple qui me vient en tête est celui de l'écran de retard au rebond, dit « box-out » dans le pays de Toni Morrison.
Pour prendre un rebond, on peut se contenter de sauter aussi haut que possible au moment parfait. Cela peut souvent marcher mais il peut y avoir un adversaire plus grand ou plus athlétique qui viendra systématiquement faucher la balle juste au-dessus de votre nez.
Pour éviter ce phénomène, les malins se positionnent de sorte à avoir leur vis-à-vis dans le dos et derrière leurs coudes -coincé derrière leur dos et leurs coudes, devrais-je dire-, si possible un ou deux pas plus loin que là où le ballon devrait retomber. L'adversaire ainsi tenu hors d'accès dudit ballon, il n'y a plus qu'à tendre les mains pour cueillir la boule de cuir comme un fruit mûr. Pour réussir cet écran de retard, il faut se placer correctement, mais surtout très vite, à savoir plus ou moins dès que l'équipe opposée déclenche son tir.
C'est une méthode assez efficace quand elle est réussie. De plus, elle est à la portée de tout le monde. Bien sûr, être grand et costaud facilite l'opération mais même un gabarit moins imposant arrivera à ralentir le rebondeur ennemi en se donnant de la sorte un ou deux précieux instants d'avance et un positionnement préférentiel pour gober la balle.
Ces écrans de retard peuvent aussi servir à bloquer un adversaire de sorte à permettre à un autre coéquipier de s'emparer du rebond, selon comment tout le monde est positionné. Dans l'idéal, les cinq joueurs du terrain

réalisent correctement un écran de retard et il est presque impossible pour l'adversaire de récupérer la balle après son tir raté. Il s'agit d'un bien sympathique stratagème. Il faut juste avoir le réflexe de réaliser ce geste, et de l'avoir suffisamment tôt.
Pourtant, un bon paquet de joueurs, y compris en NBA, oublient de faire ces écrans sur rebond.
Des exemples de petites astuces qui aident à faire gagner une équipe, il y en a des caisses et des caisses. Probablement qu'on peut comparer deux joueurs et dire que l'un connaît bien plus de ces fondamentaux -ou plutôt de ce savoir-faire- que l'autre (et qu'il les met en oeuvre, parce que simplement les avoir en tête comme un gentil petit écolier qui a mémorisé ces leçons, ne sert à rien sur le terrain). Cependant, il y a tant de ces petits détails que pour déterminer qui les maîtrise le mieux, il faudrait se livrer à de véritables comptes d'apothicaire.
Il est possible que nbadraft.net ait réalisé ce minutieux exercice et que je devrais juste retenir ses conclusions -à savoir, que James a des fondamentaux sûrs- en faisant confiance au site. Néanmoins, je ne peux pas m'empêcher de douter qu'une telle analyse ait pu être faîte, tant il y a de ces petits détails, plus encore quand il s'agit d'étudier un lycéen dont les matchs sont difficiles d'accès. D'ailleurs, il existe rarement une vidéo de ces rencontres. Et au bord du terrain ou depuis les tribunes, il est impossible de se passer et de se repasser une quinzaine de fois la même action pour étudier le moindre mouvement des joueurs.
Je reviens sur le rapport de nbadraft.net. Celui-ci, comme moi, accorde une attention particulière aux performances d'un lycéen comme James contre le plus haut niveau possible de la compétition. Il note ainsi dans les points forts le fait que l'alumni de St Vincent-St Mary « excelle

contre le sommet de la compétition ».

Il écrit que son duel remporté face à Lenny Cooke lors de l'ABCD Camp démontre cette affirmation. Cet affrontement est à mon sens un peu léger pour affirmer que James reste excellent face à l'élite lycéenne mais il est possible qu'Aran Smith n'évoque ce duel avec Cooke qu'en exemple. Peut-être que c'est d'ailleurs l'exemple qui a le plus impressionné l'analyste puisqu'il précise notamment que Cooke est actuellement classé dans le top 3 des lycéens de dernières années.

Mais qu'importe. Prise seule, j'aurai étudié cette phrase avec des pincettes. Cependant, je sais de mon côté que James a aussi été très fort à d'autres occasions où il s'est frotté à la crème des lycées, comme face à Oak Hill Academy et durant le tournoi organisé par USA Basketball, et qu'en parallèle, je n'ai eu connaissance d'aucun match à fort taux de talent au cours duquel il aurait été en difficulté. Donc je peux confirmer qu'effectivement, James a jusqu'à présent excellé contre le sommet de la compétition lycéenne comme le dit nbadraft.net. L'échantillon de ces rencontres reste trop faible pour y voir une vérité coulée dans le métal, mais on est plus proche de celle-ci que de l'inverse.

Le site spécialiste de la draft NBA termine son égrenage des qualités de James avec la très jolie mais usée jusqu'à l'os expression « le ciel est vraiment sa limite », qui veut dire que l'intéressé a un potentiel gigantesque et qu'il est de l'ordre du possible qu'il devienne un joueur exceptionnel au niveau le plus haut.

Alors oui, cette maxime est éculée au possible à force d'être utilisée sur des joueurs joueurs plein de talent (sans forcément que ce soit faux, cela dit). Mais justement, je note avec un petit sourire que Smith prend ici la peine de préciser « vraiment ». Comme s'il reconnaissait sans le dire que ces mots ont trop souvent été sortis pour qu'ils le soient systématiquement à bon escient mais que cette fois-ci, avec James, c'est vraiment ça. Promis juré, là, l'adolescent les vaut.

Comme une sorte de version basketballistique du conte « Pierre et le loup ». Cette fois, nbadraft.net parlant au nom de tous les prédicteurs du futur des jeunes joueurs, crie au loup parce qu'il y a réellement un loup aux abords du village.

Cet étalage de points forts que fait le site d'Aran Smith et qui est d'ailleurs assez cohérent avec ce que j'ai déjà lu, a de quoi faire saliver comme une bonne odeur de pain sorti du four. Mais il peut arriver que la liste des faiblesses qui suit soit tout aussi grande ou pointe des défauts qui annihilent une bonne partie du bien qu'on peut dire d'un joueur. C'est pour cette raison que je suis curieux de voir ce qu'il en est pour James, au milieu de toutes ces louanges balancées dans toutes mes lectures jusqu'à présent.

Et bien il n'y a pas grand chose. Nbadraft.net avance ainsi que l'étudié doit encore se développer physiquement (c'est-à-dire devenir plus costaud) mais étant donné qu'il n'a que seize ans, ce problème n'en sera probablement pas un dans le futur.

Ce qui inquiète plus sérieusement le site c'est que James n'a pas encore fini sa progression et qu'il ne doit pas perdre cela de vue. Aran Smith a peur que l'adolescent prenne la grosse tête et en vienne à considérer illusoirement qu'il n'a plus besoin de s'améliorer. En résumé, il dit que James est si fort qu'il pourrait même être un peu trop fort pour son propre bien. Le site nous évite cette fois une maxime banalisée du type « il est son plus grand ennemi » pour privilégier les paroles d'une chanson de Randy Newman : « On se sent seul au sommet. »

Ce point négatif a quand même des airs de compliment. D'autant plus qu'il n'est pas encore effectif : Smith ne dit pas que James a la grosse tête mais qu'il doit faire attention à ne pas l'avoir. Ce n'est pas une faiblesse, c'est une mise en garde.

Le paragraphe ne va pas plus loin. En voilà donc pour les points faibles du basketteur vivant dans l'Ohio. Autant dire qu'il n'y en a pas vraiment. Je ne m'étonne donc pas beaucoup de voir le site placer James en première position de la draft 2003.

La page du joueur utilise le reste de ses paragraphes pour rappeler son excellent parcours lors de sa première année au lycée St Vincent-St Mary (27 victoires, aucune défaite) et de sa seconde (25 victoires et deux défaites -deux défaites ?-, un deuxième titre de champion d'État d'affilée). Elle mentionne également son admirable match contre Oak Hill Academy, ce qui me fait dire qu'Aran Smith avait également cette rencontre à l'esprit quand il affirmait que James excellait face au plus haut niveau de la compétition lycéenne.

Nbadraft.net consacre ses derniers mots sur James à l'éventualité qu'il se présente à la draft dès l'été prochain, malgré encore une année de lycée à réaliser. Ce paragraphe final n'a peut-être qu'un but informatif mais il dit indirectement au lecteur à quel point ce joueur est spécial.

Les semaines ont ensuite filé jusqu'à la fin de l'automne. Alors que le début de la saison lycéenne approche, le nom de LeBron James éclot à nouveau un peu partout. Ce qui change peut-être, c'est que maintenant les articles le concernant ne sont plus seulement ceux de petits canards locaux ou de la presse spécialisée dans les jeunes basketteurs lycéens. Ils se retrouvent ainsi aussi désormais dans les grands quotidiens régionaux comme le Boston Globe, le Cincinnati Enquirer ou le Chicago Tribune. Ces derniers ne m'apportent pas grand chose de nouveau, si ce n'est l'information indirecte que la médiatisation de James a pris une nouvelle dimension et que son nom a dépassé les frontières du basket pour s'installer désormais dans le foyer de Monsieur et Madame Tout le monde aux États-Unis.

Il y a bien quelques anecdotes intéressantes comme dans le papier du Chicago Tribune du 24 novembre où j'apprends que la place pour un des matchs de St Vincent-St Mary dans la salle de l'Université d'Akron est à 8 dollars. L'abonnement pour les dix rencontres à domicile est à 125 dollars. Le journaliste, Michael Holley, raconte aussi qu'en entrant dans une salle de cinéma pour voir le film « Black Knight », le jeune basketteur pouvait entendre murmurer des « Il y a LeBron James ! ». James serait aussi ami avec le NBAer Antoine Walker qui dit que l'adolescent lui rappelle Penny Hardaway. Après Magic, voilà enfin la comparaison venant d'ailleurs que de ma plume, avec l'autre génial meneur de grande taille.

Enfin, on y apprend que James est un sprinter très rapide, chronométré à 4,5 secondes sur 40 yards. Cette distance de course est utilisée dans les tests athlétiques du football américain. Pour donner un ordre d'idée, ce temps l'aurait placé vers la cinquantième place des candidats à la draft NFL de 2001. C'est déjà pas mal, mais ça devient autrement plus impressionnant si je vous dis que dans ces cinquantes-là, aucun joueur ne mesure plus d'1,95m (6'5") et le sommet du crâne de la plupart tourne autour d'1,83m (6'0"). James, lui, fait deux mètres (6'7"). Être aussi rapide en étant aussi grand relève de l'exception même parmi des athlètes d'élite.

C'est rare qu'un basketteur ait besoin de courir à fond sur quarante yards (presque trente-six mètres), contrairement à un footballeur américain jouant receveur. Sur un parquet, c'est plutôt l'explosivité, la vitesse sur deux ou trois pas qui compte. Donc cette mesure de 4,5 secondes répond un peu à côté de la question. Mais bon, c'est quand même une indication d'à quel point James est un athlète impressionnant. Le lien entre la vitesse sur près de quarante mètres et l'explosivité n'est pas automatique mais la logique supposerait quand même qu'il y a une petite corrélation. Comme pour confirmer cette pensée, mon cerveau me rappelle que le site nbadraft.net faisait justement état de l'exceptionnelle explosivité de James.
Au passage (c'est dans le Cincinnati Enquirer, je crois), je découvre que le lycée de St Vincent-St Mary évolue désormais en seconde division, plutôt qu'en troisième. Je dois toujours faire l'effort de me rappeler que ce système de divisions ne classe pas vraiment les équipes par niveau de jeu, avec des montées et des descentes selon les performances, comme dans les sports européens. C'est plutôt une question d'envergure du lycée, en comptant son nombre d'élèves par exemple. Et peut-être ses infrastructures, non ? Serait-ce parce que le Fighting Irish prévoit maintenant de jouer ses matchs dans une salle de 6000 places ? Si c'est le cas, on sait alors à cause de qui l'établissement s'est hissé dans cette deuxième division.
Ainsi, trouver une évocation de James dans la presse papier ou en ligne est désormais aussi facile que tomber sur une publicité en allumant la télévision. Il s'agit donc maintenant pour moi moins de débusquer quelque chose le concernant comme avant, que de trier les informations qui m'intéressent. À savoir, celles qui me permettent de me faire une idée sur son niveau de jeu et ses chances de devenir un joueur NBA, voire un grand joueur NBA.

Je passe ainsi vite sur le classement des lycées d'avant-saison d'USA Today qui positionne St Vincent-St Mary sixième et surtout, qui glisse que James est le meilleur lycéen du pays mais sans donner davantage de détails. On peut quand même commencer à se dire qu'il y a semble-t-il un consensus qui émerge à propos de la position de l'akronien au sommet de la pyramide des adolescents basketteurs. Je passe aussi cette dépêche de Rivalshoops.com du 29 décembre 2001 qui rapporte la domination de James lors d'un match contre St Benedict, lycée de Newark, alors qu'il avait la grippe (ça rappelle quelqu'un, pas vrai ? Je n'ai aucun doute sur le fait que le journaliste avait ce parallèle à l'esprit). Tout au plus, je retiens que le rapporteur, Russ Blake, s'amuse de dire que 50 ou 75% de James est plus fort que pratiquement n'importe quel lycéen américain. Et lui aussi dit que James est largement perçu comme le meilleur basketteur des lycées du pays.

A propos de Michael Jordan justement, ça y est la comparaison avec James est lâchée. Et pas anonymement. C'est Robert F. Jacobs, président du tournoi lycéen « The Slam Dunk to the Beach » (c'est durant ce tournoi que James a joué avec la grippe), qui ose dire ce que certains commençaient peut-être à penser tout bas.

Le Wilmington News Journal du 24 décembre enregistre le bonhomme qui à l'occasion de sa compétition a vu jouer Jason Williams (la grande star universitaire de Duke, pas le théâtral point guard des Grizzlies de Memphis), Al Harrington, Jonathan Bender et Tyson Chandler (lycéens choisis respectivement en 25ème, 5ème et 2ème des diverses précédentes drafts) : « Il [James] est au même niveau que ces gars actuellement et il est définitivement meilleur qu'eux quand ceux-là avaient son âge. Beaucoup de gens ne viendront pas le dire mais je vais le faire : il

peut être le nouveau Jordan ».
Chacun pensera ce qu'il veut de cette saillie audacieuse (pensée sincère, volonté d'attirer l'attention, pari sur un futur « je l'avais dit avant tout le monde », etc). Il est toutefois intéressant de le voir décrire James dans ses grandes lignes parce que c'est ce qu'on retrouve déjà depuis un bon moment : « Il [James] est suffisamment altruiste pour, lorsqu'il a la balle, trouver le coéquipier ouvert, ce qui rend très difficile les prises à deux contre lui. Il sacrifie même un peu de son jeu car il ne cherche pas à scorer autant qu'il le pourrait ».
Aucune nouvelle information là-dedans mais voir plusieurs voix différentes donner ces mêmes grandes lignes assurent que c'est probablement assez vrai. J'ai suffisamment vu de gens supposés experts balancer sans ciller que tel basketteur est un joueur de pénétration alors qu'en réalité la majorité de ses tirs sont pris à distance, pour ne pas prendre chaque description pour acquise (alors qu'il suffit de regarder correctement, pourrait-t-on penser). Là, avec un échantillon d'avis connaisseurs assez grand, je peux raisonnablement penser que James est bien ce joueur à la double menace scoring/passeur.

C'est quand l'idée selon laquelle James est loin au-dessus des autres lycéens paraît être une évidence inscrite dans le savoir commun, au même titre que les feuilles qui roussissent à l'automne et les voitures qui accélèrent quand le feu est orange, que naissent des opinions à contre-courant. Avons-nous passé la phase de la découverte, puis celle de la consolidation pour débarquer désormais dans celle du débat ?
Quelques jours après avoir rapporté la défaite d'un point à la dernière minute de St Vincent-St Mary (la première

défaite depuis une éternité, non ?) face à Amityville et son pivot décrit comme classé n°1 des lycéens par Rivalshoops.com, Jason Fraser (n°1 des seniors ? n°1 des pivots ? n°1 tout court devant James ?), survenue malgré les 39 points de James, Rivalshoops.com justement se pose une question que je n'avais pas vu arriver, considérant à quel point LeBron James semble être perçu comme un prodige inédit : « Qui apporte le plus à son équipe, LeBron ou Luol Deng ? »
On est le 3 janvier 2002 et c'est le journaliste Mike Sullivan qui s'interroge. Il parle de James comme d'un superbe arrière créateur qui peut shooter avec une précision à souffler des bougies à distance, puis valide la comparaison avec Magic Johnson. Mais c'est Luol Deng qui est le centre de l'article. Si jamais mes yeux sont passés un jour sur le nom de ce joueur, je ne m'en souviens pas.
Comme James, Deng appartient à la promotion supposée quitter le lycée durant l'intersaison 2003 et, comme James, dit Sullivan, Deng est un grand gabarit qui peut contrer des tirs et affecter le jeu défensivement. Le lycéen de Blair Academy dans le New Jersey, est un ailier de 2,03m pour 98kg très doué techniquement et multidimensionnel : il peut dribbler, passer et shooter avec une formidable efficacité pour quelqu'un de sa taille. En un sens, avance le journaliste, il fait les mêmes choses que James.
Il ajoute que l'adolescent, qui a joué avec l'équipe nationale anglaise l'été dernier (en catégorie jeune ?), a une grande expérience internationale et est peut-être le joueur le plus mûr de sa promotion (plus que James, donc). Il fait rarement d'erreurs stupides.
Donc Deng est assez semblable à James, avec ce petit avantage de maturité en plus ? Sullivan indique que le choix entre les deux dépendrait de si on a plutôt besoin

d'un joueur qui contre des tirs et prend des rebonds à l'intérieur (Deng serait alors le choix) ou plutôt d'un grand leader qui dirige l'attaque (James).

Ainsi, LeBron James aurait un concurrent en la personne de Deng. Il n'est pas si rare de voir que l'engouement et les médias s'attachent particulièrement à un jeune joueur et oublient complètement un autre de valeur pourtant équivalente et même parfois supérieure. Peut-être en avons-nous un exemple sous les yeux. Deng n'a pas été voté Mr Basketball de son État en tant que sophomore, ni retenu dans les différentes sélections honorifiques d'USA Today ou Parade, ou encore été invité aux camps de célèbres marques de chaussure. Du moins à ce que je sais. Mais, on en a déjà parlé, les scrutins sont souvent perclus de biais et d'ailleurs, la médiatisation est peut-être l'un des biais les plus puissants. C'est toujours plus facile de voter pour le joueur dont on a déjà entendu parler, et plus rémunérateur d'inviter le jeune qui attire déjà des foules.

C'est aussi très facile de passer à côté des radars. Il y a des centaines et des centaines de lycéens qui jouent au basket dans le pays. Certains jouent dans des salles vibrantes des hurlements des spectateurs tandis que d'autres dribblent dans des hangars avec les lignes de touche qui rasent les murs. Si James n'avait pas joué dans un ville comme Akron qui a son propre journal, aurait-on eu si vite vent de ses exploits ? Si son équipe n'avait pas été suffisamment dotée en talent autour de lui pour permettre cette éclatante saison sans défaite, aurait-on été intrigué par ce qu'il se passait du côté de St Vincent-St Mary ?

Bref, ce n'est pas de l'ordre de l'impossible que Luol Deng soit une perle cachée et peut-être même qu'il soit du niveau de James. Ce dernier a quand même mis la barre très haute en dominant chaque fois l'élite lycéenne malgré un ou deux ans de retard, donc il faudrait que Deng soit

vraiment fort.
Mais pourquoi pas. Malheureusement, Sullivan n'a que quelques lignes pour comparer les deux joueurs. Il se contente d'affirmer que l'un est équivalent à l'autre, avec une touche de maturité en plus, sans véritablement essayer de le démontrer. On verra bien ce que le temps nous dira.

En attendant, c'est toujours James qui est sous le feu des projecteurs comme peu de lycéens avant lui. Le 7 janvier, Rivalshoops.com rapporte les mots de l'entraîneur de St Vincent-St Mary, James « Dru » Joyce, à propos des universités que LeBron James envisage, dans l'hypothèse où il irait en NCAA : Ohio State, Michigan State, Duke, North Carolina et Florida (Florida ? Ah ah, j'avais lancé cette idée en rigolant, me disant que tout adolescent se verrait bien aller étudier au soleil et pas loin de la plage). Le site rappelle que le jeune joueur est un formidable passeur et scoreur, ce qu'on sait maintenant très bien. Mais plus intéressant, il ajoute que le petit prodige doit continuer de travailler ses rebonds et sa défense.
Ainsi, la défense revient une nouvelle fois comme élément plutôt en retrait dans son profil. Autant une faiblesse au rebond n'est pas très grave, surtout s'il joue bien meneur et donc plutôt loin du panier, autant il est plus difficile de transiger sur la défense. Cependant, il n'est pas dit qu'il y est mauvais, seulement qu'il doit progresser dans ce domaine. Mais ça revient quand même régulièrement.
Toutefois, il y a aussi eu ce jour où il a manifestement été très bon face à Lenny Cooke lors de l'ABCD Camp. Il y a également cette fois où un journaliste d'Akron disait qu'il était un superbe « free safety » (tout en reconnaissant un manque de fondamentaux dans la défense sur l'adversaire direct) et cette autre occasion où Mike Sullivan de

Rivalshoops.com également (le présent article est écrit par Russ Blake) laissait entendre qu'à l'instar de Luol Deng, James était capable de faire des contres et d'affecter le jeu défensivement (ce qui colle avec le rôle de « free safetry »). Se pourrait-il que James soit plutôt bon dans la défense de couverture, mais assez irrégulier dans la défense sur l'homme ?

Le Miami Herald du 20 janvier ajoute un commentaire peut-être éclairant sur la question : « Parfois, il [James] semble perdre son intérêt pour le match et se la coule douce ». Un James gonflé de motivation quand il doit défendre sur un autre super lycéen comme Lenny Cooke est donc peut-être le très bon défenseur en un-contre-un qu'on ne voit pas le reste du temps.

D'autres très grands joueurs délaissent la défense au profit des parties plus croustillantes du jeu, comme par exemple Charles Barkley. Il serait toutefois dommage que ça devienne une habitude. Barkley était un attaquant suffisamment impressionnant pour que sa mollesse défensive soit tolérée, mais LeBron James sera-t-il capable d'atteindre un suffisamment haut niveau offensif pour cela ? Et quand bien même. J'aurai été curieux de voir jusqu'où Barkley aurait pu amener son équipe s'il s'était intéressé un peu plus à la défense.

Cela étant dit, on peut aussi comprendre que James est encore très jeune et que tel le surdoué dominateur qu'il est, il ne ressente ni l'envie ni le besoin d'effectuer ce boulot ingrat face à des lycéens. Après tout, il gagne ses matchs. Le classement d'USA Today affiche un bilan de 12 victoires et une seule défaite pour l'équipe de St Vincent-St Mary. Il convient d'attendre un peu avant de s'inquiéter d'une éventuelle mauvaise habitude impossible à décrasser de son jeu.

Le Miami Herald note aussi que James pourrait être

meilleur aux lancers francs (chose entraperçue lors de l'USA Basketball Festival) et cite son entraîneur qui indique que le lycéen doit bosser sur ce qu'il fait quand il n'a pas la balle. Ah ça, ne pas savoir quoi faire de leur corps quand le ballon n'est pas dans leurs mains, c'est la grande maladie des meneurs de jeu.

En lisant ce papier, je me dis que c'est vraisemblablement la première fois qu'autant de défauts (ou du moins, d'aspects à améliorer) sont listés à propos de James. Ils me donnent une image plus réaliste du joueur qu'il est, d'autant plus que ces défauts -déjà un peu perçus ou cohérents avec son profil et son âge- paraissent crédibles.

Ce qui est drôle, c'est que le Miami Herald a beau être le plus prolixe à parler des points négatifs de James, il en vient quand même à parler du « prochain Jordan » dans le titre de son papier. Je me suis concentré sur les passages relatant les côtés les moins reluisants du jeu du lycéen, mais l'ensemble de l'article de Tom Withers est globalement une mise en lumière du phénomène.

Il rapporte que certains (les fameux « certains ») l'appellent donc le prochain Jordan mais aussi le meilleur basketteur lycéen de l'histoire, qu'en moyenne presque 4000 personnes assistent à ses rencontres à la Rhodes Arena de l'Université d'Akron, que le quotidien The Cleveland Plain Dealer (le journal majeur de l'Ohio, me semble-t-il) tient une chronique hebdomadaire sur sa vie et que James lui-même écrit chaque mois une colonne dans le fameux magazine SLAM (tiens donc, j'étais passé à côté de cette info. Si seulement obtenir ce magazine n'était pas un fichu parcours du combattant...).

On a aussi droit à des commentaires impressionnés. « Il est certainement le genre de joueur qu'on voit une fois par décennie », énonce un ancien assistant coach de l'université de Cincinnati. « Deux recruteurs NBA m'ont dit qu'il est le meilleur des joueurs parmi ceux qui ne sont pas en NBA, actuellement. Y compris en comptant l'Europe. » rapporte Steven Culp, un assistant coach de St Vincent-St Mary. « Altruiste. Il est vraiment impressionnant » répond l'ancien joueur et dirigeant NBA, Wayne Embry.

Même celui dont on fait de James le successeur, Michael Jordan, a eu un petit mot à l'égard de l'adolescent : « Il est très talentueux. » Enfin, il ne faut pas trop chercher His Airness non plus qui ajoute juste après « Mais il est jeune et il y a un tas de choses qu'il ne sait pas ». J'avoue que j'ai ri de cet équivalent de « Restez tranquille, tous là. Ce n'est pas demain la veille qu'il va venir me caresser les talons, le petit jeunot ». On apprend d'ailleurs que Jordan a invité James à une séance d'entraînement l'été dernier. Ça m'amuse d'imaginer que la légende des Bulls a voulu juger par lui-même ce gamin dont tout le monde parle.

Peut-être pas tout le monde en fait, parce que dans son article, le Miami Herald, quotidien généraliste, glisse quand même un « Jamais entendu parler de James ? Ne vous inquiétez pas, ça sera bientôt le cas ». Le monde du basket est bien au fait de l'existence de celui qui est présenté comme un prodige jamais vu. Mais le reste de l'univers, peut-être pas encore complètement.

Un soir du 4 février 2002, je passe mon habituel coup d'œil sur le classement des équipes lycéennes sur le site web d'USA Today. Et d'un coup, un sourire tranchant comme un hachoir à glace me prend le visage : dimanche prochain, LeBron James va jouer contre Oak Hill Academy, ce lycée qui s'est érigé comme l'élite de la compétition année après année.

Je chéris ces moments où James fait face à l'adversité qui

peut-être le rapproche le plus des conditions de jeu des niveaux supérieurs. Ce qu'il va faire contre cette équipe composée de jeunes basketteurs triés sur le volet dont beaucoup deviendront normalement de bons éléments universitaires et parfois des joueurs NBA, et dont certains ont probablement déjà une taille, une longueur et une vivacité dignes des professionnels, en dira plus long sur son niveau de jeu et ses chances de réussites aux échelons du dessus qu'une dizaine de rencontres lycéennes classiques.
James a déjà croisé la route de sélections réunissant la crème des lycéens, à l'ABCD Camp ou au USA Basketball Festival. Oak Hill Academy n'affiche peut-être pas une somme de talents purs aussi élevée mais contrairement à ces sélections, c'est une véritable équipe, avec une véritable organisation et un sérieux vécu collectif.
L'adolescent d'Akron a déjà joué et été très bon face à eux l'an passé. Un seul match, toutefois, ne suffit pas à avoir des certitudes. Deux non plus, en réalité, mais c'est un pas de plus vers celles-ci.
J'avais gardé à l'esprit qu'Oak Hill trônait au sommet du classement d'USA Today depuis le début de la saison, mais aujourd'hui je m'aperçois avec surprise que cette place est actuellement occupée par un lycée de Dallas nommé Lincoln. Il faut dire que l'établissement affiche un bilan de 29 victoires et pas la moindre défaite. Le petit paragraphe consacré aux récents résultats de cette équipe mentionne deux joueurs, un pivot du nom de Chris Bosh et son coéquipier, Kevis Shipman.
Je suis presque un peu déçu de voir Oak Hill n'être désormais qu'à la quatrième place avec un bilan de 25 victoires et une petite ridicule défaite. D'ailleurs, je ne suis pas sûr de comprendre pourquoi les lycées de Rice (New York) et St. Anthony (New Jersey) sont devant avec

respectivement 19 victoires, 1 défaite et 15 victoires, 1 défaite. Je sais que les lycéens sont chacun dans leur propre championnat et que le bilan n'est pas forcément significatifs, le niveau de compétition n'étant pas le même partout (le championnat lycéen New Yorkais est vraisemblablement plus ardu que le championnat de Billings, dans le Montana), et que le journaliste d'USA Today essaie d'en tenir compte pour son classement. Mais quand même.

Les quelques lignes sous la quatrième position d'Oak Hill m'apprennent que le lycée vient de perdre contre les californiens de Mater Dei, mettant ainsi fin à une série de 67 (67 !) victoires consécutives. Le nom de Mater Dei me dit quelque chose. Et pour cause, me rends-je compte un instant après, ce lycée aussi est souvent dans le classement. Après sa victoire contre l'ogresse Oak Hill Academy, il est seizième. L'affrontement devait valoir le coup d'œil. J'ai justement le score (84-72) et un nom pour Mater Dei : Junior Wesley Washington qui a planté 25 pions.

Le match a eu lieu à Long Beach, tout près de Los Angeles (Mater Dei est un lycée de la ville de Santa Ana, tout près aussi) et je bloque une seconde sur cette information. Oak Hill Academy est situé à Mouth of Wilson, en Virginie, soit quasiment à l'autre bout des États-Unis (qui, comme on le sait, n'est pas un petit pays). Ces adolescents qui ont certainement des devoirs d'algèbre à faire et des inquiétudes pour leur notes et leur avenir, ont traversé tout le territoire pour jouer un match de basket ? Comme des professionnels mais sans être payés et en devant en plus réussir leurs examens scolaires ? Ben dis-donc.

Les étudiants d'Oak Hill vont donc ensuite jouer contre le lycée d'Akron. Je vois que le match n'aura pas lieu dans l'Ohio, ni en Virginie mais à Trenton, dans le New Jersey. À 800 kilomètres de Mouth of Wilson et 700 d'Akron. Je veux bien que les voyages forment la jeunesse mais je ne crois pas que ce soit l'accumulation de distances parcourues qui est visée par l'adage.

Le 11 février, Rivalshoop.com me donne le verdict dès le titre de son article : « Anthony, Oak Hill ont trop de réponses pour LeBron ». James a perdu. Mais le prodige, aussi prodigieux soit-il, était manifestement un peu trop seul face à l'armada de Mouth of Wilson.

Dans une défaite assez courte (72-66) qui finalement ne s'est joué qu'à une ou deux actions ratées dit l'article, James a marqué pas moins de 36 points, pris 10 rebonds, offert 5 passes décisives et fait soulever la foule avec un impressionnant contre « de rattrapage » (qui, certes, implique qu'il s'était d'abord fait déborder sur un dribble adverse avec un jeu à deux tel qu'un pick-and-roll par exemple, mais qui signifie aussi qu'il a montré une jolie capacité à se re-situer dans le jeu, ainsi que la vivacité et les qualités athlétiques pour avaler l'espace et le temps afin de rattraper l'attaquant dans son dos).

Aucun autre joueur de St Vincent-St Mary n'a marqué plus de neuf points. L'article de Russ Blake fait bien comprendre que la raison pour laquelle James ne remporte pas ce match, est qu'il n'est pas suffisamment bien entouré face à une formation aussi complète qu'Oak Hill. Celle-ci semble d'ailleurs aussi avoir sa grande vedette, la « machine à scorer » dont le duel avec James était très attendu, Carmelo Anthony.

J'ai entendu son nom par le passé, déjà avec cette étiquette de gros pourvoyeur de points. C'était lors du Festival d'USA Basketball, je crois. Je l'avais aussi vu à la troisième place d'une draft prévisionnelle, dont James occupait d'ailleurs la première position. Dans cette rencontre au sommet contre St Vincent-St Mary, il a inscrit 34 points, avec notamment un gros passage en fin de partie. Malheureusement, l'article n'indique pas si James défendait sur lui ou non. L'entraîneur d'Oak Hill, Steve Smith, laisse entendre que le un-contre-un entre les deux joueurs était une possibilité mais sans que je comprenne vraiment si c'est ainsi qu'Anthony a mis ses points (« Je ne voulais pas que Carmelo ait le sentiment qu'il devait se lancer dans un match de un -contre-un avec LeBron, mais il a davantage scorer qu'il le fait habituellement pour nous et il a joué de manière exceptionnelle » ; on peut lire tout et rien dans cette phrase si on n'a pas vu la rencontre).

C'est dommage parce que la défense sur l'homme est l'une des rares incertitudes évoquées dans le jeu de James. Ce Carmelo Anthony avait l'air d'être un bon test pour avoir des indices sur la question.

Quoiqu'il en soit, LeBron James a manifestement été encore une fois très fort face à cette équipe d'élite lycéenne. Le compte en est donc à deux matchs de haute volée face à cette puissante adversité. C'est un échantillon qui reste trop faible pour pouvoir affirmer, poing sur la table, que l'adolescent est déjà dominant contre une équipe qui a probablement déjà le niveau universitaire. Mais deux demeurent plus significatifs que un. Ce second match, à défaut de pouvoir dès maintenant apporter des certitudes, fixe quand même des rails sous nos pieds pour suivre ce chemin.

Quelques jours après, le coach d'Oak Hill affirme dans Rivalshoop.com que LeBron James est le meilleur joueur lycéen qu'il n'ait jamais vu, alors qu'il a eu des gros talents sous ses ordres comme Jerry Stackhouse, éphémère « Nouveau Jordan » et actuellement élément très productif de la NBA (plusieurs saisons à plus de vingt points de

moyenne). Smith dit qu'il n'a pas eu l'occasion de voir jouer le jeune Kobe Bryant mais Tracy McGrady, oui. Et James est, selon lui, bien plus fort que l'actuelle star du Magic d'Orlando ne l'était au même stade de sa carrière.
Steve Smith apporte des détails sur le jeu de l'adolescent venu d'Ohio, mais rien de nouveau. « Il fait tout bien. Il est grand et costaud, il peut passer et shooter. » Il ajoute un angle de vue tactique et malheureux pour l'équipe adverse de l'akronien en ce sens que celle-ci ne peut pas l'empêcher de recevoir la balle car c'est lui qui commence la possession avec le cuir dans les mains et elle ne peut pas non plus faire une prise à deux sur lui car il est un si bon passeur [et arrivera donc à servir le coéquipier laissé libre par le prise à deux]. Il ajoute que James est « Magic Johnson mais avec du jeu [He is Magic Johnson but with game] », cependant je ne comprends pas trop ce qu'il veut dire par là. Peut-être que c'est ma compréhension de l'anglais qui me fait défaut sur ce coup-là.

Le 17 février, le célèbre Los Angeles Times glisse quelques lignes sur LeBron James pour rapporter que des dirigeants NBA ont interrompu leur weekend du All-Star Game à Philadelphie pour aller « en masse » voir jouer ce lycéen même pas éligible pour la prochaine draft qui avait un match à une cinquantaine de kilomètres de là (c'était le match contre Oak Hill, je crois). Il ajoute que le consensus dit de lui qu'il est le nouveau Kobe Bryant (qui joue aux Lakers de L.A., notez). Et que la projection maximale est, citant un dirigeant, « le meilleur joueur de tous les temps ».
Avant de sortir cette bombe qui dépasse le précédent parallèle déjà plusieurs fois fait avec l'actuel meilleur basketteur de l'histoire, Michael Jordan (du moins pour la

plupart des gens ; dans d'autres rares pensées, Kareem Abdul-Jabbar lui emprunte son trône), ledit dirigeant a quand même pris la précaution de dire avant « si James progresse ». C'est un gros « si » mais il s'agit surtout pour ce dirigeant, au-delà de justifier son petit voyage dans le New Jersey, de décrire le potentiel de LeBron James. On peut comprendre qu'il dit qu'avec son avance sur ses homologues basketteurs du même âge et ses caractéristiques techniques, mentales et physiques, il semble avoir les outils pour suivre un chemin susceptible, dans le meilleur des scénarios, de l'emmener au sommet de l'histoire de ce sport.

D'autres joueurs ont ce potentiel ou ont eu ce potentiel à un moment donnée de leur carrière donc l'affirmation de ce dirigeant n'est pas aussi folle qu'on pourrait le penser. Vu ce que font actuellement les Tim Duncan, Kevin Garnett, Kobe Bryant ou encore Tracy McGrady à 24 ans ou moins, pourquoi ceux-là ne pourraient-ils pas progresser encore jusqu'à, pourquoi pas devenir le meilleur joueur de l'histoire ? Eux aussi, à ce stade, ont ce potentiel. Shaquille O'Neal, avec ses 28 ans et ce qu'il a déjà accompli a lui aussi encore ce potentiel.

Rien ne s'y oppose, à part que c'est véritablement incroyablement dur de progresser encore après avoir déjà atteint un tel niveau de jeu et qu'il y a encore pas mal de paliers à franchir avant de dépasser Michael Jordan (ou Kareem Abdul-Jabbar). Qu'un de ces joueurs y arrive n'est pas impossible mais ce n'est finalement que faiblement probable.

Peut-être que le Penny Hardaway de 1996, âgé de 24 ans, et qui avait décroché la troisième place au vote du meilleur basketteur de la saison avait ce potentiel aussi. Cinq ans après, on peut raisonnablement dire que l'arrière n'a pas réussi à concrétiser ce potentiel, mais en 1996, il l'avait. Dans son cas, les blessures ont énormément joué mais globalement il est rare de voir quelqu'un réussir à prendre ce meilleur chemin possible.

Le potentiel, c'est ce qu'on pense qu'un joueur peut devenir s'il maximise tous les compartiments de son jeu, s'il progresse jusqu'au bout de ce que ses caractéristiques lui permettent. C'est pratiquement impossible et en général, même les meilleurs ne font que s'approcher de leur potentiel maximum. Shaquille O'Neal peut déjà, à mon sens, être considéré comme l'un des plus forts basketteurs de tous les temps. Mais il n'a pas maximisé tout son immense (incroyable, jamais vu, surhumain) potentiel. Je pense pouvoir parier qu'un O'Neal bon au lancers francs plutôt que mauvais serait peut-être déjà en train de titiller Jordan et Abdul-Jabbar. Ajoutez-y une implication défensive un peu plus élevée et probablement qu'il rafle aux légendes chicagoane et angelino le fauteuil de Numéro Un. Et que dire s'il avait été un peu plus épargné par les blessures ?

Même Michael Jordan n'est pas allé au fin fond de son potentiel. Il avait encore des marges de progression, en réalité. Une meilleure défense sans le ballon, une réduction de ses tentatives malheureuses d'interception (celles qui ne se terminent pas avec le ballon dans ses mains mais avec son adversaire laissé libre de tout marquage). Il était un très bon passeur mais n'aurait-il pas pu être meilleur encore ? N'aurait-il pas pu être un meilleur shooteur à trois points au regard de son adresse à mi-distance et aux lancers francs ? Probablement que oui.

A contrario, des joueurs n'ont pas ce potentiel de meilleur joueur de l'histoire. Souvent pour des raisons physiques pour commencer parce que si vous mesurez moins d'un mètre quatre-vingt, vous aurez des limites de base en attaque comme en défense trop compliquées à dépasser.

Oh, vous pourrez être un excellent joueur. Mais dans la discussion du basketteur qui les domine tous ? Non. Ou plutôt, probablement pas, sait-on jamais si ce joueur de petite taille parvient à mettre les trois quarts des tirs qu'il prend à dix mètres du panier, la question se pose. Mathématiquement, c'est possible mais si on parle de potentiel raisonnablement envisageable, notre joueur de petite taille rentrera au mieux seulement la moitié de ses tirs, aura du mal à shooter avec un défenseur plus grand devant lui, à aller marquer au panier ou à défendre quelqu'un de plus long et plus costaud.
On peut aussi penser qu'un joueur qui passe ses années lycéennes à rater la majorité de ses tirs, y compris dans des positions relativement faciles, n'a pas non plus le potentiel réaliste pour un jour venir s'immiscer entre Michael Jordan, Bill Russell et Kareem Abdul-Jabbar. Même chose pour un jeune basketteur qui semble avoir du mal à comprendre les mécaniques du jeu.
LeBron James, de ce qu'on peut en dire aujourd'hui, n'a effectivement pas de caractéristiques qui limitent d'ores et déjà son potentiel. Il a même au contraire, manifestement, des atouts à la fois mentaux, techniques et physiques qui le mettent dans des dispositions plutôt favorables pour aller loin.
Sur le principe, dire que James a comme projection maximale « meilleur joueur de tous les temps » n'est ainsi pas si farfelue. C'est une possibilité parmi un tas d'autres. Il n'en reste pas moins que la déclaration citée par le journal reste audacieuse (notamment parce que les gens ne font généralement pas la nuance que je viens de faire et voit dans de tels propos une prédiction plutôt qu'une étroite possibilité). D'ailleurs, je crois comprendre que le L.A. Times est un peu sceptique car il enchaîne ensuite sur une nouvelle information en disant « Prochain événement

surestimé », en abordant la période de transferts à venir...

Le lendemain, 18 février 2002, je rentre du boulot et boulotte une tablette de chocolat en ouvrant ma messagerie électronique. Je vois que mon ami Ronnie m'a envoyé un mail depuis les États-Unis. Je clique dessus pour l'afficher sur mon écran et aussitôt, la surprise me fait lever les sourcils jusqu'à ce qu'ils se confondent avec mes cheveux.
Le mail de Ronnie ne contient qu'une photo, prise dans un endroit pas super bien éclairé mais je vois bien ce que je dois voir : c'est la couverture d'un magazine. C'est la couverture du magazine qui est probablement la plus fameuse des revues sportives américaines -et peut-être donc du monde-, Sports Illustrated.
L'hebdomadaire traite tous les sports mais c'est bien de basket dont il est question pour cette Une. Et qui vois-je, occupant la totalité du célèbre rectangle de papier ? LeBron James.
Puis pas juste LeBron James. LeBron James titré « L'Élu » (« The Chosen One »).
Il ne fait pas vraiment de doute qu'avant cette couverture, beaucoup de monde faisait du lycéen d'Akron un prospect si impressionnant que les mots « phénomène », « prodige » ou encore « génie » étaient un peu courts pour traduire leur ressenti vis-à-vis de cet adolescent en avance sur tous et tout. Après tout, des comparaisons avec Michael Jordan et Magic Johnson sont plusieurs fois tombées de la bouche des uns et des autres lors des derniers mois. Donc finalement, certainement que le mot « Élu » -avec tout ce que cela implique (le fait qu'il n'y en a qu'un de la sorte, qu'il est vu comme le sauveur et aussi le fait que les esprits commencent à vriller d'une ferveur quasi-

religieuse)- correspond assez bien avec ce qu'ils ont en tête.
Mais qu'un média de la portée de Sports Illustrated clame cela via son mode d'expression le plus marquant -la Une de son magazine- rend la chose officielle auprès d'à peu près toute la planète. Tout le monde ne lit pas SLAM, tout le monde ne lit pas le Miami Herald, le Chicago Tribune ou le Los Angeles Times. Mais la couverture d'un magazine si prestigieux, si tentaculaire, tout le monde la voit à un moment ou à un autre passer sous ses yeux. Ce n'est qu'une image et un titre ; un regard, même distrait, suffit pour en prendre connaissance.
LeBron James, du haut des 17 ans qu'il a fêté récemment, est désormais présenté, étiqueté, placardé, vendu, colporté, tamponné, estampillé, affiché aux yeux de tous comme celui est supposé devenir le messie du basket.
Bonne chance avec ça, gamin. En ce qui me concerne, les seuls endroits où j'ai entendu parler d'Élus, au sens élus par les dieux ou toute autre entité supérieure et absolue, c'était dans les mythes, les religions et les romans. À chaque fois, il s'agissait plus ou moins d'être désigné pour courir à la rescousse de la planète face à un fléau qu'aucune autre personne ou chose pouvait vaincre. Et que c'est d'ailleurs pour remplir cet objectif impossible que des divinités ont éprouvé le besoin impérieux de réaliser une exceptionnelle ingérence dans le monde d'en bas pour faire naître cet être exceptionnel, seul capable de s'opposer à la menace. À côté de ça, être appelé « phénomène », « prodige » ou « génie » ressemble plutôt au sympathique compliment d'encouragement qu'on file à ceux qui ont fini second ou troisième d'une course.
À quoi correspond cet Élu sauveur de l'humanité dans l'univers du basket ? Au sauveur du basket ? Encore faudrait-il que ce sport ait besoin d'être sauvé. Il y a bien

ces vieilles têtes qui voient l'apocalypse dans l'invasion des lycéens en NBA mais même en imaginant que ce phénomène va effectivement mettre la ligue dans la tombe, LeBron James est lancé pour être une partie du problème plutôt que sa solution.
Il y en a aussi -souvent les mêmes- qui clame que leur sport adoré est victime de la peste, en visant le style vestimentaire représentatif de la culture urbaine afro-américaine qu'Allen Iverson et de nombreux autres joueurs affichent désormais, même dans les circonstances les plus officielles. « Ça ne fait pas professionnel », « Ça ne donne pas une bonne image de la ligue », « Ils sont habillés comme des gangsters », « Ils ressemblent à des clowns », grommellent les costumes-cravates entre deux âges. C'est surtout que ces derniers prennent comme une remise en cause de ce qu'ils sont, toute expression d'une culture différente de la leur. Je suis sûr qu'ils s'embrouilleraient même avec le jeune adulte qu'ils étaient vingt ou trente ans auparavant.
Mais là aussi, James est un représentant du « problème » plus qu'une réponse. L'article à l'intérieur du Sports Illustrated l'évoque sans fard et sous un angle positif (commercialement positif, pour être précis) puisque c'est en discutant de l'image de James comme égérie d'une marque de chaussures -la bataille entre Nike et Adidas pour ravir les faveurs du prodige fait rage- que Grant Wahl décrit l'adolescent comme ayant un jeu de haut-vol et une « street credibility » Iversonienne.
Des grincheux voient également les prémices de la mort du basket dans la pénurie actuelle de pivots forts techniquement dos au panier. Je suppose qu'il en faut un peu plus pour mettre à terre ce sport (il y a d'autres façons de mettre des paniers, hein) mais là aussi, James n'est pas le sauveur. À aucun moment de la carrière que je lui

connais, n'a été mis en avant son jeu dos au panier. Et il n'est pas un pivot.
LeBron James n'est pas le sauveur du basket, mais ce n'est pas seulement sa mission et sa raison d'être qui définit un Élu. Un Élu -toujours au sens mythologique, restez concentré- est l'être qu'une force supérieure et omnisciente a jugé le plus fort, le plus compétent, le plus doué d'un domaine parmi tous les autres êtres (parfois immédiatement, parfois potentiellement). Il est celui qui est supposé être le meilleur du monde, désigné ainsi par un avis indiscutable. Bref, selon Sport Illustrated, LeBron James est celui qui est appelé à devenir le meilleur basketteur de tous les temps.
Avec la notion d'Élu, la précaution « s'il progresse » avant le « devenir le plus fort basketteur de l'Histoire » est un peu envoyée aux oubliettes. Un Élu sorti du chapeau par les divins doit atteindre le but pour lequel il a été désigné, sinon c'est un échec. On n'est plus vraiment dans la possibilité parmi d'autres mais dans le chemin tracé. Ce n'est pas tout à fait la même chose.
Est-ce que cette couverture ne risque-t-elle pas d'imposer une colossale pression sur les épaules d'un adolescent ? Probablement que si. Les toujours présents « certains » diront toutefois que si le sport peut être si rémunérateur et si pourvoyeur de gloire, c'est notamment grâce à la création d'émotions, d'attentes et de matière à discuter chez un public de grande échelle, autant d'éléments qui arrivent auprès de ce dernier par des canaux comme ce genre de Une du magazine.
Sans les médias pour parler de ce qu'il se passe dans les championnats et faire un peu monter la sauce -à raison ou à tort-, il n'y aurait pas autant de personnes qui achèteraient des places pour assister au match, alloueraient trois heures de leur temps libre à en regarder un à la

télévision à travers cinq ou six coupures de publicité et qui commanderaient des maillots, casquettes, tasses ou chaussures associés aux dits championnats. Cette immense somme d'argent qui sort de la poche du public va en partie dans celle des joueurs.

Cette médiatisation participe également à les glorifier et à voir leur ego être caressé par l'admiration des tribunes en liesse ou des groupes de supporters espérant obtenir un autographe. Supporter la pression générée par cette médiatisation serait ainsi un sacrifice à faire pour devenir riche et célèbre.

D'accord, mais à quel moment LeBron James a-t-il accepté ce marché ? À aucun, n'est-ce pas. Ce choix s'est imposé à lui. D'ailleurs, même s'il décidait d'arrêter le basket pour y échapper, la planète entière le collerait aux basques pour savoir pourquoi il a pris cette décision et s'il ne veut vraiment pas reconsidérer la question. C'est une autre forme de pression, vraisemblablement pire et celle-là, sans perspective de se retrouver peut-être un jour couvert d'or et de gloire.

L'article en lui-même (six pages !) tente un peu de réduire la portée de la couverture (mais combien le liront comparativement à ceux qui auront vu les mots « The Chosen One » sous le titre « Sports Illustrated » ?) en étant un peu plus modéré. Jamais il ne sera question d'Élu, de potentiel meilleur joueur de tous les temps ou d'affirmations aussi percutantes que celles-ci. Le journaliste, Grant Wahl, décrit l'ébullition autour du lycéen avec des demandes d'autographes quand il assiste à une rencontre des Cavaliers de Cleveland, la lutte que se livrent les titanesques marques de chaussures Nike et Adidas pour le signer, les 4000 spectateurs qui viennent voir chaque match de son lycée (presque deux fois plus que l'Université d'Akron, dans la même salle) ou encore

ses accès à des joueurs de la NBA et à des vedettes mondiales comme le rappeur Jay-Z.
Wahl se permet quand même d'enfiler les parallèles avec Michael Jordan. Subtilement, très subtilement. Presque de façon subliminale, mais cependant juste après un chapeau d'article énonçant que James « est si bon qu'il est déjà mentionné comme l'héritier d'Air Jordan ».
Comme l'article de SLAM, le papier de Sports Illustrated est un reportage. Il retranscrit cet invraisemblable quotidien du basketteur qui « existe dans cet étrange purgatoire entre le lycéen et le multimillionnaire, entre l'enfant à la charge de ses parents et l'homme établi ». Il est les deux en même temps, dit Wahl. James est en effet déjà une vedette qui génère engouement et montagnes de pognon mais il est pourtant supposé vivre comme un lycéen sans le sous devant demander la permission à ses parents pour sortir (même si lui, il la demande pour aller dans le coulisses du concert de Jay-Z alors que moi, c'était pour aller jouer à la console chez mon pote Fred). Il raconte aussi l'enfance pas facile de l'Élu, entre déménagements incessants, trafic de drogues et meurtre se passant devant ses yeux, et passage de son beau-père -et père de fait- en prison.
C'est aussi un article très agréable à lire. Mais pareillement, l'aspect sportif n'est pas forcément le plus mis en avant. Wahl nous rapporte d'abord que ceux qui pensent que James pourrait être le digne héritier de Jordan sont des fans (qui, il faut reconnaître, ne font pas toujours dans la mesure et la précision), des représentants de marques de chaussures (qui essaient de conquérir le cœur du joueur de St Vincent-St Mary, pas spécialement de dire la vérité) et des dirigeants NBA qui pour le coup, jouent un peu leur crédibilité (et donc leur job ?) en faisant une telle affirmation.

Je pense pouvoir aussi donner pas mal de crédit à une comparaison plus raisonnable mais déjà marquante, celle que fait l'entraîneur de l'équipe lycéenne de Germantown Academy situé dans un quartier de Philadelphie, Jim Fenerty. Le journaliste relate que le bonhomme vient de voir LeBron James caler 38 points et 17 rebonds à son équipe et a avancé qu'il avait pareillement croisé un Kobe Bryant, alors en dernière année de lycée (LeBron est dans son avant-dernière). Le verdict de l'entraîneur est clair : James est le meilleur joueur contre qui son équipe a jamais joué. Le Kobe plus expérimenté d'un an arrive donc derrière lui. Fenerty ajoute qu'il n'a jamais vu quelqu'un shooter mieux que James face à sa défense et que l'élève de St Vincent-St Mary est plus fort physiquement que ne l'était le Bryant senior à Lower Merion.
Un match, néanmoins, ne suffit pas à admettre définitivement que le James de troisième année est meilleur que le Bryant de quatrième année mais c'est encore un indice qui s'accumule aux autres. Sans parler que le Kobe Bryant lycéen était quand même quelque chose.
Pour se faire drafter en treizième position et recruter par les Lakers de Los Angeles en échange du sacrifice de l'excellent Vlade Divac à l'issue de cette quatrième année justement (avec des rumeurs soufflant qu'il aurait pu être sélectionné aussi haut que la septième place) à cette époque où sauter la case universitaire était considéré comme une folie d'autant plus que contrairement à Kevin Garnett, il n'était pas spécialement un ovni athlétique, il fallait vraiment en avoir mis plein la vue. Ce Kobe Bryant devait vraiment être loin au-dessus de la mêlée et pourtant, il se pourrait que James soit encore meilleur, avec un an d'avance.
Citant ensuite des recruteurs NBA anonymes louant

unanimement le jeu très complet de l'akronien, sa distance de tirs (la distance d'accord mais l'efficacité ?), son maniement de balle fluide, son explosivité désarmante, Wahl recentre la discussion sur ce qui ressort de façon la plus nette de leurs bouches et qui ne me surprend plus tant ces mots sont devenus commun à mes oreilles : la comparaison avec un autre passeur à couper le souffle, Magic Johnson.

J'en ai presque marre de lire toujours le même truc. « La chose la plus surprenante avec ce gars qui peut dominer offensivement, est qu'il est si altruiste » dit un scout. « La plupart des jeunes ne savent pas comment jouer, mais il [James] cherche en premier à faire une passe et il est génial à ça ».

Je ne devrais pas en avoir ras la pastèque de lire ces mots en boucle à partir du moment où ils viennent de personnes différentes et plutôt bien placées pour s'exprimer. La redondance des témoignages et avis peut, au bout d'un moment, être la preuve d'une réalité. Et l'accumulation est un renforcement de cette preuve. Mais maintenant, que nous reste-t-il d'autres que de voir ces éléments de jeu face à une adversité bien plus élevée que la compétition lycéenne ? Parce que là, on a fait le tour.

J'en viendrai presque à vouloir le voir aller en NBA dès le prochain été, malgré l'obstacle réglementaire, juste pour pouvoir enfin observer ce que donnent ces immenses qualités de passeur, créateur, scoreur et d'intelligence de jeu dans un contexte plus relevé. J'en ai marre d'essayer de tirer des infos du seul match par an que James joue face à Oak Hill Academy.

Justement, Danny Ainge, ancien joueur et coach NBA, dit que s'il était le décideur principal de la franchise détentrice du premier choix de la draft 2002, il prendrait James sans hésiter, quand bien même il adore Jason Williams de Duke

et qu'il a entendu parler du « gars chinois » (bon, pas sûr qu'il ait bien étudié le prospect qu'est Yao Ming, en fait).
Ainge va encore plus loin : « Si j'étais General Manager d'une franchise, il n'y a que quatre ou cinq joueurs que je refuserai de transférer pour avoir James dès maintenant ».
Ainsi, à ses yeux, le lycéen a plus de valeur que tous les basketteurs de la planète sauf les quatre ou cinq plus forts.
Je devine que dans cette valeur, il compte davantage le potentiel de James que son niveau actuel ainsi que peut-être aussi la perspective d'avoir ce joueur pour une dizaine d'années (je peux entendre qu'il présente une plus grande valeur que Gary Payton par exemple, qui est à n'en pas douter un meilleur joueur actuellement mais qui, à 33 ans, n'a plus beaucoup de temps à ce niveau devant lui). Mais c'est quand même gonflé comme déclaration.
Voilà tout pour le sportif. Ce n'est pas encore aujourd'hui que je pourrais lire une analyse suffisamment approfondie pour qu'elle aille jusqu'à détailler en long et en large les défauts de James et poser des interrogations inquiètes, petites ou grandes sur son jeu (il y en a forcément, non ?).
Ma dernière pensée sur cet article de Sports Illustrated va à un conseil que Michael Jordan donne au jeune LeBron James venu le voir jouer à Cleveland. « Un dribble, tu te stoppes et tu sautes à la verticale pour dégainer ton tir. C'est ce que je veux voir ».
Mouais. Encore faut-il que James soit fort dans ce shoot en sortie de dribble (et même en sortie d'un unique dribble, en l'occurrence), non ? Ce n'est pas vraiment quelque chose qui est ressorti dans les forces du lycéen jusqu'à présent.
Et puis pourquoi se limiter à cet unique dribble ? Si le lycéen est aussi bon manieur de ballon qu'on le dit, pourquoi n'exploiterait-il pas cet atout pour s'infiltrer jusqu'au cercle ? A fortiori si James est grand, long (avec

ses bras et ses doigts infinis), explosif et costaud, car ces caractéristiques se combinent très bien pour pénétrer une défense et réussir à atteindre le panier.

Il faut aussi y ajouter ses capacités de passeur, son sens du jeu et son excellente vision qui se marient parfaitement avec ce jeu de pénétration en coinçant l'adversaire dans le dilemme permanent entre défendre à plusieurs l'accès de James au panier et risquer une passe vers un shooteur devenu ouvert, ou ne laisser aucun attaquant libre en espérant que le défenseur de James arrivera à tenir ce dernier tout seul.

Et puis je crois que c'est devenu clair avec l'ABCD Camp, James n'est jamais aussi intéressant sur le terrain que quand il joue les meneurs de jeu, portant la balle en début de possession et décidant quoi faire une fois devant le demi-cercle de la ligne à trois points. Or, la phrase de Jordan a plutôt l'air de s'appliquer à un joueur qui reçoit le ballon au cours de l'attaque de son équipe. Il n'y a que dans ce registre qu'il pourrait faire un seul dribble puis déclencher un shoot. Le conseil de Jordan colle bien à un joueur adroit aux tirs à distance, vif et pas forcément bon dribbleur, ni passeur. Mais pas vraiment à quelqu'un comme James.

Alors peut-être que ce conseil n'est pas un conseil personnalisé à James mais plutôt un conseil absolu, dans le sens où Jordan penserait que cette action est la plus intéressante. Alors, « fiston, maîtrise-la parce qu'il n'y a rien de mieux ». Sous cet angle, ce conseil a plus de sens mais encore faut-il qu'effectivement, le shoot en sortie d'un dribble après réception de passe (ça s'appelle un « One-dribble pull-up jumper », je crois) soit effectivement l'action qui a la plus grande valeur du jeu.

Ben ça, je n'en suis pas sûr du tout. Il est vrai qu'il n'est pas simple d'arriver jusqu'au panier mais une fois là-bas,

les chances d'enfiler la balle dans le filet me paraissent plus grandes qu'avec un tir d'un peu plus loin. De plus, on attire plus souvent les fautes adverses, et donc des lancers francs, en se frayant un chemin dans la raquette qu'en shootant vite après avoir eu la balle. Lancers francs qui offrent la double récompense d'obtenir deux points faciles et de pousser le défenseur à surveiller son compteur de fautes, voire de le faire sortir de la rencontre.
Jordan lui-même est à mes yeux un exemple de cette idée. Je trouvais en effet plus efficace le Michael Jordan du début des années quatre-vingt dix qui cherchait le plus souvent à aller au cercle, que le Michael Jordan de la deuxième moitié de la décennie qui -sans doute à cause de l'âge- troquait plusieurs de ces incursions jusqu'au panier contre des shoots à distance, dans le style du One-dribble pull-up jumper (mais pas que).
J'hésite un peu mais je décide de dépenser quelques unes des précieuses minutes de mon forfait internet pour vérifier si les chiffres vont dans le même sens que mes impressions. Et j'en grille un bon parquet à chercher en vain un fichu site web qui donne l'adresse des seuls tirs à deux points. Tous affichent le pourcentage général de réussite aux tirs et celui des trois points mais jamais celui des tentatives à deux points.
Dans l'élan de mon agacement chauffé à blanc par la perte de ces dix grasses minutes de forfait pour rien et ma frustration de ne pas trouver ce que je cherche malgré ce sacrifice, je suis entré dans cette espèce de petite folie de ceux qui prennent personnellement un affront du sort et je me suis mis à calculer les pourcentages des shoots à deux points de Jordan à partir des nombres de tirs cumulés totaux et des nombre de tirs cumulés à trois points. J'ai abandonné une demi-heure de ma vie à cette entreprise pas très utile en réalité mais me voilà avec une paix

retrouvée et présentement en capacité d'apporter des chiffres à mon impression que Jordan était plus efficace un peu plus tôt dans sa carrière, quand, selon mes souvenirs, il allait plus souvent au cercle.

Lors des saisons régulières de ses trois premiers titres de champion (1991 à 1993), Sa Majesté réussissait respectivement 55,1% ; 53,3% et 51,4% de ses tirs à deux points. D'accord, très bien. Et qu'en est-il de 1996 à 1998, quand il a encore une fois enchaîné trois titres (et que l'âge le sommait d'aller un peu moins à l'abordage des raquettes), maintenant ? 50,6% ; 50,7% et 48,2%.

Je fais une moue dubitative. Ce résultat confirme mon impression mais ce n'est pas satisfaisant pour autant. Dans ces pourcentages, il y a plein d'autres choses que le jeu de pénétration et le One-dribble pull-up jumper. Pendant ces six années, Jordan a aussi réalisé pas mal d'actions dos au panier, en shootant dès réception de passe et autres. À quel point ces actions-là faussent-elles les pourcentages à deux points que j'ai voulu prendre comme preuve ?

Si j'avais le pouvoir d'arrêter le temps et autant d'énergie que l'Amérique pour aller choper du pétrole sur des terres qui ne lui appartiennent pas, je regarderai tous les matchs de Jordan dans ces années de titre, avec un calepin à la main pour noter chaque One-dribble pull-up jumper et chaque pénétration au cercle, ainsi que leurs résultats respectifs. Là, je pourrais comparer la valeur des deux actions.

En attendant, l'absence de preuve m'oblige à me contenter de mon raisonnement. Donc si, accoudé au zinc d'un bar, mes explications selon quoi il vaut mieux aller au cercle que tirer d'un peu plus loin ne suffisent pas à convaincre mon interlocuteur, je conclurai par un joli « mais ça, c'est en théorie. À voir si ça se vérifie en pratique. »

Peut-être également que Jordan anticipe l'éventualité où,

du fait de sa grande taille par exemple, LeBron James n'arrive pas à déployer son dribble et son jeu de meneur une fois en NBA. Jordan a connu les exemples de Magic Johnson et Anfernee Hardaway mais du coup, il a aussi vu que seuls ces deux-là s'étaient véritablement imposés à ce niveau. Donc peut-être que Jordan dit juste à James de travailler un jeu alternatif et de ne pas mettre tous ses œufs dans le même panier.

Trois semaines après la couverture de Sports Illustrated, j'apprends dans les lignes de l'Orlando Sentinel que LeBron James jouait la demi-finale du championnat régional devant 20 562 spectateurs, record de l'Ohio pour un match de basket lycéen. C'était dans la salle de l'équipe NBA de Cleveland, les Cavaliers. Je regarde rapidement combien de personnes assistent aux matchs des Cavaliers cette année. Oui, je me disais bien. Environ 14 500 en moyenne.

St Vincent-St Mary a expédié son adversaire 78 à 49 avec un James qui a donné des paniers faciles à ses partenaires et montré une défense intérieure intimidante (6 contres), dit le quotidien floridien. D'accord.

Dans les jours et semaines qui suivent, le site internet d'ESPN (articles du 27 février de Darren Rovell et du 8 mars de Greg Garber) nous montre un peu ce qu'est la vie d'un joueur aussi médiatisé que James.

On se doutait bien que l'adolescent était sollicité pour un autographe à chacune de ses respirations, mais pas forcément que la boîte aux lettres du lycée St Vincent-St Mary croulait elle-même sous les demandes. Je ne suis pas surpris d'apprendre que c'est d'ailleurs souvent la couverture du magazine Sports Illustrated titré « The Chosen One » que les gens souhaitent voir signer.

Évidemment. Ils vont jusqu'à envoyer au lycée leur exemplaire pour que l'établissement le fasse parapher à James et le leur renvoie gentiment.
L'administration du lycée n'en fait rien car James a décidé d'arrêter de distribuer des autographes comme une œuvre caritative distribue des bols de soupe aux défavorisés, car il retrouvait les objets autographiés sur le site internet de vente aux enchères en ligne, eBay. Sur la plateforme, des Sports Illustrated signés ont été vendus pour plus de 200 dollars.
Je ris de traviole et m'étouffe dans mon verre d'eau en lisant l'un des revendeurs expliquer qu'il auraient gardé son magazine paraphé si son entrevue avec James avait été plus plaisante. « Il s'est comporté comme s'il était déjà Michael Jordan », « Il a eu une attitude de voyou ["He was a punk"] ».
Je ne vais pas développer sur l'incongruité de remettre en cause l'ego d'un garçon de dix-sept ans qui vient d'être appelé l'Élu par un célèbre magazine et à qui on demande justement un autographe, certainement en se bagarrant parmi une masse d'autres personnes tendant aux aussi leur propre magazine et stylo. Par contre, je vais bien me moquer de cet individu qui se conduit comme un nobliau déçu du service de l'hôtel où il vient de passer la nuit aux frais de la princesse, alors qu'il vient de se faire du fric sur le dos d'un gamin pas encore majeur.
On se doutait aussi que l'adolescent avait des journalistes autour des chevilles à toutes heures du jour et de la nuit, mais pas forcément que son lycée a dû interdire intervieweurs et caméras de télévision dans l'enceinte de l'établissement, qu'un vigile a dû être posté à la porte des vestiaires, y compris lors des matchs à l'extérieur, et enfin qu'un coach volontaire, Chris Harrison, deux mètres zéro huit des pieds à la tête, a la tâche de suivre James comme

son ombre. Mais il y a quand même Bozzo le Revendeur qui se plaint que le lycéen se prenne pour une star.

On est maintenant en mars, la saison de LeBron James est terminée. Et, aïe, elle s'est terminée par une défaite en finale régionale de la Division II, contre le lycée Roger Bacon de Cincinnati, 71 à 63. Cette défaite a tellement énervé USA Today que son journaliste, Christopher Lawlor, a sorti St Vincent-St Mary de son top 25.

Je ne trouve aucune information sur ce qu'il s'est passé exactement. James a-t-il raté son match ? Ça serait une première, mais ça peut arriver. Ou bien le basket étant un sport collectif, avoir quelqu'un bien au-dessus de la compétition ne suffit pas toujours pour gagner.

James se consolera peut-être en apprenant que Rivalshoop.com l'a nommé meilleur lycéen de la promotion des Troisième année (sans préciser où il serait dans le classement des Quatrième année), après un vote regroupant les membres de média et des coachs. Mike Sullivan rappelle que le lauréat est un formidable passeur qui peut complètement dominer un match offensivement.

James a aussi été désigné joueur de l'année par le magazine Parade (sondant des coachs et des recruteurs), cette fois toutes catégories lycéennes comprises. Le journaliste Michael O'Shea rapporte la comparaison déjà entendue avec Kobe Bryant, mais en précisant que l'akronien est plus costaud et meilleur que Kobe l'était à ce stade de sa carrière (O'Shea ne dit pas qui fait cette comparaison, mais je parierai qu'il s'agit de celle du coach du lycée de Germantown Academy, Jim Fenerty, cité par Sports Illustrated).

Puis surtout, il avance que ce qui crée l'effervescence autour du joueur de l'Ohio, c'est son extraordinaire faculté à anticiper ce qu'il va se passer ensuite (sur un terrain de basket, je présume) et à voir sur le parquet des choses qui échappent aux autres. Ces mots sont une douce musique à mes oreilles. Un sens de l'anticipation de premier ordre, n'est-ce pas comme avoir un code de triche dans le sport ? Rares sont ceux qui sont capables de voir arriver les choses à l'avance (ou de reconnaître les situations et y agir en conséquence si vite que cela paraît être de l'anticipation) mais quand c'est le cas, on est bien souvent face à un joueur d'élite.

Voir ce qu'il va se passer avant les autres est quand même quelque chose de bien pratique quand on est basketteur. En défense, on peut surgir là où l'attaquant pensait pouvoir être seul après avoir réussi sa manœuvre, boucher une faille dès qu'elle s'ouvre ou encore venir de nulle part pour une interception ou un contre. En attaque, on peut prendre à revers la manœuvre défensive, voire même lancer les adversaires dans un leurre pour s'ouvrir une belle position de tir ailleurs.

L'anticipation est particulièrement utile mais c'est aussi particulièrement beau à regarder. Car si elle surprend l'adversaire, elle surprend aussi le spectateur tranquillement installé dans son fauteuil. (Un petit sourire rêveur se dessine sur mon visage.) On voit des contres spectaculaires sortir de nulle part, des interceptions inattendues qui renversent le jeu, des passes magistrales invoquées à partir de rien du tout, des prises à contre-pied de la défense qui donnent l'impression que l'attaquant est un marionnettiste tenant ses adversaires du bout de ses fils et qui les fait danser une chorégraphie plein de grâce en dépit que ce soit contre leur gré.

La surprise, le fait de nous faire découvrir un autre chemin, mettez-moi ça dans n'importe quel roman, bande dessinée, film ou jeu vidéo et j'aurai un sourire jusqu'aux oreilles. Alors que dire si vous m'en mettez dans un match de basket ?

Reste encore à voir si ces affirmations se confirment (et se confirment au niveau supérieur où il doit être bien plus difficile d'anticiper et de surprendre) et si elles ne sont pas en réalité une impression mal étalonnée. C'est quand même très difficile de percevoir et de juger ce genre d'éléments.

Je regarde un peu les autres lycéens retenus dans les sélections. Dans l'équipe Une, hormis LeBron James, je retrouve des noms familiers comme la star d'Oak Hill, Carmelo Anthony ; le pivot du lycée qui a fini premier du classement d'USA Today cette année, Chris Bosh ; et Amare Stoudemire, que j'avais entendu comme susceptible de se présenter à la prochaine draft, lui aussi esquivant l'université (je ne sais pas si c'est toujours d'actualité).

Je retrouve Shavlik Randolph qui en se faisant ainsi une place dans la plus haute sélection aide les anonymes à assumer leur affirmation de l'an passé rapportée par le Miami Herald, selon laquelle Randolph était le meilleur prospect produit par la Caroline du Nord depuis Michael Jordan (décidément, Jordan est partout). J'y aperçois aussi Raymond Felton, dont le nom était apparu lors d'une prévision de draft du site nbadraft.net.

Les autres noms (Paul Davis, Rashad McCants, Anthony Roberson et Sean May) me sont par contre inconnus. Dans les autres sélections, je note la présence du premier tombeur de LeBron James, Jason Fraser (équipe Deux) ; Leon Powe (équipe Trois) dont je crois avoir déjà vu le nom dans un autre classement il y a quelques temps ; et enfin DeAngelo Collins (équipe Trois), nommé meilleur joueur de l'ABCD Camp pour les Seniors l'an passé, quand James avait eu ce trophée pour les Non-Seniors.

Aucune trace, par contre, de Lenny Cooke. Je fouille un peu le web et découvre qu'encore une fois, il n'a joué qu'une petite poignée de matchs à cause de résultats scolaires insuffisants. Je comprends l'idée d'utiliser le sport comme carotte pour qu'un talentueux basketteur ne délaisse pas les études, mais c'est partir du principe que les mauvaises notes sont systématiquement le fruit d'un manque d'effort. C'est oublier que des fois, le problème est plutôt dans l'apprentissage prodigué ou dans les circonstances de vie pas faciles, donc des choses indépendantes de la volonté de l'étudiant.
Ça fait deux ans que Cooke sait qu'il a besoin de son diplôme pour aller en NCAA et que pendant ce temps sans pouvoir effectuer régulièrement des matchs, il perd des occasions de poursuivre son développement et il perd en expositions auprès des recruteurs. J'ai du mal à imaginer que le problème ici est un simple souci d'effort. À exiger de lui qu'il soit un bon petit élève, c'est peut-être une véritable carrière professionnelle enviable qui est en train de lui échapper. C'est un peu contre-productif, non ? Que répondent à cela ceux qui vilipendent cette tendance à voir des lycéens ignorer la case universitaire pour se présenter directement en NBA ?
Le seul angle de vue qui, à mes yeux, justifie de regarder cette tendance d'un mauvais œil, est celui des franchises de la ligue professionnelle. Pour une seule raison : c'est fichtrement plus difficile d'évaluer leurs niveaux et leurs potentiels que pour des prospects qui ont passé un peu de temps dans un championnat plus compétitif et plus consistant comme celui de la NCAA.
Je suis en effet là, à essayer de savoir si tout ce foin autour de LeBron James est fidèle à la réalité et je suis pour ça contraint de guetter les rares rencontres contre un lycée d'élite comme Oak Hill Academy pour essayer de deviner

ce qu'il donnera face à des adultes finis physiquement, mentalement et techniquement, et pas trop mal organisés collectivement. Et ça ne me suffit pas parce qu'il n'y a pas assez de ces matchs pour avoir des confirmations.

Les joueurs universitaires n'ont pas tous le niveau de la NBA (loin de là) mais ils en sont plus proches que les lycéens sur à peu près tous les points. Ils constituent mécaniquement un meilleur test pour éprouver la qualité d'un prospect et son éventuelle réussite chez les professionnels.

À côté de ça, il faut admettre que ce n'est pas non plus pour autant qu'un excellent joueur à cet échelon NCAA parviendra automatiquement à se faire une place dans la grande ligue, parce qu'il y a quand même un sérieux écart entre les deux compétitions. Dans tous les cas, les franchises NBA doivent faire une projection forcément un peu casse-gueule. Mais si extrapoler à partir de matchs universitaires est comme deviner ce que sera un film à partir de son story board crayonné, le faire à partir de matchs lycéens est comme deviner ce film avec un story board dessiné par un enfant de huit ans.

Tout ça, cependant, n'est le problème que des franchises NBA. Pas celui des lycéens.

La draft NBA 2002, justement, commence à instiller son arrivée dans les esprits. Le Los Angeles Times a sorti, le 17 mars, son habituelle draft fictive pour l'été à venir, produite par Mark Heisler qui est aidé de quatre dirigeants de la ligue professionnelle, ainsi que de David Benezza qui œuvre du côté de Recruiting USA et d'ESPN.com, et enfin de l'ancien entraîneur des Clippers de L.A. et des Nets de New Jersey, Don Casey.

La plume d'Heisler semble assez piquante envers les lycéens qui ne songent plus qu'à la NBA, et pourtant James est imaginé sélectionné en première position

(malgré l'année d'avance et la réglementation de la ligue que le journaliste n'oublie pas d'évoquer), devant Jason Williams, puis Yao Ming.
Heisley expose avec une certaine dose de scepticisme que James est « supposé combiner les meilleures parties de Kobe Bryant et de Magic Johnson ». Il ajoute ensuite « Non, vraiment », comme si le lecteur avait lâché à haute voix un joli « Arrêtes tes bêtises, Heisler ».
Je ne sais pas trop de quelles parties du jeu de Kobe Bryant il est question ici mais qu'importe. Les commentaires sur l'étudiant de St Vincent-St Mary que je lis depuis plusieurs mois maintenant sont effectivement suffisamment dithyrambiques pour que cette description ne soit pas complètement déplacée en terme de niveau de jeu projeté, à défaut de l'être sur la question du profil. D'ailleurs, un peu avant, Heisler rapporte que le dirigeant d'une équipe NBA de la conférence Est explique que « c'est ce qui est inhabituel [au sujet de l'engouement autour de James], il n'y a aucun désaccord parmi les gens qui l'ont vu jouer. Et pourtant, j'ai parlé à des personnalités de la NBA conservatrices qui detestent ce truc des lycéens [qui vont directement dans la ligue professionnelle, pas le concept de lycéen de manière générale, hein]. »
Ainsi, James serait tellement fort qu'il met tout le monde d'accord sur son compte, même le grincheux oncle, vieux de la vieille, qui clame partout que c'était mieux avant, que les jeunes d'aujourd'hui sont de larves mollassonnes et qu'à son époque, le gamin qu'il était travaillait à la mine et parvenait très bien à s'amuser avec un simple bout de bois. Impressionnant, pas vrai ?
Par curiosité, je regarde si cette draft fictive sélectionne d'autres lycéens. Le prochain est choisi pas plus tard qu'à la septième place. C'est Amare Stoudemire, 2,08 mètres et 108 kilos. Le commentaire énonce que certains lui voient

des capacités techniques acceptables, d'autres qu'ils n'en voient pas du tout, mais qu'un dirigeant NBA dit qu'il sera l'un des joueurs les plus durs de la ligue dès maintenant. Je ne sais toujours pas ce que « être dur » veut dire sans davantage de précisions et quand bien même, je ne suis pas sûr que cet élément suffise à faire d'un joueur une recrue si prisée. Mais bon, je vois passer le nom de Stoudemire depuis un moment, je ne doute pas que ce joueur a d'autres atouts dans sa manche.
Le suivant, douzième, est Kendrick Perkins qui, tiens donc, n'est qu'en troisième année de lycée, comme James. J'ai déjà vu son nom ailleurs, mais où ? Mû par une inspiration venant de derrière mon oreille, je reviens sur les sélections lycéennes du magazine Parade et m'aperçois qu'il est dans l'équipe Deux. Et par ailleurs qu'il y est noté à 2,11 mètres alors que le L.A. Times lui donne plutôt du 2,08 mètres. Et 118 kilos sur la balance.
Ce Kendrick Perkins est décrit comme ressemblant plus à Eddy Curry qu'à Shaquille O'Neal. Après avoir été drafté quatrième l'été dernier en sortant du lycée, Curry n'a eu droit qu'à un assez petit temps de jeu pour le moment, c'est donc difficile de le juger. Je suppose qu'on peut quand même déjà dire que le pivot de Chicago est un joueur qui garde généralement les pieds au sol et qui reste plutôt en place, tandis que le jeune O'Neal courait et sautait partout malgré un gabarit incroyablement imposant. D'un autre côté, O'Neal est un phénomène physique dépassant l'entendement. Un joueur extraordinaire parmi des joueurs déjà extraordinaires. On ne peut pas demander à avoir tout le temps des miracles de la sorte.
Plus aucun autre lycéen n'est ensuite fictivement drafté. Donc sauf à ce que James et Perkins parviennent à tordre le cou de la règle sur l'éligibilité des lycéens de troisième année à la NBA, il n'y aura que Stoudemire parmi les

adolescents sérieusement reluqués par la grande ligue. Je crois qu'on peut dire que l'invasion massive des lycéens attendra encore un peu.

Quelques semaines déroulent paisiblement leurs jours et le relatif silence autour de James me fait comprendre que le lycéen n'a pas fait état de velléités de se présenter à la draft 2002 et donc encore moins d'engager un bras de fer juridique avec la NBA pour pouvoir y être éligible.
Certains respirent un peu mieux en pensant à l'avenir de la ligue, d'autres fulminent de devoir encore attendre avant de pouvoir voir jouer ce phénomène à la télévision. D'autres encore supportent les Rockets de Houston qui viennent tout juste d'obtenir le premier choix de cette prochaine draft et se disent, un brin déçu, que cet adolescent qu'on appelle « l'Élu » aurait pu revêtir le maillot à fines rayures de la franchise texane si les choses avaient pris un chemin différent.
Je découvre aussi que je ne suis pas le seul à brûler d'envie de voir James affronter des basketteurs plus chevronnées que des lycéens puisque le Miami Herald rapporte, le 26 mai, que la franchise NBA des Cavaliers de Cleveland a tout simplement invité l'intéressé à une séance d'entraînement avec ses propres joueurs et sa palanquée d'entraîneurs.
Ben voyons, pourquoi se gêner.
Le quotidien floridien, répétant le journal The Cleveland Plain Dealer, relate que James a impressionné les joueurs et les coachs de la franchise NBA. Jumaine Jones, un ailier de 22 ans qui a participé à pratiquement toutes les rencontres de Cleveland cette année avec un solide temps de jeu (26,4 minutes en moyenne), a dit que James était le lycéen le plus développé qu'il avait jamais vu.

Apparemment, un ancien joueur de la ligue était aussi présent puisqu'on entend Willie Anderson (presque dix ans dans la ligue, principalement à San Antonio) avancer que James est le prochain Kobe Bryant mais qu'il a plus de puissance et de force qu'en avait l'actuel arrière des Lakers.
Ce n'était qu'un entraînement de hors saison (les Cavaliers, qui n'ont pas réussi à se qualifier pour les playoffs, ont joué leur dernier match un mois auparavant), probablement pas très relevé et à des kilomètres du niveau de compétitivité de la NBA. Mais j'aurai quand même bien voulu voir James essayer de déborder Willie Anderson, ses deux mètres des pieds à la tête et son cerveau d'un basketteur professionnel de 35 ans, ou encore essayer de lutter dans les airs avec l'athlétique Jumaine Jones (2,03 mètres) pour tenter d'inscrire un panier au cercle. Pareil pour la défense.
Je ne suis pas sûr que j'aurai appris des choses déterminantes mais ces informations auraient eu l'avantage d'être différentes de celles que j'ai habituellement. Elles auraient été des indices de plus et provenant d'un autre angle, à recouper avec les autres sur la tableau d'analyse que j'essaie de construire sur le niveau de jeu de ce joueur.
Je trouve l'article original du Cleveland Plain Dealer. Il est daté du 23 mai et apporte quelques détails supplémentaires, comme le fait que James a d'abord joué dans une équipe formée des invités (des NBAers sans contrat, des joueurs de l'université de Cleveland State et le fiston du coach -John Lucas Junior, actuellement freshman à la faculté de Baylor-) et qu'il a donc directement affronté certains membres des Cavaliers : Jumaine Jones, les très expérimentés arrières Bimbo Coles et Bryan Stith, et enfin les pivots de sept pieds Chris Mihm et DeSagana Diop. Le

DeSagana Diop que James avait déjà eu comme adversaire au lycée, lors d'un match face à Oak Hill Academy, il y a maintenant deux ans.

Ensuite, James est passé dans l'équipe de Cleveland pour y jouer meneur de jeu, ce qui dit plusieurs choses. D'abord que l'adolescent a été suffisamment impressionnant pour avoir cet honneur. Ensuite, que c'est effectivement au poste de meneur (ou du moins dans le rôle de porteur de balle principal de son équipe) qu'il est vu par un staff technique NBA comme le plus intéressant. Et enfin, qu'il ne semble a priori plus vraiment nécessaire de se demander s'il est assez bon manieur de ballon et passeur pour la ligue professionnelle, malgré sa grande taille. Il rejoint peut-être les raretés que sont Magic Johnson ou Anfernee Hardaway, sur ce point-là.

D'ailleurs, est-ce que des NBAers auraient accepté de voir un adolescent diriger le jeu de leur équipe si celui-ci ne les avait pas convaincus qu'il aurait pu le faire correctement ? J'en doute.

L'article décrit quelques actions d'éclat du joueur de St Vincent-St Mary mais la dernière chose qui retient mon attention est le commentaire d'un ancien assistant coach des Raptors de Toronto, Johnny Clark, présent ce jour-là : « James, c'est quelque chose. Plutôt que d'avoir l'air de ne pas être à sa place, ici avec des joueurs NBA, il semblait au contraire être l'un d'entre eux. Il s'est intégré immédiatement. »

Certes, les Coles, Stith et Mihm sont actuellement davantage en bas de l'échelle des joueurs NBA qu'en haut, et c'est vrai qu'ils n'ont probablement pas sorti leur meilleur jeu ni n'ont poussé leur levier d'énergie au maximum pour ce petit entraînement de fin de saison. Mais il s'agit néanmoins d'une opposition qui porte les couleurs de la plus forte ligue du monde. Ils en ont au moins le minimum requis dans les trois aspects du jeu (physique, technique et mental) simultanément.

Et James s'est montré à la hauteur face à eux, si l'on croit les déclarations. N'est-ce pas l'adversité la plus proche de la NBA que James ait jamais affronté jusqu'à présent ? Peut-être bien (au coude à coude avec la session organisée par Michael Jordan ?).

Mais quand-même, malgré tout, à quel point peut-on se fier à un match d'entraînement ?

Trois jours plus tard, j'éclate de rire en lisant le Miami Herald, encore lui. Le journal revient sur cette histoire d'entraînement pour signaler qu'à cause de ce dernier, les Cavaliers ont écopé d'une amende de 150 000 dollars, à quoi il faut ajouter les deux matchs de suspension infligés au coach, John Lucas. La NBA interdit en effet ses franchises d'avoir des contacts avec des joueurs qui ne sont pas encore éligibles à la draft.

Le journaliste, dont le nom n'est pas cité, s'agissant d'une production des services du réseau de presse auquel appartient le canard, rigole avec moi en commençant le papier en disant que James « a provoqué sa première faute NBA ». Il n'y aura pas de lancers francs dans ce cas mais Cleveland a purgé autrement son infraction. De son côté, James continue de rapporter de l'argent à d'autres que lui. Cette fois, c'est carrément la NBA qui bénéficie d'une recette inopinée.

Le 10 juin, je lis dans les brèves du Orlando Sentinel que James s'est cassé le poignet lors d'un match joué dans le cadre AAU (Amateur Athletic Union), cette organisation qui met en place des compétitions sportives en dehors du cadre scolaire. En tentant un dunk, James a été bousculé et il a atterri au sol sur son articulation. Il en a pour peut-être huit semaines de convalescence. Résultat, pas d'ABCD Camp pour lui ou tout autre événement de ce genre, cet

été.
Une grimace m'échappe. J'aurai bien voulu le voir affronter encore une fois quelques uns des meilleurs lycéens du pays, plus encore maintenant qu'il a une gigantesque cible dans le dos (et qu'il représente un immense faisceau d'exposition dont les joueurs qui seront avec ou contre lui pourront bénéficier, raison de plus pour jouer à fond). C'est toujours cette idée de multiplier les occurrences et de multiplier les contextes (à savoir ici, le fait que tout le monde risque d'être diablement motivé à faire bonne impression, et puis la pression médiatique probablement irrespirable pour James depuis la couverture « The Chosen One » de Sports Illustrated) pour « tester » le prodige ohioan. En recoupant tout ça, on peut s'approcher de la réalité et éloigner la part d'aléatoire qui existe dans les performances d'un joueur.
Mais tant pis pour cette fois. James était quand même dans les tribunes durant l'événement d'Adidas pour parler de son avenir et de la surenchère de gros contrats que se livrent Adidas et Nike pour le voir porter leur marque. Il ne pourra signer et percevoir les immenses sommes d'argent que lorsqu'il sera officiellement déclaré candidat à la draft (au plus tôt l'an prochain) donc il a le temps de faire monter les offres.
Celles-ci promettent d'être vraiment extraordinaires et tout le monde se doute bien que ça va participer à décider James à devenir professionnel après le lycée. Mais au bord des terrains de l'ABCD Camp, l'intéressé n'écarte pas l'éventualité d'aller en NCAA même si cela signifie que son contrat avec Nike et Adidas devra alors attendre encore un peu.
Il donne même des petits amuse-gueules pour nous ouvrir l'appétit en listant dans les colonnes de Rivalshoop.com ce 11 juillet, les universités qui accrochent son intérêt, à

chaque fois avec un petit commentaire. Ainsi, il dit que North Carolina a une grande tradition, que Duke n'est pas loin là-dessus et a aussi une superbe rivalité avec North Carolina. Louisville a un grand coach en la personne de Rick Pitino. Ohio State est juste après et il aime le style de jeu de Florida où les meilleurs joueurs ont du temps de jeu et les première année (freshmen) ont une chance de jouer s'il le mérite (bon, il ne parle pas du soleil et des plages).
Ces universités, la NCAA, Adidas et Nike, la NBA, les trente franchises de la ligue, les fans... C'est beaucoup de monde qui est suspendu à ses lèvres, attendant sa décision finale.

Avec son poignet cassé et la fin de la période estivale des diverses rencontres et événements basketballistiques réunissant des lycéens en dehors des institutions scolaires, LeBron James est sorti de mon champ de vision pendant plusieurs mois. Juillet, Août, Septembre et Octobre sont passés sans jamais me dire un mot à son sujet, à l'exception du témoignage d'un pauvre analyste de nbadraft.net en août qui illustre à la fois la difficulté matérielle d'évaluer des basketteurs lycéens et la particularité supplémentaire qui s'y ajoute quand le joueur en question est James.
Rappelant qu'aussi célèbre l'adolescent est-il, peu de monde ne l'a en réalité vraiment vu jouer (hormis via des clips vidéo d'une trentaine de secondes qui traînent sur internet) et puis que le basket lycéen reste en fait assez compliqué à suivre, Justin Young raconte ainsi la fois où il a cru pouvoir mettre la main sur les enregistrements de plusieurs matchs de St Vincent-St Mary, avant que son interlocuteur lui demande 200 dollars par vidéo. Flairant une arnaque, Young a refusé. Il explique ensuite que sa

longue quête pour obtenir des matchs complets de James n'a abouti qu'à l'obtention d'une seule et unique vidéo, et que celle-ci lui a demandé un paquet de temps et de suppliques pour pouvoir mettre la main dessus. Voilà donc la dure vie d'un analyste du basket des lycées.

Mais au moins, cette rencontre finalement décrochée n'était pas n'importe laquelle : il s'agissait du match contre l'Oak Hill Academy de Carmelo Anthony. Young confirme qu'il a vu en James un joueur qui peut scorer ou trouver un coéquipier ouvert quand il veut et qui (à l'instar d'Anthony, dit-il) est aussi complet que possible à ce niveau de jeu. Justin Young demande quand même de garder à l'esprit la réserve que les lycéens ne défendent pas beaucoup (et que James doit s'améliorer dans ce domaine justement). Mais qu'importe, pour lui, le joueur d'Akron devrait bien être choisi en première position de la draft NBA l'été prochain. D'ailleurs, il cite un top entraîneur universitaire affirmant que le jeune joueur se baladerait aussi en NCAA. Plus tard, quand j'ai à nouveau vu des articles fleurir sur James un peu partout, ce n'était pas vraiment pour parler du terrain. Le 8 novembre 2002, ESPN m'apprend que les matchs de St Vincent-St Mary seront télévisés et accessibles à une partie de l'Ohio, moyennant quatre à sept dollars par match. On monte d'un sérieux cran dans la médiatisation d'un lycéen déjà mis sur le devant de la scène comme peut-être personne avant lui. Je devine aussi que Justin Young sera particulièrement content.

Pour ma part, je grommelle de ne pas pouvoir regarder ces matchs mais d'un autre côté, cela me permettra peut-être de lire enfin des analyses approfondies de son jeu, appuyées sur le visionnage de plusieurs rencontres. Ça me changera du témoignages de ceux présents au bord du terrain qui racontent ce qu'ils ont vu comme ces

promeneurs de forêt interrogés par un journal télévisé parce qu'ils ont aperçu un cerf au pelage d'un noir d'encre.
Pour la bonne blague, le premier match de la saison de St Vincent-St Mary a dû être définitivement arrêté juste un peu avant la fin du second quart-temps en raison d'une panne d'électricité générale dans le quartier du lycée hôte, Wellston. Comme si la réalité avait ressenti le besoin de ramener tout le monde sur le plancher des vaches, notamment ceux qui veulent baigner la tête dans la rivière LeBron James et en aspirer autant d'eau que possible.
Évidemment, cet incident n'a pas vraiment ralenti les ardeurs puisque je m'aperçois le 2 décembre qu'ESPN, la colossale chaîne de télé sportive, prévoit de diffuser la rencontre de St Vincent-St Mary contre Oak Hill Academy (sans surprise) qui aura lieu dans dix jours. Il s'agira de la première fois qu'elle passera un match de saison régulière lycéenne (tout sport confondu) depuis 1989.
Le pays entier va pouvoir voir LeBron James jouer en direct, en chair, en os et en highlights. Après la double page dans SLAM et la couverture de Sports Illustrated, c'est un nouveau pallier de médiatisation qui est atteint. ESPN n'a pas l'ancienneté de Sports Illustrated, mais plus que le magazine, il est le média central du sport aux États-Unis. Après le papier, c'est l'image télévisée qui pose son gros œil sur James.
Ce n'est pas sans en inquiéter certains. Le Chicago Tribune (6 décembre 2002) rapporte que des accusations s'élèvent, notamment contre le lycée de St Vincent-St Mary, selon lesquelles l'établissement scolaire exploite son joueur vedette en se faisant un maximum d'argent sur son dos, emmenant les rencontres dans des salles plus grandes pour vendre plus de tickets et signant des contrats de diffusion télévisée. Le journal de l'Illinois relate également qu'ESPN est aussi visé pour le même motif

après l'annonce de la diffusion du match contre Oak Hill.
C'est surtout la pression supplémentaire que cela génère sur les épaules de l'adolescent de dix-sept ans, l'impossibilité pour lui d'avoir une vie normale et les risques de faire dérailler sa construction psychologique, qui sont pointés du doigt.
Sur le site d'ESPN lui-même, et alors que la rencontre face à Oak Hill était déjà programmée, Dan Patrick (article du 24 novembre) s'inquiétait déjà qu'un lycéen fasse l'objet d'autant d'attention. L'article du Chicago Tribune déjà mentionné, écrit par Barry Temkin, précise d'ailleurs qu'en réalité ce n'est pas dit que James soit réellement au-dessus des précédents lycéens phénomènes même si aucun d'eux n'a suscité autant de médiatisation et de vapeurs que lui.
Pour lui, cet engouement sans commune mesure est le fruit de l'époque, dans le sens où l'apparition de James comme un lycéen dominant coïncide avec l'essor de la technologie dans le domaine de la communication et plus particulièrement de l'essor d'internet. Ce qu'il veut dire, je pense, est que Kevin Garnett ou Darius Miles auraient pu être à la place du joueur d'Akron si le développement technologique avait frappé durant leurs années de lycée plutôt que durant celles de James.
Cette hypothèse est plausible. Elle est en l'occurrence contredite par les coachs et diverses personnes spécialisées qui l'ont vu jouer sur les bords des terrains, et qui ont aussi vu d'autres phénomènes adolescents, mais elle est plausible. Je suis cependant déçu que le journaliste n'apporte aucun élément exposant les doutes qu'il a sur la supériorité de James par rapport aux Kobe Bryant, Tyson Chandler et autres Jonathan Bender.
Michael Hunt, du Milwaukee Journal Sentinel, me donne également un faux-espoir en titrant son article du 8 décembre « Ne tombez pas dans la hype de LeBron

James ». J'étais persuadé qu'il allait livrer une analyse selon laquelle l'Élu n'est pas aussi fort que l'écrasante médiatisation autour de lui le laisse penser.
Non pas que je veuille que James soit moins fort qu'on le dit -au contraire, je suis comme tout le monde, rien ne ferait plus plaisir au spectateur que je suis que d'assister à l'émergence d'un joueur au talent historique- mais un titre comme celui-ci m'avait laissé un peu vite croire que le journaliste avait étudié le jeu de James et en avait conclu qu'il n'y avait pas tant à en faire tout un plat. Diantre, je pensais que j'allais avoir droit à une analyse approfondie de son jeu ! Peut-être que celle-ci n'aurait pas été bonne, mais j'aurai eu des éléments à ausculter.
Toutefois non, Hunt s'inquiète lui aussi pour le quotidien de James et demande au lecteur de ne pas « mordre » dans la hype pour éviter d'alimenter cette dernière, comme s'il s'agissait d'un monstre lové sur les épaules de l'adolescent qui s'engraisse et grossit sans prêter attention au risque d'écraser son hôte.
Loin de ce discours alarmiste, Dick Vitale écrit un papier enfiévré d'excitation à l'idée de commenter en direct le match de James contre Oak Hill Academy sur la seconde chaîne d'ESPN. Il énonce qu'il est plus curieux que jamais de voir James jouer et qu'il a fait ses recherches : les comptes rendus sur l'adolescent sont incroyables.
...Une seconde. Dick Vitale n'a jamais vu jouer James avant ? N'a jamais eu d'avis sur le joueur avant ? Mais... N'était-ce pas dans son classement des lycéens que James, sortant de son année freshman de lycée, avait été placé en cinquième position des (futurs) sophomores ? Le commentaire d'alors disait même que James était un « meneur de jeu de grande taille et athlétique, avec de sérieuses capacités techniques et un brillant premier pas ».
Étrange. Mais peut-être ne s'en souvient-il tout

simplement pas. Ou bien Vitale n'était qu'un prête-nom pour donner du crédit à l'analyse aux yeux du lecteur qui, suppose-t-on, voit dans le commentateur un expert du basket fiable. J'espère que c'est la première hypothèse qui est la bonne.

Je reviens sur le présent article du 10 décembre. Vitale évoque le battage médiatique, principalement pour en écarter les inquiétudes mais ce qui m'intéresse, c'est surtout qu'il rapporte qu'un tas d'entraîneurs de grandes facs de NCAA se fendent de louanges pour James, citant Rick Pitino de Louisville et Jim Boeheim de Syracuse. Matt Doherty, coach de North Carolina, avance que James est la chose la plus proche, au lycée, de Michael Jordan.

Ces entraîneurs ont un intérêt à reluire le poil de l'adolescent à travers les médias, histoire de gagner quelques points pour leurs universités respectives si jamais James choisissait finalement la NCAA. Plus encore Pitino et Doherty, dont les établissements ont été cités par l'akronien dans la liste des universités qui retenaient son attention. Ces avis ne sont donc pas forcément sans biais. Mais c'est quand même intéressant à ajouter à la besace.

Je passe la nuit du jeudi 12 au vendredi 13 décembre en m'énervant à penser qu'en ce moment, la plupart des américains sont devant leur télévision à enfin pouvoir regarder jouer ce jeune basketteur qui remue tout le monde et laisse imaginer un futur fabuleux.

Le sommeil a quand même fini par arriver, suivi par le matin du lendemain. J'ai aussitôt allumé mon ordinateur. Le site d'ESPN est envahi par LeBron James. Ce dernier a réussi son audition sur la scène nationale si l'on en croit la première phrase de l'article fourni au site par l'agence de presse américaine (Associated Press) : « James n'a pas voulu faire un one-man-show. Mais il en a quand même fait un ».

Le papier indique que le lycéen a montré qu'il est à la hauteur de l'incroyable engouement qui flambe tout autour de lui : « Maintenant, tout le monde sait. James n'est pas un mythe, la couverture brillante d'un magazine ou une légende urbaine. Il est bel et bien réel. »

L'article laisse aussi dire à Bill Walton, pivot légendaire des Portland Trailblazers et des Boston Celtics des années 70 et 80, désormais commentateur de matchs universitaires, que cette rencontre lui a ouvert les yeux sur le niveau de jeu de James. Walton explique qu'il avait déjà de grandes attentes quant au niveau de jeu de l'adolescent avant la rencontre et qu'il a terminé cette dernière plus impressionné encore qu'il pensait pouvoir l'être.

L'ancien NBAer cherche probablement à donner un bon mot à la presse. Parce que sinon je ne vois pas comment il peut être soufflé par ce joueur alors même qu'il a forcément eu vent au préalable des comparaisons avec Magic Johnson et Michael Jordan. Ou alors c'est que... Non, passons.

St Vincent-St Mary a battu Oak Hill Academy 65 contre 45. C'est la première victoire de James contre cet établissement souverain du royaume du basket lycéen. Et ce n'est pas vraiment une courte victoire.

James a manifestement survolé les débats. Je lis qu'il a marqué 32 points, gobé 13 rebonds et offert 6 passes décisives, le tout en 32 minutes. C'est une belle feuille de statistiques, dans la droite lignée de ce qu'il semble faire habituellement. Je fais toutefois une petite moue insatisfaite en voyant son adresse aux tirs. 12 tentatives réussies sur 25. Ce n'est pas mauvais mais ce n'est pas spécialement bon non plus. Est-ce que Walton n'a pas un peu exagéré ?

Qu'importe, ce match télévisé a délié les langues sur le jeu de James. Soudainement, je me retrouve avec tout un tas de commentaires et d'avis à éplucher, à confronter et à raccrocher à l'image du basketteur que j'ai à l'esprit sans avoir encore jamais pu le voir jouer.

C'est, sans surprise, son jeu de passe qui s'impose dans les bouches de tout le monde. Andy Katz, journaliste d'ESPN, commence son article en évoquant les « passes fouettées du poignet » de James qui font saliver les coachs et dirigeants de la NBA.

De son côté, l'Associated Press n'a pas pu s'empêcher de mentionner les passes aveugles du joueur de St Vincent-St Mary, mais c'est Katz qui revient à la charge avec une liste qui ressemble à celle qu'un entraîneur adresse au Père Noël : « [James] trouve ses coéquipiers dans les coins, coupant vers le panier et à travers le terrain, généralement sans qu'on les voit arriver. Il utilise des passes à rebond dans le dos de la défense. Il envoie des passes aveugles dans les espaces du terrain. Il a fait une passe traversant toute une zone par dessus la défense. Et quand il reçoit la balle dos au panier, il la redonne pour un tir à trois points. »

Dick Vitale se dit impressionné par cet aspect de son jeu, Charley Rosen (ancien entraîneur dans la ligue américaine mineure, la Continental Basketball Association, et auteur de nombreux livres sur le basket) le qualifie d'extraordinaire. Divers membres de staff de franchises NBA interrogés par le journaliste d'ESPN, Marc Stein, placent aussi un mot positif sur le sujet.

Mais revenons-en à la liste d'Andy Katz. Ce n'est qu'un match, donc un échantillon trop faible pour conclure que ce que James a fait à cette occasion représente ce qu'il peut faire à chaque rencontre. Cela n'empêche que voir le jeune joueur dérouler une panoplie de passes si larges face à ce qui se fait de mieux au niveau lycéen a de quoi me faire frissonner l'échine.

Katz ne décrit pas ces différents types de passe par hasard. Il s'agit en effet de passes d'un niveau un cran ou deux au-dessus des passes simples que peuvent faire la plupart des joueurs. Certaines d'entre elles demandent une compréhension du jeu et bonne vision (les passes pour un coéquipier dans le coin), du timing et de la précision (les passes dans la course des coéquipiers et dans les petits espaces quand ils coupent vers le panier ou à d'autres endroits du terrain), une certaine présence d'esprit au regard de la défense (les passes à rebond), un sens de l'anticipation et de la coordination (passes aveugles et passes passant par dessus la défense), de l'altruisme et de la simplicité (passes dos au panier).

Ces passes, tous les meneurs de jeu ne les ont pas dans leur répertoire, et pas seulement la passe traversant une zone du terrain par-dessus la défense pour laquelle il faut une grande taille.

Cela en dit déjà beaucoup sur le talent de James mais ce n'est pas juste de l'apparat. Dans un premier temps parce que la diversité des possibilités de passes génère de l'imprévisibilité (et qu'y a-t-il de plus compliqué à défendre que la multiplicité des possibilités ?). Ensuite, parce que la plupart de ces passes sont typiquement celles qui créent des tirs ouverts et donc faciles pour les coéquipiers. Ce sont des actions à forte valeur ajoutée.

Cette force à la passe de James rejoint plusieurs choses qui reviennent souvent depuis le temps que je suis du regard l'intéressé. Je retrouve aussi ces choses dans les commentaires d'après le match contre Oak Hill.

Je pense tout d'abord à cette faculté à rendre meilleurs les joueurs autour de lui (comme le disent Dick Vitale et un directeur de recrutement anonyme d'une franchise NBA de la conférence Ouest) qui se comprend bien ici : avoir des tirs faciles grâce aux excellentes passes de James aide effectivement à mettre des points plus efficacement qu'en temps normal.

Et puis je pense à son altruisme, souvent mis en avant et toujours avec un peu d'étonnement. Le recruteur (ou scout) anonyme d'une franchise de la conférence Est écouté par Marc Stein fait état de ce trait chez le lycéen tandis que Jack Ramsay, entraîneur mythique de la NBA qui a remporté le titre en 1977 avec Portland et présentement analyste pour ESPN (j'avais bien dit que James occupait tous les esprits de la chaîne de télé), avance que le joueur de St Vincent-St Mary pense avant tout à l'équipe et qu'il cherche davantage à impliquer ses coéquipiers qu'à tenter de trouver un tir pour lui-même.

Dans cette ligne droite qui ne m'apporte rien de nouveau si ce n'est des confirmations, les commentaires élargissent sur ses compétences de meneur de jeu, lesquelles ne sont pas qu'une question de capacité à faire des passes. Notre recruteur de la conférence Est énonce d'un ton approbateur que le lycéen a montré durant ce match comment il gérait une équipe. « Il fait preuve de patience, ce qui est inhabituel pour quelqu'un de 17 ans » ajoute Ramsay, qui apprécie également le voir ne pas monopoliser le ballon.

Sur ce dernier point, il est vrai que c'est souvent une tare qu'on retrouve chez les porteurs de balle talentueux, comme on l'a un peu vu avec Lenny Cooke. C'est, il est vrai, assez rare d'observer quelqu'un d'aussi dominateur que James éviter cet écueil dans lequel il est très facile de tomber quand on a l'impression de pouvoir faire la différence à chaque fois qu'on a la balle.

Mais c'est ça, il « joue de la bonne façon », nous dit le directeur de recrutement de la conférence Ouest. Vitale est également impressionné par sa compréhension du

« comment il faut jouer ». Ramsay parle de son sens du jeu mais plus précisément, il décrit voir un bel équilibre dans le jeu de James entre prendre les actions que la défense lui « donne » et choisir plutôt de créer des opportunités pour ses coéquipiers ou lui, malgré la disposition de la défense.

J'aime beaucoup ce dernier élément chez un joueur. Une défense ne peut pas couvrir toutes les zones d'attaque du terrain et laisse forcément des opportunités de tirer. Parfois c'est suite à une erreur ; parfois c'est à cause d'une faiblesse incontournable (le manque de vitesse ou le manque habituel d'attention d'un des défenseurs, par exemple). Et le reste du temps c'est contraint et forcé parce que, comme dit, la surface à défendre est trop grande pour en protéger l'entièreté, même en se contentant de la moitié du terrain (personne n'est assez adroit pour marquer régulièrement du milieu du terrain, pas vrai ?). Il y a des zones que les défenses sont plus ou moins obligées de délaisser un peu.

Les joueurs intelligents arrivent à déceler ces failles et savent quels types d'actions permettent de les exploiter. C'est ce qu'on entend par « le joueur prend ce que lui donne la défense ». On aime ces joueurs parce que mécaniquement, tirer profit des points faibles adverses ou des zones laissées avec une protection moindre est censé augmenter les chances de marquer un panier. James est donc de ceux-là, d'après Ramsay.

Un tel joueur rencontre toutefois une limite. Il peut arriver que la faille laissée par l'adversaire correspond à une action offensive que le joueur (ou l'équipe) ne maîtrise que mal. Le joueur au gros cerveau aura beau cerner que la défense est un peu faiblarde quand il s'agit de contester des tirs au cercle, il ne pourra pas en faire grand chose si lui-même (ou ses coéquipiers) n'est pas très bon pour

parvenir jusqu'au cercle ou bien pas très adroit quand il est dans cette zone.
Là, le joueur est un peu coincé. Soit il joue plutôt sur un de ses points forts (ou un de ceux de son équipe) mais il va faire face à une défense bien préparée face à ce qu'il mijote. Soit il tente d'exploiter la faiblesse mais en allant à la bataille avec un bâton de bois plutôt qu'une épée. C'est soit point fort contre point fort, soit point faible contre point faible.
D'ailleurs, certaines défenses, quitte à être obligées de devoir laisser des zones moins bien couvertes, choisissent expressément celles qui coïncident avec un élément inoffensif de l'adversaire. Dans ces situations, la faille défensive aperçue n'est pas si intéressante que ça à exploiter.
Un peu à l'opposé de ce spectre, il y a des joueurs pour qui ce problème ne se pose jamais vraiment. Ce sont des joueurs qui ont la capacité de créer des situations de tirs à bonnes chances de réussite (pour eux ou autrui) qu'importe la défense qu'il y a en face. Percevoir les failles, ils s'en foutent car ils n'en ont pas vraiment besoin. Cependant, comme on le comprend bien, cette faculté n'existe que pour les plus talentueux des basketteurs.
Et même parmi eux, il y en a qui ne sont peut-être pas suffisamment bons à ce petit jeu-là pour que ça vaille le coup de les laisser faire un acte d'héroïsme à chaque possession. Par nature, ces actions sont difficiles et donc la réussite n'est peut-être pas autant au rendez-vous qu'en faisant autre chose qu'aller chercher ce tir aux forceps.
Sans parler que créer un tir à partir de rien et envers et contre tout, est très énergivore et qu'au fur et à mesure de l'enchaînement de ces moments de bravoure, les défenses emmagasinent de l'expérience jusqu'à améliorer leur propension à gêner sérieusement le héros. Bref, ce qui est

dur devient souvent encore plus dur au fur et à mesure que le match avance. Là aussi, la méthode se heurte à des problèmes.
Comme systématiquement dans le sport, il n'existe pas de voie absolue. Chacune des deux façons de faire a ses limites et ses parades. Mais s'agissant de deux angles d'attaque assez différents, être capable de faire les deux devient forcément particulièrement utile. Et selon Jack Ramsay, c'est le cas James (certes, seulement au niveau lycéen pour le moment ; parvenir à la même chose dans le contexte professionnel est une autre histoire).
Plus encore, cette capacité de variance apporte de l'imprévisibilité. Encore de l'imprévisibilité qui s'ajoute à celle liée à la multiplicité de ses passes et -même si ce n'est pas encore ressorti dans les papiers de ce matin mais que je connais à force de suivre James- à sa capacité à alterner entre la passe et son propre scoring.
Par rapport à cette faculté à laisser le jeu venir à lui et aussi à invoquer un bon tir à partir de rien, il y a cependant même là, une difficulté : savoir quand faire l'un et quand faire l'autre. Ce n'est pas aisé en réalité. Non, Ramsay ne dit pas que l'akronien fait systématiquement le bon choix. James n'est pas encore fort à ce point, devine-t-on. Ramsay dit seulement que l'intéressé dispense l'un ou l'autre de façon équilibrée. A défaut d'être la chose optimale, c'est tout de même positif.
Les qualités physiques de James en mettent également plein les yeux à tout le monde. Sa grande taille est mise en avant, fixée manifestement à 2,03m, suffisante pour jouer petit ailier (en NBA, je comprends), dit le directeur de recrutement à Marc Stein. Celui-ci semble même dire que James est physiquement prêt pour la grande ligue avec -au-delà de la taille- de la puissance, évoquant ses 102 kilos. Ramsey parle aussi de cette puissance et

l'Associated Press a noté ses « bras musculeux » (remarqués à cause des patchs que le joueur a dû se coller sur les bras pour couvrir ses tatouages à la télévision).
D'autres voix se joignent pour reconnaître ses qualités physiques et athlétiques (Charley Rosen, le dirigeant anonyme d'une franchise NBA de la conférence Est). Je retiens aussi son agilité, mentionnée par Ramsay.

Toutes ces voix se cumulent et s'agglomèrent autour du consensus selon lequel LeBron James est bien un basketteur défiant la réalité d'un adolescent seulement âgé de dix-sept ans. Ceux qui voulaient le voir de leurs yeux reconnaissent désormais que pour cette fois, le battage médiatique et l'emballement des fans ne sont pas trompeurs.
Oui mais encore. Qu'en est-il du reste ? Ils disent tout ce qui fait de lui un joueur si fort mais qu'en est-il des autres secteurs du jeu ? Il n'a aucune faiblesse, me répond le recruteur de l'équipe NBA de la conférence Est d'un ton tranchant. Un autre recruteur anonyme de la même conférence (interrogé par Andy Katz, cette fois) s'excuse presque en répondant au journaliste que c'est dur d'être critique à propos de James. « C'est comme chercher un grain de beauté sur le visage de Miss America », lâche-t-il un peu bêtement.
Cependant, c'est là, sur les défauts ou limites du jeune akronien, que les avis se désolidarisent. Différents camps se forment et aiguisent leurs évaluations. Sans remettre en cause la brillance jamais vue de ce joueur, certains d'entre eux contredisent la vision sans tâche de nos deux recruteurs et évoquent des choses moins reluisantes. Avec divers degrés de gravité.
Andy Katz, après avoir retranscrit la réponse du recruteur

qui ne semble pas apprécier les grains de beauté, nuance lui-même en avançant que la seule imperfection de James, est son shoot. Contre Oak Hill, dit le journaliste, James n'a réussi que deux tirs à distance sur dix (les deux réussis étant des trois points).

Ce n'est effectivement pas très aguicheur. Mais sur un seul match, ça ne dit pas grand chose. Avoir des mauvais soirs aux tirs, ça arrive même aux shooteurs les plus adroits. J'ai déjà vu Larry Bird finir une rencontre en n'ayant rentré que cinq de ses dix-sept tirs l'année même où il a obtenu son troisième trophée de meilleur joueur de l'année. Michael Jordan a un jour affiché un bien moche 6 sur 19 la saison où Chicago a remporté son troisième titre consécutif.

Ce n'est que si James fait régulièrement des chiffres aussi mauvais qu'on peut s'inquiéter de sa capacité à marquer de loin avec efficacité. Je note que prendre dix shoots à distance sur ses vingt-cinq en tout, laisse penser qu'il a suffisamment confiance dans son tir pour en tenter autant.

À partir de là, on peut esquisser deux hypothèses : soit il tire autant à distance parce qu'en général, il les rentre suffisamment souvent et auquel cas c'était juste un mauvais soir ; soit il tire autant à distance alors même qu'il n'y est pas spécialement bon parce qu'il n'a pas le recul nécessaire sur lui-même pour se rendre compte qu'il n'y est pas bon.

Savoir dans quel cas on se trouve est facile en théorie. Il suffit de regarder un paquet d'autres matchs, de noter si c'est habituel qu'il prenne autant de shoots de loin et enfin de calculer son adresse en tout. S'il ressort de ces visionnages scrupuleusement annotés que James a effectivement tendance à prendre beaucoup de ces tirs, son pourcentage de réussite indiquera s'il est effectivement un bon shooteur ou s'il croit l'être mais ne l'est pas. Mon problème étant que je n'ai pas accès à ce paquet d'autres rencontres pour trancher la question. Pétard.

La plupart des personnes interrogées se montrent rassurantes. « Si vous voulez trouver une faiblesse dans son jeu », commence le directeur du recrutement devant le calepin de Marc Stein, « c'est le shoot. Mais il n'y est pas horrible. C'est un domaine sur lequel il doit travailler » (voilà tout, semble-t-il presque terminer avec un haussement d'épaule).

Le dirigeant de la franchise de la conférence Ouest balaye lui aussi les inquiétudes : « J'entends les gens dire que le shoot est son point faible. C'est plutôt son point le plus faible », corrige-t-il pour indiquer que si c'est dans cet aspect de son jeu que James est le moins bon, ce n'est pas pour autant que cet élément est véritablement faible. Il précise : « Il est probablement un shooteur dans la moyenne, mais si tu regardes Michael Jordan quand il est arrivé en NBA, il était un shooteur très moyen. Kobe Bryant était probablement un shooteur moyen aussi, quand il était dans sa première année dans la grande ligue. »

Je n'aime pas trop ces « probablement » lancés à tort et à travers. Comment ça, il ne sait pas exactement quel était le niveau dans le tir à distance de Jordan et Bryant lors de leurs débuts ? Contrairement à James, il n'était pas difficile de se mettre devant les matchs télévisés de ces deux joueurs et c'est son boulot de connaître parfaitement les joueurs de la ligue, en tant qu'adversaires ou en vue d'un éventuel recrutement.

Même sans passer ses heures de travail à regarder des rencontres, il suffit de soulever une pierre pour avoir les statistiques des intéressés maintenant qu'Internet existe (et je ne crois pas que les franchises de la ligue -qui filent des contrats à plusieurs millions de dollars- aient un forfait d'heures de connexion aussi réduit que le mien). Je reconnais que ces chiffres trouvables sur le web ne font pas apparaître le nombre de tirs à distance à deux points (dits « tirs à mi-distance », et ça serait fichtrement bien qu'on puisse les avoir un jour). Ils affichent cependant ces données pour les tirs à trois points et pour les lancers francs. Ces éléments ne décrivent pas un tableau complet de la qualité d'un shooteur mais ce sont, à défaut de mieux, de solides indicateurs.

Le Bryant débarquant en NBA avec son maillot des Lakers tout neuf prenait presque deux tirs à trois points par match en dépit de ses quinze petites minutes de temps de jeu, et affichait un assez bon 37,5% de réussite. En y ajoutant ses excellents 81,9% de lancers francs convertis en points, on est face à un bon shooteur j'ai envie de dire.

Le Michael Jordan rookie, lui, ne prenait pratiquement pas de tirs derrière la ligne à 7,23m (0,6 par rencontre en 38,3 minutes) et son adresse était à coucher dehors (17,3%). Mais il était fort aux lancers avec 84,5% de réussite sur l'immense nombre de 9,1 tentatives par match, ce volume rendant d'autant plus impressionnant son pourcentage. Avec ces deux indicateurs pratiquement opposés, j'aurai besoin de ces statistiques à mi-distance pour pouvoir trancher sur son niveau au shoot. Tant pis.

Ma curiosité n'est qu'en partie assouvie mais qu'importe, ce n'était pas le sujet. Le sujet était, pourquoi ce dirigeant se livre à des comparaisons avec Jordan et Bryant alors qu'il n'est pas sûr de ce que valent exactement ces deux joueurs dans le domaine discuté ? Ça me dépasse. Il poursuit en disant que James a une suffisamment bonne technique de tir pour qu'il ne s'inquiète pas de son adresse à distance pour le moment. Mais je n'ai pas très envie de prêter l'oreille à ce qu'il dit désormais.

Le directeur de recrutement de la franchise se bataillant dans la conférence Est de la NBA va néanmoins dans le

même sens, expliquant qu'il n'est lui aussi pas inquiet à ce sujet car James a un bon relâché de balle (rejoignant l'idée que sa technique de tir n'est pas complètement à jeter et laisse penser qu'il n'y a pas de blocage structurel à une progression future) et qu'il travaille dessus. Un autre directeur de recrutement dit sensiblement la même chose.
Ainsi, le prodigieux élève du lycéen d'Akron n'est pas un shooteur de haut standing mais il n'y a pas de quoi s'agiter et il devrait pouvoir progresser. On peut se rendormir sur nos deux oreilles. Avant d'être soudainement réveillé par Charley Rosen qui débarque dans la chambre en tapant sur des casseroles comme un messager de l'apocalypse.
En tordant ses lèvres de manière dédaigneuse, il vilipende le shoot de James, semblant même y voir une limite que l'adolescent se prendra dans les dents chez les professionnels.
Écoutez plutôt : « Oui, LeBron peut dunker, mais où est le shoot ? En NBA, James aura besoin d'être un shooteur efficace. Le problème ici est que son relâché est un poil bas [ah, petite différence d'appréciation avec le directeur de recrutement de l'Est]. Il y a aussi que James part un peu en arrière quand il tire. Le résultat est qu'il tient la balle trop longtemps [dans la gestuelle de son tir] et il aura des difficultés dans les espaces étriqués. Et que dire de son faible pourcentage de réussite (40%) ? Il n'a pas mis un shoot à distance jusqu'à la fin du troisième quart-temps et avec cette première réussite, il s'est frappé le torse de son poing. Il a répété cette ridicule routine quand il a rentré son seul autre shoot de loin, en début du quatrième quart-temps (Cet acte de se cogner la poitrine est supposé démontrer à quel point il a du cœur). Cependant, je n'ai pas vu la moindre célébration quand il a fait signe à ses coéquipiers de manière arrogante de s'écarter de son chemin et tenté un tir qui n'a rien touché d'autre que de

l'air. »

On le comprend bien à son ton vindicatif, Rosen est un peu énervé contre l'adolescent. Plus particulièrement, c'est son attitude qui le fait bouillir. Non sans reconnaître que celle-ci est aussi le fruit de toute cette médiatisation et que James en est autant le bénéficiaire que la victime, il voit en l'intéressé un adolescent écervelé. Il fustige son habitude de parler de lui-même à la troisième personne comme un monarque (ah oui, il fait ça ?), citant même en exemple une parole de l'akronien qu'on peut probablement qualifier de plus bel oxymore que j'ai jamais vu : « LeBron reste humble juste en étant LeBron ». Si James a fait cette réponse à une question (qu'on devine bien) en employant le second degré, je lui donnerai des plateaux de points en plus pour son sens de l'humour. Mais si ce n'est pas du second degré...

Rosen poursuit sa liste des choses qui le mettent en rogne en mentionnant que James se qualifie également de super héros et qu'il se nomme lui-même « Basketball Man ». Pire, enchaîne l'analyste, après un dunk sur un adversaire, il est susceptible de crier « King James ! ». Arrogant et narcissique sont les adjectifs que Rosen glisse explicitement ou non tout au long de son papier.

Ce genre de comportement est en effet assez pénible. Mais à quel point celui-ci affecte-t-il son jeu ? L'arrogance est généralement l'enfant du talent, donc on pourrait presque dire que ce trait de caractère est davantage un indicateur de la qualité du joueur qu'une inquiétude susceptible de se mettre en travers de sa carrière. Larry Bird et Michael Jordan en sont d'ailleurs des brillants exemples. Certaines de leurs phrases gonflées de ce jus sont même restées dans l'Histoire, perpétuellement rappelées par le public avec un sourire béat sur le visage. Donc parfois, l'arrogance est au contraire plutôt appréciée si le sujet de la discussion se montre à la hauteur de sa grande bouche.

Il arrive cependant aussi que le niveau de jeu d'un individu ne soit pas à la hauteur de son arrogance. Mais sur le terrain, le seul cas où la chose est véritablement problématique, a priori, est quand ce sentiment de supériorité fait croire au joueur qu'il peut entreprendre régulièrement telle ou telle action alors qu'il ne la maîtrise pas suffisamment bien. Il va donc plus de fois que de raison tenter cette action à faible efficacité alors qu'il y a mieux à faire.

Mais dans ce cas, l'analyse basketballistique ne pointera pas l'arrogance mais le manque discernement. Parfois plus précisément, on parlera de mauvaise sélection de tirs, de mauvaise sélection de passes ou encore de propension à perdre des ballons. L'arrogance en est peut-être la cause, mais le défaut en lui-même est cette tendance à faire les mauvais choix. Pour James, ce manque de discernement n'a jamais été évoqué. Au contraire, le jeune joueur est plutôt mis en avant pour son intelligence de jeu et parce qu'il « joue comme il faut ».

Dans l'article de Rosen, l'épisode décrit par l'analyste dans lequel James ordonne à ses coéquipiers de s'écarter pour qu'il puisse prendre un tir à distance qui ne touchera finalement même pas le cercle, peut être considéré comme un tir qu'il n'aurait pas dû prendre. Le fait qu'il ait tenté dix shoots de loin et en ait rentré que deux pourrait être une illustration d'une éventuelle mauvaise sélection de tirs, possiblement poussée à l'arrière-train par cette arrogance.

Cependant, il faudrait que cela arrive bien plus souvent et durant la grande majorité des matchs pour qu'on puisse estimer que James est touché par ce défaut. Parce qu'à peu près tous les joueurs prennent des mauvais tirs ou font des passes non pertinentes de temps en temps.

Pour James, comme pour la question du shoot un peu avant, l'inaccessibilité à ses feuilles de statistiques (ou mieux encore, à ses matchs) m'empêche de me faire une idée sur cet éventuel manque de discernement. Toutefois, je suis à peu près sûr que cela aurait été largement évoqué par les commentateurs. Le choix de prendre ce tir ou non, de faire cette passe ou non, est central dans le basket. On pourrait presque réduire ce sport à ça. Alors on pense bien qu'être bon ou pas à ce petit jeu est déterminant dans l'évaluation d'un joueur.

James est le jeune basketteur le plus médiatisé depuis des lustres, pour ne pas dire depuis toujours (dans un article sur ESPN -encore et toujours- Sam Smith, le célèbre journaliste qui a suivi les Bulls de Michael Jordan et qui a écrit le livre « The Jordan Rules », titre que l'engouement autour du basketteur d'Akron n'est pas à la hauteur de celle du jeune Lew Alcindor, futur Kareem Abdul-Jabbar, même s'il ne le démontre pas vraiment dans les lignes qui suivent). Peut-on imaginer que les observateurs aient simplement oublié de parler de cet éventuel défaut ? Non, évidemment.

Donc ici, l'arrogance de James n'est manifestement qu'un caractère complètement extérieur au terrain. Ce qui fait que je m'en fiche un peu finalement.

À la réflexion, l'arrogance de James peut malgré tout laisser craindre un problème, mais plutôt pour le futur. L'arrogance peut rendre aveugle, au point parfois qu'un joueur qui passe dans un championnat un peu trop relevé pour lui, ne se rende pas compte (ou n'accepte pas) qu'il n'est pas tout à fait au niveau et qu'il doit progresser.

Cela pourrait être quelque chose à surveiller mais comme c'est le cas pour la plupart des joueurs qui dominent dans leur petit environnement. Et puis ce n'est pas parce qu'un joueur indubitablement au-dessus du lot dans le dit environnement est arrogant à cet instant où il est effectivement meilleur que les autres, qu'il ne va pas réussir à percevoir que le niveau supérieur est une autre paire de manches. Ce n'est que le jour venu que cela pourra être observé. Et quand bien même, cet aveuglement n'est parfois l'histoire que de quelques mois. Bref, il ne sert à rien de se faire un sang d'encre à ce sujet pour l'instant.

J'y pense aussi, il y a un risque plus actuel pour James, celui de le voir, du haut de sa tour d'arrogance, se reposer sur ses lauriers, de croire qu'il n'est plus nécessaire de s'améliorer parce que ça y est, il est suffisamment bon ou que son immense et boursouflé talent suffira à lui seul pour dominer toute rencontre. Son niveau de jeu risquerait alors de stagner.

Chose pas si grave si le bonhomme est d'ores et déjà un assez un fort joueur NBA, diront certains (bien que ce soit dommage). Sauf que de la stagnation à la régression, il n'y a qu'un maigre pas très, très facile à franchir. Il suffit de ne rien faire.

J'ai la tentation de dire que cela ne devrait pas arriver car d'après le directeur de recrutement de la conférence Ouest interrogé par Marc Stein, James joue à fond et travaille dur (contrairement, dit-il, au Tracy McGrady lycéen qui pouvait parfois passer des matchs comme s'il était en croisière. Ouch, pauvre McGrady qui est tranquillement en train de faire sa vie de meilleur scoreur du Magic d'Orlando et qui se prend un dommage collatéral).

Quelqu'un qui travaille dur alors même qu'il survole sa compétition ne semble en effet pas être du genre à un jour poser définitivement ses pieds en éventail sur la table, une boisson fraîche à la main. Pourtant en réalité, les gens peuvent changer sur ce point avec l'âge et les circonstances de vie. On n'a pas forcément la même

énergie à 27 ans qu'à 17, la passion du basket peut rapidement s'émousser avec le temps, la vie de luxe des basketteurs professionnels peut assez rapidement donner envie d'accorder plus de temps à l'activité de se la couler douce, etc, etc.
Et puis au-delà de ça, comment le directeur de recrutement sait-il que James a une grande éthique de travail ? Comment mesure-t-on cela ? Il a peut-être entendu un coach du lycée St Vincent-St Mary dire que James faisait des heures supplémentaires à l'entraînement, mais je n'en sais rien.
Et quand bien même, les entraîneurs disent rarement que leurs joueurs ne bossent pas assez ou pas plus que la normale. Parce que le dit joueur pourrait prendre mal le fait que cela soit dit en public et parce que cela ternirait également sa propre image de coach car, et bien c'est son boulot d'inculquer des valeurs de performances et d'éthique de travail à ses ouailles, plus encore quand elles sont des adolescents en plein apprentissage de la vie.
Ma mémoire me rappelle soudainement un truc qui va faire plaisir à McGrady. Il y a un an peut-être, je me souviens avoir lu dans le Miami Herald (ou le Chicago Tribune ?) que James pouvait parfois perdre son intérêt pour le match et se la couler douce. Comme le lycéen McGrady donc et contrairement à ce que dit le directeur de recrutement d'une franchise NBA de la conférence Ouest. Qui a tort, qui a raison entre les deux voix, je n'en sais rien. Aucune autre personne ne s'est prononcée sur le sujet, si je ne me trompe pas. Alors dans le doute, on laissera un point d'interrogation sur cette question et on se fendra d'une minute de silence pour McGrady, dont le passé a été injustement exhumé.
Cette arrogance de James n'est pas évoquée par les autres personnes qui se sont exprimées après le match télévisé

contre Oak Hill Academy. Ils évoquent d'autres éléments de comportements, et de façon très positive cette fois-ci.
Andy Katz met en exergue la qualité de chef de troupe de James en relatant que l'adolescent a calmé ses coéquipiers lors d'un temps mort de fin de match pour s'assurer qu'ils ne célèbrent pas la victoire trop tôt contre une équipe aussi dangereuse. Il raconte aussi ce moment où James a harangué la foule pour que celle-ci hurle son énergie dans les voiles de St Vincent-St Mary en pleine remontée au score. Deux seuls actes de ce genre ne suffisent pas à décréter que James est un bon meneur d'homme mais il faut reconnaître que ces exemples ont une bonne tête.
Le journaliste d'ESPN semble aussi impressionné par sa manière de gérer son statut de vedette malgré ses dix-sept ans, notant qu'il s'est comme à son habitude montré détendue sur l'estrade devant cinquante journalistes et pratiquement une douzaine de caméras. De son côté, le directeur de recrutement qui avait envoyé une balle perdue dans le veston de McGrady énonce que James gère incroyablement bien toute l'attention qu'il y a autour de lui
On n'est pas dans la tête de ce garçon qui a toute la planète de la balle orange sur le dos mais finalement, si l'effet le plus négatif que cela a sur lui est qu'il parle de lui à la troisième personne, peut-être qu'on peut dire qu'il s'en sort pas si mal. Espérons qu'il tienne jusqu'au bout.

Charley Rosen a encore toutefois d'autres critiques fumantes dans la bouche. Après le tir à distance, c'est sur l'aspect défensif du jeu du jeune prodige d'Akron que l'analyste tape un grand coup. Je m'écarte d'un pas pour le laisser parler et éviter de me faire roussir le poil.
« Mais sa défense est atroce. Sa posture défensive de base

est beaucoup trop droite. Quand il défend un joueur extérieur, ses mains sont dans ses poches [pas littéralement, hein]. Lorsque son équipe a tenté de presser l'adversaire sur tout le terrain, un des arrières d'Oak Hill lui a fait mordre la poussière. Il cherche toujours la solution de facilité, ne faisant que des attaques superficielles sur la balle et parie qu'il réussira l'interception sur toutes les « entry pass » [les passes de l'extérieur vers un joueur situé, à l'intérieur, dos au panier]. Son passage de la phase d'attaque à la phase de défense est honteuse. Au lieu de revenir en arrière comme un fou, il s'attarde près de la balle [désormais dans les mains de l'adversaire] en espérant pouvoir l'intercepter. Sa défense au poste bas [quand l'attaquant à la balle dos au panier et à proximité de la raquette, et qu'en général il essaie de s'approcher du cercle en reculant et en repoussant le défenseur] offre moins de résistance qu'une douce brise d'été. En bref, LeBron James ne peut pas défendre sa propre ombre. »

Ça pique un peu. Surtout la conclusion qui est généralement réservée aux défenseurs les plus catastrophiques.

Si James ne défend pas vraiment avec les mains dans les poches (les shorts de basket n'en ont pas de toute façon), le fait de ne pas avoir les mains actives est effectivement une mauvaise habitude (voilà d'ailleurs un exemple d'habitudes qu'on peut qualifier de « fondamentaux »). Avoir les paluches qui suivent le ballon pour saisir une ouverture laissée par l'adversaire ou forcer celui-ci à faire très attention (occupant une partie de sa concentration et restreignant sa liberté de mouvement et d'action), ou encore avoir les bras écartés pour occuper plus d'espace, ne suffit pas à être un bon défenseur mais ce sont des petits plus qui participent à gêner l'attaquant.

Ces petites choses sont des réflexes à prendre et elles sont typiquement le genre de subtilités et de savoir-faire qui manquent aux jeunes joueurs. Cela dit, bien plus de professionnels qu'on ne le pense n'ont pas ces mains actives, y compris des vétérans rompus aux batailles de la NBA. On peut même être un solide défenseur sans ça. Mais bon, ce n'est pas une habitude compliquée à développer, ils pourraient faire un effort.

La posture défensive rentre dans la même discussion. Je devine que Rosen aurait voulu voir James les genoux un peu plus pliés pour être un peu plus réactif et vif si l'adversaire tente un débordement. Là aussi c'est une question de savoir-faire dont la mise en œuvre est à rendre automatique. Je dirais même, à se l'intégrer si profondément dans les muscles qu'on le fait sans s'en rendre compte. James a encore le temps de se forger ces bonnes habitudes (mais le fera-t-il ?).

Je crois me souvenir que Terry Pluto de l'Akron Beacon Journal avait déjà pointé cette faiblesse chez l'adolescent il y a assez longtemps maintenant (« Son savoir-faire dans la défense sur l'adversaire direct a besoin de travail »).

Notons qu'avoir en permanence les mains actives et une posture défensive basse n'est pas sans coûter de l'énergie. Dès lors, les basketteurs moins intéressés par la défense que par l'attaque peuvent avoir tendance à se passer de ces petits gestes pour s'économiser en vue d'être plus performant de l'autre côté du terrain. Ou par simple manque d'envie tout simplement.

Cette recherche d'économie ou ce désintérêt pour la défense semble se percevoir dans les autres commentaires négatifs de Rosen sur la défense de James, comme sa mollesse sur la balle, son manque de repli défensif (Rosen affirme même à autre endroit de son article que « James ne s'embête pas à revenir en défense ») et son peu d'effort au poste bas pour empêcher l'attaquant de s'approcher du panier (alors même que James est décrit comme grand et costaud, Rosen dit d'ailleurs que pour l'instant, James est un homme parmi des enfants).

Sans être dans la tête de l'akronien, il est impossible de savoir s'il s'agit d'une stratégie d'économie ou d'un dédain pour les tâches ingrates du basket. Dans le premier cas, on pourrait presque avancer qu'il n'est pas si bête de garder son énergie pour des domaines où James est un plus grand facteur de victoire. On sait que James est plus ou moins le dépositaire de l'attaque de St Vincent-St Mary, créant les opportunités de tirs pour ses coéquipiers et lui. Probablement qu'une once d'énergie dépensée dans ce rôle apporte plus à son équipe qu'une once dépensée en défense.

Cependant ce calcul pourrait sembler pertinent pour les mains actives, la posture et peut-être la défense au poste bas (les tirs dos au panier restent difficiles même à proximité du panier, les défendre avec une moitié d'énergie peut parfois suffire). Mais beaucoup moins pour le repli défensif. La transition de l'attaque à la défense laisse généralement plein d'espaces pour l'équipe nouvellement détentrice de la balle et donne souvent de bonnes chances de marquer. Même avec quatre joueurs sur cinq qui se replient à la vitesse de la lumière, le surnombre de l'équipe qui a le ballon finit souvent par un panier.

Défendre un peu mollement sur l'homme ne suffit pas forcément à donner des points à l'adversaire, mais par contre l'absence de repli n'est pas loin d'être une passe décisive contre son camp. Ce n'est certainement pas rentable de s'économiser sur ces phases de jeu. Donc si stratégie de gestion de l'énergie il y a, je doute qu'elle inclut le repli défensif. Sur ce point, on peut raisonnablement partir dans l'idée que James abandonne un peu ses coéquipiers sans que ce soit légitime et on peut en froncer les sourcils.

Le directeur de recrutement de la franchise de la conférence Est écouté par Katz dit clairement que James a un passe-droit de ce côté du terrain (« on ne lui demande pas de défendre pour l'instant »). Dit ainsi, on comprend que ses entraîneurs ont leurs responsabilités dans les errances défensives de James. Mais le staff de St Vincent-St Mary le pousse-t-il à s'économiser en défense pour envoyer toute son énergie en attaque ou ferme-t-il les yeux sur sa non participation à ces tâches ingrates pour éviter de se mettre à dos ce lycéen qui est déjà une vedette (rapportant victoires, prestige, médiatisation et argent) ?

Dans les deux cas, ne risquent-ils pas de créer de mauvais réflexes chez l'adolescent ? C'est là qu'on voit que la gestion d'un joueur n'est jamais vraiment simple. Ce ne sont que des dilemmes à trancher. Dire au joueur de défendre à fond signifie qu'il aura moins de jus pour l'attaque où son impact est plus grand ; lui dire de réaliser les tâches qui ne lui plaisent pas signifie parfois (on ne sait pas ce qu'il en est pour James) mettre en boule son meilleur joueur ; l'économiser ou l'épargner du boulot ingrat signifie qu'on risque de lui empêcher de développer savoir-faire, réflexes et expériences dans le domaine délaissé. Un vrai casse-tête.

Quand le directeur de recrutement avance qu'il n'est pas demandé à James de défendre (sans qu'on sache s'il le sait réellement ou s'il le déduit de l'attitude de l'intéressé sur le terrain), il dit plus ou moins que oui, James n'est pas vraiment actif lors des phases défensives mais qu'il ne faut pas réellement en tenir compte ou juger que c'est son niveau normal, car c'est le résultat d'une consigne de ses entraîneurs (ou d'un laisser faire de leur part). Pour lui, ce qu'on voit sur le terrain ne dit rien sur sa capacité à être un bon défenseur.

Jack Ramsay, de son côté, écrit qu'il est difficile d'évaluer ses capacités défensives dans un match comme celui contre Oak Hill Academy, sans expliquer pourquoi. Peut-être rejoint-il l'avis du directeur de recrutement. Cela ne nous aide pas vraiment mais à la place, il pointe certaines qualités -rapidité, jeu d'appuis et compétitivité- que possède James et qui, dit-il, lui permettrait d'être un bon défenseur (enfin, à en croire les autres, la compétitivité défensive mentionnée n'était pas si visible, bien au contraire).

Donc là, pour des raisons non exprimées, Ramsay ne peut pas dire si James a bien défendu ou pas mais il a remarqué qu'il avait le potentiel pour faire de bonnes choses de ce côté du terrain. Soit.

Au final, cependant, il semble bien apparaître à la lecture de tous ces avis, qu'au mieux on ne connaît pas le niveau réel de James en défense parce que l'intéressé ne l'a pas déployé et que sinon, et bien ce n'est pas bon du tout.

Je dodeline de la tête comme si ma caboche essayait de comparer le poids de deux sacs de farine. Un joueur qui se trouve être un trou béant dans la défense de son équipe peut s'avérer être très problématique.

D'un autre côté et un peu à la différence de l'attaque, le sort d'une défense est répartie pratiquement équitablement entre les cinq joueurs (le pivot a quand même généralement une part d'importance plus grande que les autres), ce qui fait que la responsabilité d'un seul joueur est un peu dilué, surtout si les quatre autres bonhommes sont bons. Un entraîneur malin peut aussi trouver des astuces pour minimiser l'impact de son maillon faible défensif. Bref, une équipe peut réussir à plutôt bien vivre la présence d'un élément négatif en défense.

Mais c'est quand même ennuyeux, ce risque d'être un

véritable boulet pour son équipe de ce côté du terrain.
Charley Rosen est un peu virulent mais il a le mérite d'offrir un son de cloche assez différent des autres observateurs. Toutefois quand même, il a un peu l'air de chercher la moindre petite éraflure dans le jeu de James. « Sa main gauche est à peine suffisamment capable » dit-il. « Son dribble dans le dos de la gauche vers la droite est branlant » déclare-t-il aussi. J'espère qu'il ne va pas faire un commentaire sur chaque type de geste précis du lycéen. À propos du dribble, le directeur de recrutement de la conférence Ouest donne un avis plus général et très positif pour quelqu'un de la taille de James (« il manie la balle comme un meneur de jeu »). Cela rejoint d'ailleurs ce que je lis sur le joueur habituellement et je ne suis pas sûr qu'il faille s'inquiéter d'un dribble dans le dos de la gauche vers la droite pas encore très bien maîtrisé.
Je crois que j'ai fait le tour de tous les commentaires sur le jeu de James qui ont éclos après ce match télévisé contre Oak Hill Academy. Je retire un instant mes yeux de l'écran d'ordinateur et m'étire longuement avec un petit bâillement. À peu près tout le monde s'accorde pour dire que James est bien le phénomène annoncé. Je commence aussi enfin à avoir une image assez précise de son jeu -même si les contours sont encore un peu flous, fautes de suffisamment d'avis éclairés qui se recoupent- et de ce qui fait qu'il est si spécial.
Il reste encore à voir comment tout cela se transpose à l'échelon deux fois au-dessus qu'est le NBA et voir si toute cette pression et ce battage médiatique ne le fait pas exploser en vol, ou même juste l'épuise avant l'heure.
En attendant, c'est ESPN qui se frotte les mains avec ce premier match télévisé d'un basketteur lycéen. Peut-être même que si LeBron James se révèle être une future légende, le nom de la chaîne y restera à jamais associé.

Beaucoup plus tard dans cette journée du 13 décembre, Darren Rovell sur ESPN.com confirme que son employeur sort effectivement de l'opération avec un grand sourire aux lèvres : avec la diffusion de la rencontre entre St Vincent-St Mary et Oak Hill Academy, la chaîne ESPN2 a réalisé sa meilleure audience depuis deux ans. Selon l'estimation, 1,67 million de télévisions étaient allumées sur ce canal, ce soir-là. C'est d'ailleurs la troisième meilleure audience pour un match de basket, toute compétition confondue, sur la chaîne secondaire du géant média du sport (qui, je crois ne diffuse pas de NBA mais plutôt du basket universitaire, demeurant toutefois très populaire).

LeBron James est maintenant l'équivalent d'un grand acteur d'Hollywood dont la seule présence sur une affiche de film fait vendre des tickets de cinéma par palettes entières. Mais il n'a que dix-sept ans et ne touche pour le moment aucun kopeck. Donc forcément, on commence à se demander dans les jours qui suivent si c'est bien raisonnable de mettre une si jeune personne dans cette tornade de pression et si certains individus ne sont pas en train d'exploiter le basketteur comme on tire sur les pis d'une vache.

Le Pittsburgh Post-Gazette du 15 décembre (Mike White) et ESPN.com le 17 décembre (Jay Bilas) font état de ces critiques sur l'exploitation de James mais pointent que le problème dans cette affaire est que l'intéressé est le seul à ne pas pouvoir bénéficier financièrement de la situation à cause des règles idiotes du basketball américain pré-NBA.

Avec une franchise aussi respectable qu'elle fait froid dans le dos, Sonny Vaccaro, l'une des huiles d'Adidas qui tente d'enrôler l'adolescent, nous montre le risque qui plane sur la tête de James : « Je l'aimerais toujours [parlant de

James], mais je ne lui offrirais pas des millions de dollars s'il se blesse ».

Le phénomène d'Akron fait actuellement pousser des billets verts qu'il n'a pas le droit de ramasser. Si une blessure vient briser son exceptionnel niveau de jeu, il ne laissera que de la terre sèche sous ses pieds et quand arrivera le jour où il aura le droit de se baisser pour cueillir ces liasses de dollars, il n'aura que de la poussière dans les mains. Voilà l'injustice qui attend en embuscade.

Je repense à Schea Cotton, vu pendant deux petits matchs sous le maillot d'Évreux, cette année, en deuxième division française. Il avait fait beaucoup de bruit quand il était un lycéen de seize ans alors qu'internet n'était pas encore tout à fait là. Mais après des blessures, puis des soucis scolaires au moment d'aller à l'université, rares sont ceux qui lui demandent un autographe désormais. Vaccaro ne dit qu'une cruelle vérité. James pourrait être le prochain Michael Jordan ou Magic Johnson, mais il suffirait d'un ligament qui claque, d'un talon d'Achille qui se rompt pour qu'il devienne le nouveau Schea Cotton.

Jay Bilas tape aussi un peu sur St Vincent-St Mary qui a saisi l'occasion pour organiser des matchs à travers tous les États-Unis et signé un contrat de télévision. Rien n'obligeait le lycée, dit-il, à mettre James et ses coéquipiers sous autant de regards et de projecteurs, ni d'ouvrir autant le robinet à dollars.

Le journaliste s'essaie également à un difficile exercice d'équilibriste en mettant le doigt sur la surexposition médiatique de James tout en essayant de ne pas trop charger son employeur, ESPN, qui, notamment avec ce match télévisé contre Oak Hill, la promotion autour de l'événement et un numéro d'ESPN The Magazine faisant la part belle au prodige (et dont je n'arrive à voir que la couverture, sacrebleu), est peut-être le plus grand pourvoyeur d'attention sur James. Comme pour alléger la culpabilité en la répartissant, il rappelle qu'USA Today a également mis l'adolescent sur sa couverture et qu'un an avant, Sports Illustrated a sorti sa fameuse une le qualifiant d'Élu.

Le Post-Gazette illustre ce raz-de-marée médiatique complètement démesuré en relatant que des reporters travaillant pour les journaux locaux de Dallas et de Denver seront en tribune lors du match à venir ce 15 décembre soir opposant l'équipe de James au lycée de New Castle. La rencontre se déroule en Pennsylvanie. Il y a plus de deux milles kilomètres à se farcir pour les deux reporters, simplement en comptant le trajet aller. Deux milles kilomètres !

Le quotidien de Pittsburgh rapporte la réponse que James a donnée aux médias quand ceux-ci lui ont demandé comment un lycéen qui vit avec sa mère dans un logement d'Akron bénéficiant des aides financières gouvernementales, devient si grand, si connu et une telle méga-star. « C'est vous qui avez fait ça. » assène-t-il. Il se rectifie comme mû par une seconde réflexion pour plutôt dire que c'est en fait à lui-même qu'il doit d'être désormais une vedette (ce qui n'est pas tout à fait faux, mais pas tout à fait vrai non plus). Mais sa première réaction fait mouche.

Le Post-Gazette s'est mis en quête de ceux qui ont craqué l'allumette qui a fait partir la flambée médiatique. Tom Gaffney de l'Akron Beacon Journal se dénonce, lui et les autres journalistes du quotidien ohioan. « Je crois qu'on a en quelque sorte lancé tout ça », dit-il, probablement plus fier que honteux, avant de quand même ériger quelqu'un d'autre en grand méchant de l'histoire : « Mais je pense que la couverture de Sports Illustrated a poussé le truc au-delà des limites ».

Le principal intéressé, celui pour qui on s'inquiète, semble toutefois apprécier puisqu'il réplique à la presse qu'il « adore ça » et qu'il « veut être sur tous les magazines » et avoir « tous les projecteurs ». Puis encore une fois comme si une deuxième pensée venait toquer à l'arrière de son crâne, il poursuit en disant que ce n'est pas égoïste de penser ainsi car s'il est sous les projecteurs, son équipe l'est aussi. « C'est tout ce qui compte pour moi », dit-il, « mon équipe et moi ». À une autre occasion, mais toujours rapporté par le Pittsburgh Post-Gazette, il avance que les projecteurs ne l'ont pas détraqué, qu'il a choisi cette vie et qu'il n'est pas question qu'il s'en écarte.

Attention quand même, pour tout ce qui est psychologique, les concernés ne sont généralement pas les mieux placés pour se rendre compte des dégâts. Il y en a d'ailleurs un qui s'inquiète de voir son joueur être mis sur un piédestal si haut qu'il ne sera pas facile de s'en montrer à la hauteur. C'est son actuel coach, Dru Joyce.

Un autre voit déjà des changements s'opérer chez James. Bob Gibbons, évaluateur de basketteurs lycéens reconnu nationalement d'après le Post-Gazette, qui dirige un service de recrutement, relate que durant l'été 2001, il a vu jouer James. Celui-ci faisait alors les efforts nécessaires sur le terrain et montrait une excellente attitude. Mais l'été dernier, dit Gibbons, « vous pouviez déjà voir un changement commencer dès à présent à s'installer. Il n'était pas le même gamin que j'avais observé avant. C'était un spectacle écœurant à voir, avec l'entourage qui l'accompagnait et qui l'appelait "King James". Si c'est un nouveau King James dans une version basketballistique qu'on a devant nous, et bien que le ciel nous aide parce que c'est exactement ce dont ce sport n'a pas besoin. »

Si les autres commentateurs en étaient à tirer la sonnette d'alarme, Gibbons, lui, avance que le ver est déjà dans le fruit. Par contre, je ne vois pas trop qui est ce « King James » qui précède LeBron et dont la personnalité fait grimacer le recruteur à l'idée de la retrouver des années plus tard sur des parquets lustrés.

Le seul King James célèbre de l'Histoire que je trouve dans ma vieille encyclopédie rangée en haut de mon étagère, est celui qu'en France on appelle Jacques 1er et qui a régné sur l'Écosse , l'Irlande et l'Angleterre au début du XVIIème siècle. Je dois bien avouer que ce personnage du passé ne m'évoque rien du tout.

En lisant les quelques paragraphes que l'épais livre consacre au concerné, je suis surpris de ne pas y trouver la description d'un roi si imbu de lui-même et narcissique qu'il en aurait mis sens dessus-dessous son royaume. Il y a bien des signes d'un ego de beau volume et de caprices grandiloquents mais pas spécialement plus que pour la grande majorité des monarques racontés par les manuels d'Histoire.

Jacques 1er est à l'origine de la traduction anglaise de la Bible qui a probablement été la plus diffusée et lue de tous les temps, mais il s'agissait semble-t-il davantage d'un effort pour rassembler les peuples catholiques et protestants -en conflit permanent à l'époque- que d'associer son nom au livre le plus influent du monde.

Il est aussi le roi que Guy Fawkes a essayé de faire sauter avec tout le Parlement, morceau d'Histoire de la Grande-Bretagne que je ne connais que parce que le pays des Beatles et de Chris Waddle célèbre une fête en son nom (on m'avait aussi parlé d'une bande dessinée qui vaut le coup d'œil mais je n'ai jamais pu mettre la main dessus). Sauf que ce n'est pas au dit Guy Fawkes que sont dédiés les feux d'artifice mais au fait que le roi Jacques ait survécu. Alors pourquoi ne pas vouloir d'un « King James » du basket ? (Et question subsidiaire, combien de temps vais-je mettre avant de commencer à surnommer LeBron James « Jacques 1er » ?)

Le simple fait que ce soit un roi qui se comporte comme un roi ? C'est-à-dire mal, donc d'accord peut-être que la comparaison est valable même si ce n'est pas spécialement Jacques 1er qui est visé mais la plupart de nos toujours problématiques rois et reines du passé.

Sonny Vaccaro revient donner son avis : « Comment LeBron pourrait-il ne pas changer ? Il ne peut aller nulle part sans être embêté. Les gens vendent ses autographes. Il ne sait pas en qui il peut avoir confiance ».

Le Post-Gazette nous fait également part du contexte qui vit sa propre vie autour de James. Il indique ainsi que le père biologique du jeune basketteur est aux abonnés absent et que sa mère, Gloria James, âgée de seulement dix-sept ans à la naissance de l'enfant prodige, a pu parfois dépasser les bornes comme cette fois où elle s'est ruée sur le terrain après que son fils ait été fauché par un adversaire ou encore ce jour où elle s'est plainte parce que LeBron devait payer sa place de parking à St Vincent St Mary comme le reste des autres étudiants.

Le journal mentionne aussi Eddie Jackson, conseiller de LeBron et ancien compagnon de Gloria. J'ai déjà vu plusieurs fois son nom par le passé. Peut-être dès le grand article du magazine SLAM, et plus sûrement à de nombreuses occasions par la suite comme lors de l'ABCD Camp ou quand la presse essayait de savoir si le joueur de St Vincent-St Mary prévoyait d'aller à l'université avant de sauter dans le grand bain de la NBA.

À chaque fois, Eddie Jackson était décrit comme une figure paternelle pour LeBron James. Cependant, l'article du journal de Pittsburgh -mais Andy Katz d'ESPN avait également glissé cette information au lendemain du match contre Oak Hill- énonce que Jackson vient d'être inculpé

pour fraude immobilière. Katz précisait que l'intéressé a été, la semaine de la fameuse rencontre, condamné à une peine de prison de trois ans, en attendant un éventuel appel.
C'est la double peine pour le jeune LeBron qui vit des choses compliquées en dehors du terrain et qui les vit sous les yeux de tous. Même le panda d'un zoo a plus de tranquillité car lui n'a pas en plus à répondre aux fans et à la presse. Comment sinon James en serait-il venu à admettre à ESPN, alors qu'il a dix-sept ans et avec encore sa carrière en jeu, qu'il avait déjà essayé de la marijuana, comme le rapporte le Post-Gazette ? Heureusement pour lui, je n'ai pas l'impression que cette information ait créé des remous. Mais ça aurait pu.
En principe, personne d'autre que celles concernées ne devrait avoir connaissance de ces choses qui se passent en dehors du terrain, ni les mentionner dans un article et les analyser comme on le ferait d'une mécanique de shoot ou de la maîtrise des fondamentaux défensifs d'un joueur. Malheureusement, ces dîtes choses qui touchent l'individu peuvent en réalité peser sur le basketteur. C'est pourquoi il est difficile de les occulter quand on évalue les chances de réussite d'un espoir de la balle orange.
Au même titre qu'une surexposition médiatique et la présence permanente des fans, des problématiques extérieures au jeu (d'ailleurs possiblement générées ou approfondies par cette célébrité à la fois nouvelle et colossale) peuvent affecter le moral de l'intéressé ou occuper ses pensées même sur le parquet, au point de donner sur le terrain un joueur moins en confiance ou moins concentré. Moins performant, au final.
Et puis le trop plein de pression et de soucis peut facilement mener à ce que le concerné finisse par tout simplement claquer la porte du basket. Même si les

circonstances sont particulières (elles le sont pour chaque cas en réalité), c'est ce qu'a fait Michael Jordan en 1993 alors qu'il n'avait que trente ans et était au sommet de sa carrière, comme le raconte David Halberstam dans son livre.

LeBron James n'a pas encore dix-huit ans mais il doit endurer médias, fans, l'interdiction de toucher l'argent qu'il génère et qui remplit les poches d'autres personnes, des problèmes personnels et la pression de se montrer à la hauteur des attentes. Bonne chance.

Je reviens presque avec soulagement sur les passages de l'article du Post-Gazette (décidément très complet) qui s'intéresse au terrain. Là, les choses sont plus facilement évaluables et même les éléments les plus négatifs ne sont en réalité pas graves du tout. Ce n'est que du basket après tout.

Le recruteur Bob Gibbons n'a pas été interrogé que sur le changement d'attitude de James, il dit aussi qu'il lui a donné une meilleure note qu'à Kobe Bryant au même âge. Marty Blake, dirigeant de franchise NBA dans les années 50 à 70, puis directeur du département -au sein de la NBA- de prospection des jeunes joueurs, voit en James un « enfant miracle ». Il ajoute que « ce que les gens ne comprennent pas, c'est qu'il est très doué du point de vue de la finesse d'esprit ("he's a very gifted player from a savvy standpoint") ».

Pour tous les lycéens envisageant de prendre l'échelle vers la NBA, se pose la question de savoir s'ils sont déjà prêts à performer dans la ligue professionnelle ou s'ils auront besoin d'un peu de temps supplémentaire pour se développer. Pour ce qui est de James, Sonny Vaccaro répond qu'il appartient à la première catégorie. « Il a déjà tous les petits trucs qui nécessitent d'attendre pour les autres gamins. Kobe commence tout juste à prendre du muscle et il est en NBA depuis un moment. Ce gamin [James] est à ce stade dès à présent ».

Vaccaro a tout intérêt à dire ce genre de choses en tant que représentant d'Adidas qui courtise l'adolescent pour qu'il signe chez lui ainsi que les potentiels acheteurs de chaussures une fois le contrat signé et avant que James ne joue son premier match dans la grande ligue. Cependant, ce n'est pas la première fois qu'il est dit du joueur qu'il est déjà physiquement dans les clous de la NBA. Reste à voir ce qu'il en sera pour les aspects mentaux et techniques, mais cela est plus difficile à mesurer à l'œil que le physique quand l'intéressé est encore en train de jouer au niveau lycéen.

Le journal pointe enfin une critique, pas nouvelle mais pas à négliger, son shoot. C'est son adresse aux lancers francs qui me heurte le coin de l'œil : seulement 59% de réussite. C'est vraiment très mauvais. Surtout pour le tir qui est généralement considéré comme le plus facile du jeu (car il est à une distance raisonnable et il n'y a aucune possibilité d'interférence de l'adversaire) et qui est une source de points non négligeable.

Cette critique n'est pas nouvelle et elle n'est pas rédhibitoire (Shaquille O'Neal a laissé un paquet de points sur son chemin à cause des lancers -avec des pourcentages similaires à ce 59% de James-, mais son impact sur le jeu n'en reste pas moins historique). Cependant, James ne paraît pas vraiment progresser dans le domaine. J'avais déjà vu passer un pareil faible pourcentage un ou deux ans auparavant, si je ne me trompe pas. Se pourrait-il que cette faiblesse reste indéfiniment ?

Se pourrait-il, en extrapolant que cela présage également des difficultés permanentes au shoot de manière générale ? Rares sont les mauvais tireurs de lancers francs qui sont plus globalement de bons shooteurs.

La saison lycéenne continue même si elle prend les allures d'une grande tournée de rockstar pour James. Les États-Unis sont un grand pays et chaque ville a son propre basketteur lycéen vedette local qu'elles veulent voir affronter le légendaire gladiateur d'Akron.
Celui de Philadelphie, d'après Ted Silary du Daily News, s'appelle Maureece Rice du lycée Strawberry Mansion. Je ne le connais pas mais le journaliste œuvrant dans la cité de l'amour fraternel indique qu'à l'occasion de son prochain match, l'intéressé devrait dépasser le mythique Wilt Chamberlain pour devenir le plus gros marqueur de points de l'histoire de la ville.
Comme la vie est la meilleure conteuse d'histoires de tous les temps, ce prochain match aura lieu, ce 22 décembre, à Philadelphie contre le St Vincent-St Mary de LeBron James. Sous les yeux d'une foule immense et d'une autre figure de la cité, Allen Iverson, dont on ne sait pas vraiment s'ils sont là pour voir Rice battre le record ou pour voir LeBron James tout court.
Rice passera la marque symbolique mais c'est bien James qui s'appropriera le spectacle et la victoire. Le jour de gloire de l'un est éclipsé par un jour normal de l'autre, semble signer la vie en conclusion de sa pièce de théâtre.
Pour ma part, je note la continuité dans la propension de James à prendre beaucoup de tirs à trois points (neuf), sans en rentrer suffisamment (trois) et son par contre encourageant neuf sur onze aux lancers francs. Il réussit aussi sept interceptions mais à ce niveau-là, c'est difficile d'en tirer des conclusions sur sa capacité à voler des balles chez les professionnels.
Une semaine plus tard, Rivals.com m'apprend qu'on retrouve James en Californie pour mettre sa réputation à

l'épreuve du lycée Mater Dei de Santa Anna que je retrouve tout le temps dans les bonnes places du classement lycéen national d'USA Today. La rencontre se déroule dans la salle de la prestigieuse université d'UCLA. Un monde fou dans les tribunes et une victoire, encore, pour l'équipe d'Ohio. Mais serait-ce des dents que j'entends grincer ? L'auteur de l'article, Robert Jacoby, reconnaît la domination de James tout comme son altruisme, mais il ne peut s'empêcher de dire avec un air narquois que le prodige a « montré tout son répertoire y compris sa faculté à toiser les arbitres et les adversaires ». Il relève ensuite l'immense supériorité athlétique de James pour pouvoir immédiatement après glisser que cet irrattrapable avantage n'existera pas en NBA.

Il oublie que James sortait déjà du lot quand il était plus jeune et moins développé physiquement, face à des lycéens quasiment adultes. Qu'importe aussi que d'autres yeux avisés ont dit que l'adolescent prodigieux n'est pas prodigieux uniquement en raison de son physique hors norme à ce niveau. Mais pour cette année, Jacoby préfère sortir James de la discussion lycéenne, évoquant le talentueux meneur sophomore de Mater Dei, Mike Gerrity, qui « est ce à quoi correspond le basket lycéen. LeBron James ne l'est pas. Il est une aberration qui heureusement partira bientôt. »

James est si au-dessus qu'il fausse la compétition lycéenne, semble-t-il vouloir nous dire. Le fiel de Jacoby ressemble à celui d'un enfant à qui on a cassé le jouet. Vraisemblablement aussi que la médiatisation outrancière et l'argent qui coule à flot autour de l'adolescent abîment également son petit univers relativement confidentiel pour le grand public. Du moins c'est l'impression que j'ai quand il conclut son papier en avançant qu'après huit victoires en autant de parties, y compris face à plusieurs autres grosses équipes du pays, St Vincent-St Mary « semble avoir pour plus gros problème de trouver suffisamment de limousines pour transporter LeBron et son important contingent de sécurité ».

James et ses coéquipiers se farcissent ensuite des kilomètres à en avoir les dents du fond qui baignent pour aller en Caroline du Nord, au Greesboro Coliseum, salle de l'université de North Carolina qui à l'instar d'UCLA, fait partie des établissements majeurs de la NCAA. L'université bleue ciel et blanche est également l'ancien fief de Michael Jordan et l'une des destinations envisagées par James si jamais il souhaitait passer par ce championnat avant de se rendre au niveau final du basket.

Devant un chiffre de 15 000 spectateurs qui ne me surprend plus, James vainc le Winston-Salem Reynolds de Reyshawn Terry, avec des Nike au pied alors que les autres joueurs de St Vincent-St Mary portent les Adidas réglementaires prévus par le contrat qu'a signé le lycée ohioan avec l'équipementier. Le Midland Reporter Telegram qui rapporte tout ça nous fait comprendre que c'est en hommage à Jordan que James se permet de faire fi de l'accord entre son lycée et Adidas. Il peut faire ce qu'il veut, la firme aux trois bandes ne lui fera pas de scènes de jalousie tant que James et elle n'auront pas signé ensemble pour l'après lycée.

Et puis, au milieu de tout ça, tout ce qui devait arriver arriva. Mi-février, l'Agence de presse américaine rapportait que l'Ohio High School Athletic Association -l'institution locale qui gère les compétitions sportives lycéennes- se demandait si le jeune LeBron James n'avait pas enfreint ce qui semble être la règle principale de son règlement : les athlètes lycéens ne doivent pas toucher de fric, bon sang !

James a été vu plusieurs fois au volant d'un immense

véhicule (un hummer, ce qui est plus ou moins un petit appartement sur roues) dont la valeur, 50 000 dollars, dit l'article, fait supposer qu'il ne se l'ait pas payé avec l'argent de poche que lui a donné sa mère, elle-même n'étant pas réputée rouler sur l'or.

Selon la réglementation, les lycéens, comme les universitaires d'ailleurs, ne doivent pas tirer une rémunération ou obtenir des cadeaux du fait -directement ou indirectement- de leur performances sportives. Enfreindre cette règle signifie perdre son statut d'amateur et son éligibilité pour participer aux compétitions lycéennes. James explique que son véhicule est un cadeau d'anniversaire que sa mère lui a offert pour ses dix-huit ans, grâce à un prêt bancaire. Mais s'il s'avère qu'in fine, cet achat a été possible parce que LeBron James est LeBron James, la vedette qui a fait regarder à tout le monde un match lycéen à la télévision ne pourra plus en jouer un autre.

J'avais lu cette nouvelle sans trop de surprise. J'ai du mal à refuser quand on me propose un café alors que je n'aime pas ça donc j'aurai probablement perdu mon statut d'amateur une bonne centaine de fois si j'étais, comme James, noyé d'offrandes et d'opportunités. Il serait dommage de voir l'adolescent d'Akron terminer sa déjà légendaire carrière lycéenne en sortant par une petite porte étriquée planquée à l'arrière du bâtiment, mais il n'y aura pas plus de dommages que cela. James tutoyait déjà l'idée d'embarquer pour la NBA dès l'été qui vient, il aura une raison de plus de le faire et la question de son statut d'amateur sera alors sans objet. Puis s'arrêter de jouer lui évitera de risquer une blessure avant de devenir pro.

Les vrais perdants seront plutôt ceux qui comptaient se faire encore un peu plus d'argent sur son dos avec la vente des tickets et des diffusions télévisées pour les prochains

matchs de St Vincent-St Mary. Parce qu'ils accuseront un manque à gagner et probablement aussi parce qu'ils ont dû faire quelques sérieuses dépenses d'investissement pour ces rencontres à venir (location de ces immenses salles, installation du matériel d'enregistrement vidéo, etc).
En réalité, à la place de James, j'aurai cette potentielle interdiction de participer à la compétition en travers de la gorge surtout parce qu'elle me ferait abandonner mes potes basketteurs du Fighting Irish et me priverait de m'amuser encore un peu avec eux. Mais c'est tout.
Pendant que l'Ohio High School Athletic Association entreprend ses investigations, James joue son match en Caroline du Nord. Puis j'ai des nouvelles. Le 1er février, le New York Times m'apprend que l'Ohio High School Athletic Association a retiré l'éligibilité du jeune homme et qu'il n'est plus autorisé à jouer un nouveau match lycéen.
Mais, coup de théâtre, ce n'est pas le hummer de 50 000 dollars qui est la cause de cette décision. Quatre jours auparavant, l'investigation avait conclu que ce n'était pas grâce à ses talents sportifs que James avait acquis ce véhicule ou obtenu l'argent pour se l'offrir. Non, quatre jours après avoir été blanchi de ce côté-là, James tombe pour une autre histoire.
Il tombe parce qu'il a accepté qu'une boutique de vêtements de Cleveland lui offre deux maillots rétro en échange de photos que l'enseigne avait l'autorisation d'afficher sur ses murs. J'imagine facilement la scène :
« Mais vous êtes LeBron James ! C'est un honneur de vous voir dans notre boutique !
- C'est sympa chez vous, je vais vous prendre ces deux maillots.
- Vous avez bon goût ! Dîtes, ça vous ennuierait que nous fassions quelques photos et que nous les mettions sur nos

murs ?
- Non bien sûr que non, j'ai un peu de temps devant moi justement.
- Merci beaucoup LeBron ! Vous êtes la fierté de l'Ohio, vous savez.
- C'est gentil, merci.
- Mais rangez donc votre portefeuille, il est hors de question que vous payiez pour ces maillots ! Prenez-les comme un cadeau de la maison !
- Euh...
- Si, si, j'insiste. Vous avez déjà eu l'immense bonté de nous laisser faire des photos, ces présents sont la moindre des choses que nous puissions faire pour vous. »
Comment refuser dans une telle situation ? Peut-être même James a-t-il dû faire face à un « vous me vexeriez si vous refusiez ». L'Enfer est pavé de bonnes intentions, pas vrai ?
« Ben il aurait dû refuser quand même ! » s'élèvent certainement quelques voix intransigeantes. Oui, mais quel monde quand même. On peut gager que la boutique tirera un réel prestige avec ces photos de James, et donc des clients et de l'argent. Cela gratuitement et uniquement parce que James est un basketteur si fort qu'il a une réputation colossale. Encore une fois, le prodige crée de la richesse pour les autres sans pouvoir en bénéficier lui-même, même à hauteur de deux simples maillots.
« James n'avait qu'à refuser de faire ces photos, comme ça personne ne se remplit les poches et les moutons sont bien gardés ». Oui, il aurait pu. Il aura probablement laissé à la boutique de Cleveland une image de sale gosse arrogant qui regarde tout le monde de haut. Une image qu'il a par ailleurs déjà un peu, comme chacun a pu le lire dans la presse, y compris lui-même.
James est perdant dans tous les cas. Face à ce type

d'interactions, soit il accepte les faveurs et perd son droit à jouer au basket dans les niveaux pré-NBA, soit il refuse et doit décider entre laisser les gens se goinfrer sur son dos avec un gentil sourire aux lèvres ou passer pour un individu méprisant.
Depuis combien de temps le jeune homme se livre à cet exercice d'esquiver les pièges de ce genre partout où il passe ? Bien heureusement, il ne trébuche qu'à la fin et les conséquences ne sont pas si graves. Mais s'il avait été pris avec un cadeau dans les mains un an avant et qu'il avait dû laisser passer une saison et demie sans jouer au basket et loin des yeux avant de se présenter à la draft, la NBA aurait-elle été prête à lui tendre tout grand les bras aujourd'hui, avec du temps de jeu et des chances de prouver sa valeur ?
Nike et Adidas se battraient-ils pour lui offrir un contrat ? Le représentant d'Adidas, Sonny Vaccaro, avait déjà un peu répondu à cette question il y a quelque temps en affirmant froidement qu'il ne ferait aucune proposition si jamais James se blessait sérieusement. On peut imaginer qu'il en serait à peu près de même avec une saison blanche. D'ailleurs, puisqu'on parle de lycéen ne pouvant jouer, sait-on ce que devient Lenny Cooke ?
James n'a rien à gagner et tout à perdre avec ce statut d'amateur. Il ne faut ensuite pas s'étonner si les meilleurs lycéens tentent leur chance en NBA dès que possible.
Le New York Times indique que James va faire appel de la décision de l'Ohio High School Athletic Association et qu'il va payer les 845 dollars que coûtent les deux maillots. Le quotidien nous fait le plaisir coupable de nous dire quels étaient ces jerseys maudits. L'un est celui d'un footballeur américain des Bears de Chicago que je ne connais pas, Gale Sayers. L'autre est celui du mythique basketteur des années 70 pour les Bullets de Baltimore et

de Washington, Wes Unseld.

Évidemment, cette histoire fait tourner les rotatives de la presse à plein régime. Le site Rivals.com recense trente articles web parus sur le sujet à travers les États-Unis. Je ne prends pas la peine de les lire mais peut-être que cette discussion permettra de faire évoluer le système, sait-on jamais.

Du point de vue purement basket, je suis quand même assez ennuyé par une chose à laquelle je n'avais pas pensé : James ne pourra pas participer au McDonald's All-American, ce all-star game réunissant les meilleurs lycéens du pays. Le joueur de St Vincent-St Mary a déjà plusieurs fois affronté l'élite lycéenne d'une manière ou d'une autre en prouvant à chacune de ces occasions qu'il était au-dessus d'elle mais les confirmations se font avec la multiplication des tests. Un de plus fait plus de bien que de mal à l'analyse.

C'est dommage. Je suis sûr qu'il aurait eu à frotter son jeu face à des intérieurs de 2,10m et des extérieurs aux bras vifs comme la foudre. On aurait aussi pu voir comment il se comporterait avec des coéquipiers qui préfèrent faire leur propre action que de lui donner la balle et s'il se permettrait de ne pas défendre.

Évidemment, des articles sortent pour parler de James quand il ne peut que assister au match, assis au bord du terrain. Mais les choses vont vite, probablement parce que beaucoup de gens perdent des sous en ce moment. Le 6 février, le Orlando Sentinel s'exclame que James va pouvoir revenir sur un parquet, au moins pour les quatre rencontres de la saison régulière restantes, hormis un seul. C'est le juge du Comté de Summit qui a temporairement bloqué la suspension en attendant une audience qui aura lieu le 19 février. Je parie qu'il n'y a pas que James qui pousse un petit soupir de soulagement.

Peut-être que pour son retour, le jeune prodige est arrivé sur le terrain avec un goût de revanche dans la bouche ou bien peut-être a-t-il voulu rappeler ce que le monde entier perdrait en l'obligeant à rester en tribune. À moins que James ait simplement voulu profiter des ces derniers matchs lycéens, trop conscient d'être passé pas loin de ne plus jamais pouvoir porter à nouveau le maillot de St Vincent-St Mary. Car le bougre a planté 52 points contre le lycée de Westchester, nous rapporte le Los Angeles Times.

Westchester, comme Mater Dei, truste le classement d'USA Today des meilleures équipes lycéennes du pays. Le journal californien, bien obligé de reconnaître que son lycée local n'a pas pu résister à James devant les 8500 spectateurs présents, indique que ce dernier a réussi 21 de ses 34 tirs (excellent !), dont 6 à trois points. Six trois points, c'est un bien grand chiffre pour un joueur dont on dit que le shoot est une faiblesse (ou une non-force, comme disaient certains observateurs à l'occasion du match contre Oak Hill). J'aurai bien aimé connaître le nombre de tentatives cependant, mais c'est déjà encourageant.

Le quotidien donne la parole au pauvre défenseur dépité, l'ailier Trevor Ariza dont il est dit qu'il rejoindra la puissante université d'UCLA après le lycée : « Il n'y avait rien qu'on pouvait faire. On a contesté ses tirs, il les a mis quand même. On a fait des prises à deux contre lui, il arrivait à faire la passe au coéquipier ouvert. » Voilà qui confirme que James est au-dessus du lot, même face à la crème des lycées (comprenant en plus manifestement quelqu'un, Ariza, qui est attendu pour être un bon joueur universitaire -UCLA ne recrute pas n'importe qui-) et qu'il est toujours ce joueur qui peut intelligemment alterner scoring et passe.

Par un article du Midland Daily News du 24 février qui reprend l'agence de presse américaine, je découvre que le juge du Comté de Summit entendra le dossier de l'éligibilité de James le 5 mars, sans que je sache si c'est l'audience du 19 février qui a été reportée ou s'il s'agit d'une suite au processus. Mais cette information, le papier la donne en passant. Son sujet est qu'à l'issue du match contre Firestone, St Vincent-St Mary a retiré le maillot de James, floqué du numéro 23.
C'est à l'occasion de cette rencontre que le héros du jour a purgé son second match de suspension, mais plus personne ne semble vraiment s'inquiéter de son éligibilité. Le tournoi final et la perspective de voir le lycée d'Akron remporter une troisième fois le titre de l'Ohio en quatre ans sont mentionnés sans véritable réserve.

Un dimanche matin du 2 mars, alors que la pluie tambourine gentiment sur ma fenêtre pour me dire que je ferai mieux de rester chez moi aujourd'hui, je me retrouve en train de hausser légèrement un sourcil à l'attention de mon écran d'ordinateur. Le nom de James a fini par déborder d'Amérique et traverser l'océan Atlantique à la nage pour apparaître dans l'hebdomadaire The Observer qui est lié à l'un des journaux majeurs du Royaume-Uni, le Guardian.
Ce n'est pas anodin tant le peuple anglo-saxon se désintéresse de la balle orange. Peut-être peut-on dire que James est désormais une vedette à l'échelle internationale, tout lycéen qu'il est encore.
L'article écrit par Lawrence Donegan est volumineux et se montre assez complet, évoquant l'engouement surdimensionné, la médiatisation hors norme et évidemment les problèmes divers et variés qui

apparaissent un peu partout autour du jeune homme. Puis aussi un peu son jeu.

Pas beaucoup mais un peu. Il cite principalement -et de façon un peu comique, je dois dire- Eddie Oliver, présenté comme l'auteur du site web HoopsUSA et qui étudie les basketteurs lycéens depuis cinquante ans. Oliver, interrogé sur James avant le match contre Westchester, répond qu' « individuellement, je ne pense pas qu'il est le meilleur que j'ai jamais vu, mais il est un talent extraordinaire. Son plus grand atout est qu'il implique tout le monde dans le jeu. Il donne l'impression que ses coéquipiers sont meilleurs qu'ils le sont et il les fait jouer à un meilleur niveau que le leur. Si vous me poussez à donner un avis, je dirais qu'il est l'un des dix meilleurs basketteurs lycéens de l'Histoire. Peut-être ».

En voilà un qui en a vu d'autres, comprend-on. En voilà un qui n'est pas spécialement bousculé par ce joueur qui agite tout le pays et qui voudrait bien que les gens se calment un peu à son sujet. Et puis, comme dans une grossière comédie d'Hollywood, le journaliste britannique raconte qu'Oliver vient lui taper sur l'epaule à la fin de ce match où James a marqué 52 points face à un lycée de l'élite pour lui dire : « Est-ce que tu peux changer le commentaire que je t'ai donné plus tôt ? J'ai changé d'avis, ce gamin est le meilleur que j'ai jamais vu. »

J'ai un peu du mal à croire à ce scénario. Aucun analyste sérieux ne change autant un avis après un unique match, aussi impressionnant ce dernier est-il. Plus encore après avoir probablement vu déjà un paquet de matchs du joueur en question (Oliver se livre en effet au préalable à une description assez juste de James). Et, bon, il est présenté comme un spécialiste du basket lycéen, nul doute qu'il a vu la figure de proue de St Vincent-St Mary jouer plusieurs fois. Probablement avant même qu'ESPN2 diffuse la rencontre contre Oak Hill ou que St Vincent-St Mary signe un contrat de télévision.

Je vais faire un rapide tour sur le site internet d'Eddie Oliver, HoopsUSA.com. Le 11 février, l'évaluateur a écrit quelques mots après le match au 52 points contre Westchester. L'article est plein de louanges pour James, cependant l'analyste rappelle avoir observé un tas de lycéens vedettes et qu'il a dirigé le Beach Ball Classic à Myrtle Beach où il a vu jouer de près des joueurs qui sont allés en NBA par la suite. Et il répète que si James est bien un phénomène, il n'est qu'un super basketteur lycéen parmi d'autres. Nulle trace d'un changement d'avis ou d'une opinion disant finalement que l'ohïoite est le meilleur basketteur qu'il a jamais vu dans sa carrière.

Lawrence Donegan a dû exagérer la seconde intervention d'Oliver pour rendre son papier un peu plus marquant. Ou bien a-t-il compris les propos de l'analyste de travers. Sur son site, dans le même article, Oliver avance en effet que « si on pouvait juger [un joueur] avec un seul match, la performance de James contre Los Angeles Westchester dimanche dernier dans le New Jersey, était effectivement aussi bonne que n'importe quel effort individuel que j'ai jamais vu, et elle a eu lieu contre une excellente équipe. »

Oliver dit qu'il n'a jamais vu une meilleure performance individuelle que celle de James durant cette rencontre (et on comprend dans sa formulation que c'est probablement à égalité avec d'autres performances individuelles), mais cela n'implique pas forcément que James lui-même est le meilleur joueur qu'il ait jamais vu. C'est peut-être là que la compréhension de Donegan a fourché.

Chaque basketteur (chaque sportif, de manière générale) réalise des matchs à différents degrés sur le spectre de leur niveau de jeu, avec parfois des performances hautes et parfois des performances basses. Dans le lot, il y a aussi des incroyables sur-performances où le joueur dépasse allègrement son spectre le temps d'une rencontre (je me souviens de Tony Delk qui un soir en NBA, marque 53 points avec un 20 sur 27 aux tirs, lui qui n'a jamais dépassé la douzaine de pions en moyenne ni eu de bons pourcentages de réussite).

James a peut-être fait un match à compter parmi les plus impressionnants parmi ceux qu'Oliver a pu voir sans pour autant que ce match détermine à lui seul son niveau de jeu. D'ailleurs, dans son propre article, Oliver continue sa déclaration sur ce match contre Westchester en énonçant que dire pour autant qu'il est le meilleur basketteur lycéen de tous les temps serait peut-être aller trop loin.

Donegan, qui a publié son reportage bien plus tard, aurait peut-être dû jeter un œil sur HoopsUSA. Il est d'ailleurs drôle de voir qu'il y est cité. Toutefois, Oliver relate simplement que Donegan l'a interrogé car il se demandait comment se faisait-il qu'il existe un tel battage médiatique autour de James (ce à quoi Oliver répond sur son site qu'il ne sait pas vraiment). Oliver ne s'attend pas du tout à passer pour une stupide girouette dans l'Observer.

Est-ce que, plus tard, Oliver a vu que ses propos avaient semble-t-il été déformés dans le journal britannique ? Je devine que non car aucun mot n'apparaît quelque part dans HoopsUSA.com pour rétablir la vérité.

Même si l'article de Donegan est manifestement à prendre avec des pincettes (il mentionne d'ailleurs le montant du hummer que James a reçu en cadeau par sa mère à 80 000 dollars alors que j'avais lu 50 000 dollars à peu près partout à l'époque), il donne quand même quelques informations notables.

Plus vraiment sur la partie basket cependant, même si je retiens l'intéressante intervention de Frank Walker, entraîneur de l'équipe de foot américain dans laquelle

jouait LeBron James quand il avait huit ou neuf ans et qui l'a accueilli chez lui quelques temps quand la vie de Gloria James était assez compliquée (Donegan évoque notamment des petits soucis judiciaires du type outrage, trouble à l'ordre public ou encore violation de propriété, mais « jamais pour des histoires de drogue », se défend-elle).
Walker cible une chose qui avait déjà été un petit peu avancée par l'ancien coach de James, Keith Dambrot, à l'époque où le joueur n'était encore une vedette que dans l'Ohio, il y a ce qui me semble être une éternité : « Le don que James a, est que vous pouvez lui apprendre quelque chose et il l'intègre très vite. Montrez-lui quelque chose une fois ou deux, il la saisit. Avec les autres enfants, ça prend beaucoup plus de temps. C'est ça, son don ».
Pour le reste, on s'éloigne du terrain pour s'intéresser à ce qui se trouve en dehors mais qui pourrait l'affecter. C'est ainsi la première fois que j'entends parler du père biologique de James, un certain Anthony McClelland dont le casier judiciaire comporterait plusieurs lignes, en plus d'avoir été complètement absent de la vie du basketteur. Il aurait à nouveau pointé son nez, dit l'article.
Pour ce qui est d'exploiter James justement, Donegan expose que selon les estimations, St Vincent-St Mary aura généré un demi million de dollars grâce à son équipe de basket. En parallèle, Eddie Jackson, la figure paternelle de remplacement se voit interroger (continuellement, je devine) avec des yeux suspicieux pour savoir s'il n'est pas devenu le compagnon de Gloria James seulement pour espérer pouvoir tirer de gros dividendes grâce aux exploits sportifs du fiston. « Quoi ? Vous croyez que je savais qu'il allait devenir un potentiel joueur NBA quand il avait 13 ans ? » répond-il avec l'air de dire à ses interlocuteurs qu'ils feraient bien de réfléchir un peu avant de poser leur

question.

Une paire de jours plus tard, mes errances sur le net m'ont amené par hasard devant une belle surprise. Un espagnol de Gérone a recopié sur les pages d'un obscur forum plusieurs articles du numéro d'ESPN Magazine consacré à LeBron James, sorti le 23 décembre 2002 juste après le match contre Oak Hill. Je suppose qu'ESPN froncerait les sourcils en voyant cela mais bon, la firme gagne beaucoup d'argent grâce à James qui lui-même ne perçoit rien du tout alors...

En lisant ces pages piratées, je me rends compte que je retrouve pas mal d'éléments que j'ai lus dans le papier de The Observer (le père biologique de James ; l'éphémère mais essentiel père de substitution, Frank Walker ; les nouveaux soucis judiciaires de l'actuelle figure paternelle, Eddie Jackson).

Tout cela ressort de l'article de Tom Friend, d'où il apparaît également que la mère de James est perçue comme un clone d'Annie Iverson, la mère d'un autre basketteur très médiatisé, Allen Iverson. Dans un autre texte du magazine, Jason Whitlock va plus loin en affirmant que Gloria James fait ressembler Annie Iverson à June Cleaver (et que, additionné à l'effervescence populaire, médiatique, commerciale, etc, etc, le jeune LeBron n'avait pas la moindre chance d'être « l'humble, sans prétention, craignant dieu [sic] et respectueux super héros du basket que nous aimerions qu'il soit »).

Je n'ai pas trop idée de ce qu'a pu faire ou dire la mère d'Allen Iverson pour avoir ce qui semble être une réputation sulfureuse (ni qui est June Cleaver... -je lance une rapide recherche- ...D'accord, c'est le personnage d'une série télé des années cinquante représentant plus ou

moins la mère parfaite, du moins dans l'imaginaire de l'époque). Et je n'ai pas vraiment envie de chercher les casseroles d'une mère de famille, à vrai dire. Quoiqu'il en soit, je n'ai jusqu'à présent pas lu des trucs tant terribles sur Gloria James. Des trucs discutables, oui, mais Jason Whitlock a l'air de parler de la plus chaotique des personnes. Sauf à ce qu'il connaisse des ignominies secrètes commises par Maman James, je dirais qu'il exagère profondément.
Il ne doit pas être facile pour le jeune LeBron de connaître la joie d'avoir un célèbre magazine consacré à sa personne mais dans lequel sa mère se fait injustement égratigner.
C'est aussi dans ces articles qu'il apparaît que le basketteur d'Akron parle de lui à la troisième personne. On y retrouve d'ailleurs la plupart des mots que mettait en avant l'analyste Charly Rosen pour fustiger l'arrogance de celui que tous les autres portent aux nues. Les articles du magazine sont datés du 10 décembre 2002, soit deux jours avant le match contre Oak Hill Academy télévisé par ESPN et à propos duquel Rosen donnera son avis corrosif. Probablement que l'analyste a pu lire ces feuilles avant la sortie officielle du magazine.
À ce propos, Rosen notait avec des gouttes d'acide tombant de sa langue que James se qualifiait lui-même de super héros et se surnommait « Basketball Man ». Néanmoins, dans l'article de Tom Friend ce n'est pas si clair. Friend indique que le jeune joueur refuse que sa taille soit mesurée. « Je ne veux pas savoir à quel point je suis grand ou combien je pèse », dit le questionné, « parce que je ne veux pas que n'importe qui connaisse mon identité. Je suis comme un super héros. Appelle-moi Basketball Man ».
Voilà une réponse bien énigmatique. Si je devais deviner, je dirais que James tente une pirouette pour éviter de

répondre à la question de sa taille et qu'il poursuit son acrobatie orale avec une grosse couche d'humour au second degré.
Pourquoi le basketteur voudrait-il esquiver la question de ses mensurations, je ne sais pas trop. Peut-être a-t-il un complexe que je n'arrive pas à voir ou bien une intention stratégique (éviter de paraître trop grand afin de freiner, par exemple, les craintes quant à sa capacité à demeurer un excellent dribbleur malgré sa trop grande taille, comme celles que j'ai déjà émises dans le secret de mon bureau). Ou bien peut-être en a-t-il simplement marre des interrogatoires et qu'il veut s'amuser un peu.
Il se peut également que mon interprétation de son étrange réponse ne soit pas la bonne et qu'il y a autre chose derrière. Mais en tout cas, il me semble difficile d'affirmer de façon sûre comme le faisait Rosen qu'il y a là une (énième) manifestation de l'arrogance et du narcissisme de l'adolescent. J'espère qu'en lisant le magazine, ce dernier a pris en leçon qu'il fallait faire attention à l'emploi de ses mots car il est facile pour autrui d'en détourner le sens, même involontairement. Le second degré, quant à lui, est si dangereux qu'il vaut probablement mieux jamais s'en servir en public.
Avant d'évoquer la partie purement basket de ces articles (parce que oui, il y en a une petite), je souris en lisant l'anecdote selon laquelle LeBron James s'est un jour fait réprimandé par son coach pour avoir porté ses shorts trop bas sur ses hanches (à la mode des rappeurs américains, probablement) et qu'en réponse, il a passé toute une semaine avec ses shorts remontés à la façon de Steve Urkel, le célèbre personnage de la série Family Matters et archétype du nerd sympathique dont les pantalons à bretelles lui arrivaient au-dessus du nombril (j'adorais cette série quand j'étais gamin).

Tom Friend narre cette histoire pour montrer que derrière la vedette, il y a un lycéen attachant qui a de bonnes notes, chante au karaoké, distribue en pleine cafétéria de l'école les chaussures qu'il reçoit gratuitement, et qui n'échappe pas aux amicales moqueries de ses amis qui l'appellent Dumbo ou Avion à cause de ses oreilles.
Au niveau basket, l'article attire mon attention sur deux points. Le premier est sur un descriptif du jeu du basketteur aux mille yeux posés sur lui. On y retrouve l'habituelle mise en avant de ses qualités athlétiques (« il pourrait gagner le concours de dunk de la NBA dès maintenant ») et surtout de son intelligence sur le terrain et son sens du jeu. On retrouve aussi son altruisme, Friend rapportant que les évaluateurs apprécient que James soit une personne sociable qui fera probablement un meilleur coéquipier que Kobe Bryant (qui rejoint Tracy McGrady dans la liste des blessés touchés à l'occasion d'un compliment pour James).
Du côté négatif, je ne suis pas surpris de voir pointer son adresse à distance avec notamment un très moche 59% aux lancers francs (statistique datant de début décembre, me rappelle-je) et un pas si mauvais 34% à trois points.
Mais ce qui m'est un peu nouveau dans l'analyse du joueur, c'est que Friend avance que James ne joue pas assez au poste bas, dos au panier. C'est dommage car, dit un évaluateur de la NBA, s'il arrive à y être suffisamment bon pour forcer l'équipe adverse à faire une prise à deux sur lui afin de l'empêcher de marquer, il peut en retour réussir la passe au coéquipier démarqué malgré les deux défenseurs pressant. Et il peut le faire mieux que deux tiers de la ligue professionnelle, affirme-t-il.
Les deux tiers ? N'être que lycéen et être déjà dans les 33% meilleurs joueurs NBA sur un domaine précis, c'est impressionnant. Réussir à percevoir et à servir

correctement le partenaire laissé libre alors qu'on a un défenseur dans le dos et un deuxième qui arrive en tenaille avec ses grands bras, n'est effectivement pas une chose facile. Alors que l'adolescent y arrive mieux que la plupart des pros à de quoi attirer un sifflement appréciateur.

Ce geste est difficile mais il peut rapporter gros. Comme un tir sans contestation ou, si la défense réagit vite, un décalage que l'attaque pourra exploiter.

Toutefois, comme le laisse entendre Friend et probablement le recruteur interrogé, encore faut-il que James crée plus souvent ce genre de situations pour pouvoir en profiter. Or, jouer dos au panier est un peu contradictoire avec son style de quasi-meneur de jeu, de porteur de balle principal de son équipe (rôle dans lequel il semble être tellement fort qu'il serait du gâchis de ne pas lui laisser le jouer).

Ce n'est pas complètement impossible mais aller prendre une position au poste bas (à proximité du cercle) dos au panier en partant balle en main depuis le sommet de derrière la ligne à trois points -là où la possession de jeu commence- est compliqué. Parvenir dans la zone autour du cercle est tout à fait faisable pour un bon manieur de ballon, mais il le fait plutôt par du mouvement et de la vitesse. Puis une fois arrivé près du cercle, le plus efficace est d'enchaîner par une tentative de scorer directement. Il serait à la fois difficile et idiot de s'arrêter et de se poster alors dos au panier pour engager un un-contre-un ardu avec un opposant.

Le joueur de poste bas classique utilise la phase où il n'a pas le ballon pour se trouver une position préférentielle. Une fois qu'il a gagné le bastion recherché à force de coups de rein et de résistance aux tentatives ennemis de le repousser hors de la zone dangereuse, il reçoit la balle et joue son duel dos au panier. Donc en principe, James devrait abandonner le contrôle de la possession pour pouvoir générer ce jeu poste bas, alors qu'il y est si fort. Voilà pourquoi il ne joue pas souvent au poste bas.

Cependant, la variété (et laisser le jeu venir d'autres joueurs de temps en temps) a toujours du bon, et vraisemblablement plus encore au niveau professionnel, donc la critique n'est pas sans pertinence. Néanmoins, avant de pouvoir provoquer ces prises à deux au poste bas qui lui permettraient de faire étalage de ses qualités de passeur dans cette position, encore faudrait-il qu'il soit un suffisamment bon scoreur dos au panier pour pousser les adversaires à prendre le risque de faire une prise à deux. Et là, on ne sait pas trop ce que vaut James.

Il y a donc quelques conditions à remplir avant que James rende réelle cette qualité de passeur-dos-au-panier-après-prise-à-deux qui est d'ores et déjà dans le top 33% de la NBA. On parle donc de potentiel. James a une pièce du puzzle mais pas les autres pièces qui lui permettent de placer celle qu'il possède déjà. Je ne serai pas contre de pouvoir glisser un œil cinq ou six ans dans le futur pour savoir s'il aura réussi à développer cet aspect du jeu.

L'autre élément qui m'intéresse dans l'article de Friend ne concerne pas vraiment le profil technique de James mais plutôt son niveau de jeu comparé à des joueurs plus significatifs que des lycéens. Le journaliste évoque ainsi l'entraînement auquel le jeune LeBron, finissant tout juste sa deuxième année lycéenne, avait été invité par Michael Jordan. Friend nous dit que l'adolescent avait tenu sa barque face à de véritables titulaires de la NBA, Jerry Stackhouse et Corey Maggette.

Ces deux-là, comme Jordan, ne jouaient probablement pas au maximum de leurs moyens (c'étaient les vacances pour eux, après tout). Il n'en reste pas moins qu'on peut en déduire que le niveau de jeu de James n'était pas gravement éloigné de celui de la grande ligue. D'autant plus que cela fait aussi écho à la bonne prestation qu'il a réalisée lors de l'entraînement des Cavaliers de Cleveland, il y a maintenant à peu près un an.

Friend ajoute que Jordan avait été impressionné par l'ambidextrie de l'akronien qui, précise le journaliste, mange et écrit de la main gauche mais shoote avec la droite (j'espère quand même que Jordan parlait de son ambidextrie basketbalistique parce qu'en dehors des terrains, cette particularité ne m'intéresse pas beaucoup en réalité). Cette louange est toutefois à mettre en balance avec la critique de Rosen qui se plaignait -certes de façon quand même assez pointilleuse- d'une main gauche du prodige insuffisamment adroite.

Mon cerveau m'a rappelé la session d'entraînement de James chez les Cavaliers quelques lignes en amont de cette lecture et justement, Friend y vient à son tour. C'est toujours un petit bonheur de repenser à cette histoire. Je me souviens encore avoir éclaté de rire en apprenant quelques jours après que ce petit rendez-vous privilégié avait coûté à la franchise NBA 150 000 dollars d'amende et deux matchs d'exclusion de son coach en chef.

Néanmoins, le journaliste rapporte que John Lucas -le dit coach en chef- ne regrette pas du tout ces sanctions tant les qualités de meneur de jeu de James l'avaient impressionné. En fait, ajoute Friend, des joueurs des Cavaliers -de vrais NBAers installés, hein- ont suggéré aux dirigeants de la franchise de transférer l'excellent meneur Andre Miller pour perdre des matchs et avoir une meilleure chance d'avoir James à la draft 2003.

Un éclair hilarant me traverse le crâne. Cleveland a effectivement transféré Miller lors de l'intersaison qui a suivi ! En échange de Darius Miles, lycéen prodige qui avait été drafté en 3ème position par les Clippers de Los

Angeles deux ans auparavant mais qui se montre pour l'instant plutôt décevant. Ironie de la vie, Cleveland se défait d'un très bon meneur de jeu contre un super lycéen déchu pour espérer avoir un autre super lycéen qui, elle espère, ne la décevra pas. Je pourrais presque imaginer le staff des Cavaliers, une fois James dans son effectif, montrer Darius Miles du doigt au jeune homme d'Akron pour lui rappeler en permanence que l'échec reste possible et qu'il doit tout faire pour éviter ce triste destin.

En réalité, je me souviens que c'est parce que les négociations d'une prolongation de contrat avec Miller ne se passaient pas comme la franchise et le joueur le voulaient que Cleveland a décidé de se séparer de son meneur. Possiblement que le club de l'Ohio avait aussi dans un coin de sa tête l'éventualité d'augmenter ses chances d'avoir James l'été d'après, mais si le propriétaire avait voulu mettre un peu plus d'argent ou si Miller s'était montré un peu moins gourmand, le joueur porterait toujours le maillot au « V » qui fait un panier de basket.

Par contre, une fois l'échec des discussions contractuelles définitivement entériné, peut-être que Cleveland aurait pu transférer Miller contre un ou des joueurs plus sûrs que Darius Miles. Enfin, je ne sais pas, je n'ai pas la chance d'être une petite oreille dans les coulisses de la franchise et de connaître les opportunités de transfert qui étaient sur la table.

En tous cas, que Miles ait été la meilleur contrepartie possible ou celle que les dirigeants ohioans ont préféré, ce transfert a effectivement eu pour effet de baisser le niveau de jeu de l'équipe et d'augmenter ses chances d'obtenir LeBron James (d'ailleurs, Friend note bien, avec un ton pince-sans-rire, que les Cavaliers viennent d'enchaîner quinze défaites de rang).

Je regarde rapidement le classement de la ligue américaine

en sachant très bien ce que je vais y retrouver. Effectivement, à quelques semaines de la fin de la saison régulière, Cleveland est à plat ventre tout au fond du classement, avec seulement les Nuggets de Denver à porté d'un bras tendu. Si les choses restent ainsi jusqu'à la fin, cela signifie que Cleveland est la franchise qui aura la plus grande probabilité d'être tirée au sort pour obtenir la première place de la draft. Cela ne représente que 25% de chances, mais c'est toujours mieux que 19,9%, les probabilités appartenant à l'équipe avant dernière du classement.

Sacrifier Andre Miller et une saison NBA pour tenter d'avoir un jeune au potentiel aussi colossal que LeBron James (ou à défaut un autre très beau talent comme Carmelo Anthony qui cartonne à l'université en ce moment) est une stratégie qui a du sens. Elle n'est pas sans risque -Darius Miles et d'autres nous rappellent que parier sur l'avenir ne fonctionne pas toujours- mais elle a du sens.

Et puis Cleveland n'est pas à l'abri d'une bonne surprise concernant Miles. Il n'a que 21 ans et tant de qualités athlétiques qu'il pourrait en revendre à d'autres NBAers sur le marché noir (comme à Andre Miller, par exemple). Il peut encore progresser.

Enfin, LeBron James est l'un des jeunes talents les plus attendus de l'histoire de la ligue américaine qui en plus d'avoir le potentiel d'un joueur historique, devrait dès le premier jour rapporter des torrents d'argent et de médiatisation. Il fait partie de ces talents qui justifient de sacrifier des Andre Miller et des victoires simplement pour avoir une chance de l'acquérir. Mais en plus, James est l'enfant du pays. Que l'histoire serait belle de le voir rester dans le giron qui l'a vu naître et grandir. On pourrait presque dire que la franchise de l'Ohio a deux fois plus de raison de tout tenter pour lui faire porter son maillot.

Par contre, si ce rêve se réalise, ça sera sans John Lucas, licencié mi-janvier et avant la rédaction puis la parution de l'article de Tom Friend. Le coach doit d'autant moins regretter d'avoir organisé cet entraînement avec James, parce qu'il se peut qu'il n'aura pas d'autres occasions de l'avoir sous ses ordres.

Revenons justement à l'article. Ainsi, des joueurs des Cavaliers étaient prêts à demander le transfert d'un coéquipier qui est probablement le meilleur élément de l'effectif, pour essayer d'avoir James, comme si ce jeune homme de dix-huit ans allait rendre bien plus forte l'équipe que ne l'aurait fait le dit meilleur élément. James a vraiment dû les épater, et j'ose espérer pas seulement parce qu'il a dunké sur l'athlétique Jumaine Jones et le grand (2,13m) Chris Mihm, comme le rapporte Friend.

Si pour les commentaires élogieux donnés à la presse par certains acteurs de la NBA, on peut parfois se demander s'il ne s'agit pas là de louanges bordées d'un peu de complaisance (comme globalement dans la vie, ils ont plus à gagner qu'à perdre à complimenter un jeune collègue), on ne peut pas en dire autant de NBAers qui viennent taper à la porte de leurs dirigeants pour faire partir le meneur titulaire de l'équipe. Au contraire, ces comploteurs risquent d'être considérés comme tels et comme des traîtres, en plus de se mettre à dos Andre Miller (c'est lui qui faisait les passes donc vaut mieux éviter de le contrarier si on veut toucher le ballon de temps en temps).

Évidemment, il se peut que cette manigance pour faire venir James ne soit pas tout à fait vrai ; que le journaliste rapporte les mots de quelqu'un qui a extrapolé des phrases entendues au détour d'un couloir ou pas saisi qu'il s'agissait d'une blague lancée au second degré.

J'essaie encore de deviner ce qu'est le niveau de jeu actuel du jeune homme par rapport à la NBA, mais il faut reconnaître que ces sessions d'entraînement pleines d'excellents commentaires avec des professionnels chez Jordan ou à Cleveland, additionnés aux excellentes performances face aux meilleurs lycées du pays commencent à remplir un tableau d'indices assez encourageant.
Friend a enfin le bon goût de rappeler que des critiques existent quand même dans ce paysage lumineux et brillant comme celui d'un conte de fée. Bon, ce n'est qu'une ligne (les aspects négatifs hors terrain comme la réapparition du père biologique en prennent beaucoup plus) mais elles ont le mérite d'être là.
Sont ainsi laconiquement pointés que James se montre désintéressé en défense (chose désormais bien documentée) et qu'il a tendance à privilégier de plus en plus le jeu extérieur. À propos de ce dernier élément, c'est une peur bien classique qu'on retrouve chez certains pros, que celle de les voir aller de moins en moins user de la gomme sur le parquet pour aller chercher les paniers à proximité du cercle et à plus fort pourcentage, afin plutôt de se contenter d'un shoot à distance, moins difficile à tenter et moins énergivore bien que moins efficace.
Meilleur le shooteur est, moins c'est grave, mais donc pour James qui n'y est pas encore vraiment satisfaisant, cela peut être un problème. Sauf à penser que n'ayant plus à prouver qu'il peut aller au cercle à volonté à ce faiblard niveau de compétition lycéen, il utilise maintenant ces rencontres pour s'entraîner aux tirs de loin en conditions de matchs. Ce ne serait pas idiot.
Le risque tout de même est qu'après une véritable progression (ou l'illusion d'une véritable progression), il pense pouvoir se permettre de privilégier ce « raccourci »

alors qu'en réalité, il resterait plus efficace et collectivement plus pertinent en cherchant à aller au cercle (meilleur pourcentage de réussite, plus grande possibilité d'avoir des lancers francs, davantage de perturbations de la défense pouvant mener à des positions de tirs libres de coéquipiers, etc...).
Il faut dire que le shoot à distance a ce petit goût de jeu de casino, où l'ivresse de l'aléatoire se mêle à la possibilité d'obtenir un gain avec peu d'effort, qui fait qu'on a toujours envie de retenter sa chance, qu'on réussisse ou qu'on rate sa tentative. Le shoot est une addiction dans laquelle il est facile de tomber et qui a déjà pris plusieurs grands talents dans ses filets (Charles Barkley, Gary Payton, Antoine Walker,...).

L'internaute espagnol a bravement mis en ligne d'autres articles du magazine d'ESPN consacrés à James, dont les paroles d'une chanson intitulée « La Ballade de LeBron James, l'Homme qui attaque le cercle » que son auteur, Dan Shanoff nous demande de chanter sur l'air de « The Ballad of John Henry ». C'est toutefois un autre article de Tom Friend qui retient mon attention, alors même qu'il s'écarte du basketball.
Le journaliste raconte à quel point LeBron James est également un footballeur américain incroyable et quel crève-cœur c'est pour ce sport de voir l'intéressé emmener ses talents dans le monde de la balle orange. James, dit-il, serait en effet déjà un receveur de niveau professionnel susceptible de jouer en NFL. Je lis ces lignes en me disant qu'ainsi, l'Élu est peut-être également l'Élu d'une autre discipline, ce qui serait quand même formidable. À un point tel que cela en serait presque comique.
Ce qui m'intéresse, toutefois, c'est ce que cela signifie pour le basket. Les caractéristiques qui en font aussi un si

bon footballeur américain ne disent-elles pas des choses sur ses caractéristiques basketballistiques ?

Dans ce papier, on apprend ainsi que son équipe de football US de St Vincent-St Mary aurait bien voulu le faire jouer à un second poste en plus de celui de receveur, à savoir celui de safety en défense (le gars tout derrière qui fait office de filet de sécurité). Elle l'aurait d'ailleurs fait si l'avenir de James dans le basket ne l'obligeait pas à éviter de multiplier les actions et les risques de blessure.

L'entraîneur assistant et ancien joueur des Green Bay Packers en NFL, Mark Murphy, dit que les safeties classiques n'ont assez de vitesse que pour aller suffisamment vite d'un bord à l'autre de l'axe du terrain (« entre les nombres », dit-il, le nombre de yards inscrits sur la pelouse-même). Mais James, lui, peut carrément aller d'un bord à l'autre du terrain dans le temps imparti.

Voilà qui confirme à quel point James est rapide, et l'est plus que les autres athlètes de son âge. Je n'ai jamais coulé qu'un regard épisodique sur le foot américain, mais il me semble que les safeties ont la grande majorité du temps, un gabarit bien moindre que celui de James (plutôt de l'ordre du mètre quatre-vingt cinq, tandis que James est annoncé à un peu plus de deux mètres), ce qui rend l'affirmation du coach encore plus impressionnante.

En me faisant cette réflexion, je crois me souvenir que j'en avais développé une similaire par le passé. Et étrangement, il était également question d'un comparatif avec des footballeurs américains. Je crois qu'on avait la mesure d'un sprint de James sur 40 yards et qu'il présentait un très bon temps comparé aux footballeurs US pour qui ce test est généralement prévu.

On a donc un coach qui dit que James est plus rapide que les autres safeties et un temps sur 40 yards qui va dans le même sens. Un entraîneur peut exagérer et un temps

chronométré peut être une sur-performance pas complètement représentative de la vitesse habituelle de l'individu. Mais avec ces deux éléments qui se recoupent, le doute se réduit sérieusement. Je crois qu'on peut donc affirmer que James est incroyablement rapide.
Mark Murphy indique aussi que le basketteur peut jouer quarterback, poste impensablement difficile qui exige une grande capacité d'analyse, une faculté à faire ces analyses en un clin d'œil et un fort discernement. Autant d'éléments qui se transposent en principe très bien au basket. Et qui sont d'ailleurs régulièrement évoqués quand il est discuté de ses œuvres sur un parquet. Je trouve intéressant de voir que ces qualités se retrouvent dans deux contextes différents. Cela ne confirme-t-il pas la réalité de ces qualités ?
Je tire une tête dubitative quand le journaliste avance que c'est le football américain qui a appris à James à suivre les consignes de ses entraîneurs et à être altruiste. Il ne développe pas pourquoi c'est ce sport qui est à créditer et pas le basket ou même James lui-même tout simplement. Et comme pour donner du grain à moudre à mon scepticisme, c'est un exemple purement basket qu'il donne pour illustrer que le jeune homme n'est pas -à ce jour- du genre à n'en faire qu'à sa tête quand une consigne contraignante lui est donnée : Dru Joyce, le coach de l'équipe de basket lui avait imposé de laisser un autre joueur que lui remonter la balle en début de possession, sauf quand il prend un rebond. James a suivi la règle sans discuter.
C'est bon à savoir qu'il a un tel état d'esprit. Ou plus exactement, c'est très bien tant que la consigne de l'entraîneur est pertinente.
Sur mon écran d'ordinateur, je fais descendre encore un peu la page du forum mais c'est fini. Soit le magazine

d'ESPN ne compte pas davantage d'articles, soit l'espagnol gentiment hors-la-loi n'en a pas recopié d'autres. Je remercie ce dernier en silence comme s'il était un voyageur anonyme et encapuchonné de passage dans une taverne isolée qui en partant, laisse un sac d'or probablement volé dans les poches d'un quelconque riche noble.

Deux semaines plus tard, le 16 mars 2023, un article de l'Associated Press attrapé au vol m'informe que LeBron James a porté son lycée à la victoire lors de la finale régionale malgré un ongle déchiré. Ce succès permet à St Vincent-St Mary d'être dans le dernier carré pour le titre de champion d'Ohio de division II. Cependant, plane encore au-dessus des têtes le risque d'une inéligibilité du héros à cause de cette histoire de maillots rétro donnés en échange de photos.

Le juge du comté de Summit ne s'est pas encore prononcé, dit le papier numérique, et je me demande si le vénérable magistrat ne fait pas un peu exprès de laisser la saison lycéenne se terminer pour éviter de faire froncer les sourcils de tout le monde. Il ne reste que deux matchs à jouer à St Vincent-St Mary, voire même un seul si le lycée perd la demi-finale d'État.

Dix jours se passent et un nouvel article de l'agence de presse américaine me rappelle qu'il n'y a pas que James, l'équipe entière de St Vincent-St Mary, le lycée lui-même, la télévision locale qui diffuse les matchs et peut-être toute l'économie d'Akron, qui seraient affectés par une interdiction de jouer de l'Élu. Le 26 mars se déroulait en effet l'équivalent du All-Star Game pour les lycéens : le McDonald's All-American Game.

Ce match de prestige est possiblement le plus grand

événement du basket des lycées américains. Il est d'ailleurs l'un des seuls qui est diffusé à la télévision nationale chaque année, et pas seulement une fois exceptionnellement parce qu'il y a un LeBron James rendant fou tout le pays, comme cela a été le cas avec le match de St Vincent-St Mary contre Oak Hill Academy. Cette rencontre a aussi l'immense intérêt de pointer sur la carte les meilleurs basketteurs lycéens des États-Unis.

Le nom de l'événement indique clairement quelle firme planétaire comptait bien voir James y participer. Mais on pense également à ESPN évidemment, diffuseur ici aussi de l'événement. Ces derniers temps, j'ai l'impression de ne pas pouvoir prononcer le nom de LeBron James sans devoir forcément citer la chaîne de télé quelques mots après.

Que tout ce beau monde aux poches bien remplies (mais quand même pas assez pour autant, manifestement) se rassure, le prodigieux jeune homme a pu participer à la fête. Avec un maillot affichant sur sa poitrine le grand « M » de la célèbre marque de restauration rapide, des chaussures qui se vendent à 100 ou 200 dollars et un micro siglé ESPN sous le nez. Mais aucun maillot vintage dans ses valises, donc c'est bon, on peut se détendre, pas vrai ?

Je remarque que l'événement s'est tenu à Cleveland, dans la salle des Cavaliers (décidément, James aura quand même bien souvent foulé ce parquet pour quelqu'un qui n'appartient pas à la franchise NBA). Je fouille l'article, il n'est pas indiqué si le choix de la ville voisine de James a été sciemment fait pour surfer sur la colossale vague médiatique que génère ce dernier, ou s'il avait été entériné encore avant et que ce n'est que pure coïncidence si ce All-Star Game lycéen se déroule dans la cité ohioan justement l'année où l'Élu né des terres alentours, y participe.

Cela dit, je dois avouer que l'avocat qui voudra me convaincre d'une coïncidence devra se lever tôt, déballer un argumentaire en titane, poser sur la table des preuves irréfutables et finalement, m'assommer en me frappant l'arrière du crâne pour m'empêcher de voter. Tout cela est forcément prémédité. Le mobile du McDonald All-American Game est bien trop évident, monsieur le juge.

Durant ce match, LeBron James a répondu aux attentes des gentlemen en costume. Il a empoché le trophée de meilleur joueur de la rencontre comme un artisan boulanger empoche les pièces de la vente de sa baguette, ainsi que la victoire de son équipe comme un comptable consciencieux.

Il a présenté sa facture standard avec 25 points, 7 rebonds et 7 passes décisives, des dunks et des passes spectaculaires. Il n'a pas réalisé sa prestation de luxe (un tiède 12 sur 24 de réussite aux tirs dont un glacial 0 sur 5 à trois points), mais il a malgré tout, encore une fois, dominé l'élite des basketteurs lycéens.

James plane loin au-dessus du niveau de jeu lycéen, et cela de façon constante (pour ne pas dire permanente). D'ailleurs, l'article m'apprend que James avait une peu avant gagné le titre d'État avec St Vincent-St Mary (le troisième en quatre ans) et le trophée de Mr Basketball de l'Ohio (trois fois également, un record dans cet État du nord).

La domination du bonhomme d'Akron est totale mais attention, cette suprématie n'est pas systématiquement gage de réussite au niveau supérieur. Je me souviens avoir accroché les noms de Jerod Ward ou encore Damon Bailey sur le tableau « à suivre » de mon esprit en les entendant remporter l'un des différents trophées de basketteur lycéen de l'année, puis être déçu en les voyant ensuite n'être que des joueurs corrects à l'université. Ainsi, on peut être beaucoup trop fort pour le championnat lycéen mais pas assez pour la NCAA. Évidemment, le passage à la NBA est encore plus brutal.

D'ailleurs, c'est en partie l'objet de l'article de Chad Ford publié sur ESPN.com quelques heures avant le McDonald All-American Game. Il note que « l'invasion » des lycéens dans la ligue professionnelle s'est essoufflée avec les débuts difficiles de certains qui ont pourtant été draftés très haut comme Kwame Brown, Tyson Chandler, Eddy Curry et DeSagana Diop (respectivement en première, seconde, quatrième et huitième positions) deux ans auparavant.

La draft suivante, celle de 2002, n'en a retenu qu'un seul dans la totalité de ses cinquante-huit strapontins : Amare Stoudemire, en neuvième position. Cette panne sèche est en partie dû au manque de lycéens candidats (seulement quatre) mais peut-être aussi que les franchises de la ligue ont posé une main prudente sur le frein à main cette fois. Possiblement après avoir vu que Brown, Chandler, Curry et Diop ont passé une saison difficile, ou encore que Jonathan Bender et Darius Miles ne sont toujours pas devenus des Kevin Garnett, Kobe Bryant ou Jermaine O'Neal malgré quelques années dans la ligue.

Parmi les trois autres lycéens de 2002 qui n'ont pas eu la joie d'être appelé lors de la draft, il y a quelques mois désormais, j'avais retrouvé avec un petit pincement au cœur le fameux rival de LeBron James, Lenny Cooke, ainsi que DeAngelo Collins qui avait lui aussi naguère été cité en haut lieu. Je crois que j'ai vu Cooke tenter sa chance dans une ligue professionnelle mineure aux États-Unis mais je n'ai pas beaucoup entendu parler de lui. Quant à Collins, je me souviens avoir vu son nom dans l'effectif des Raptors de Toronto pendant la pré-saison mais plus du tout par la suite. Une rapide recherche m'apprend qu'il est en Turquie mais qu'il ne joue pas.

Dans l'article, Tyson Chandler -qui commence tout juste à montrer des progrès encourageants, dit le papier- raconte la difficulté de passer du lycée à la NBA : « Tous ces trucs avec lesquels tu t'en sors au lycée, ils [les adversaires] te les enlèvent en NBA. Tes meilleurs trucs. Les équipes comprennent comment tu joues, et ensuite elles ne te laisseront pas faire ton truc. J'essaie constamment d'ajouter des choses à mon jeu, mais en ce moment, beaucoup de ce que je fais est forcé. »

Bref, ce qui fonctionne systématiquement au lycée ne passe pas en NBA. C'est pour ça que même si LeBron James tient le basket lycéen dans sa main, on ne sait pas trop à quel point ce qu'il y fait marchera au niveau professionnel. Chandler prévient l'Élu : « LeBron va avoir un réveil brutal ».

Chad Ford, toutefois, se montre optimiste envers les lycéens, indiquant que pour ceux qui ont été sélectionnés au premier tour de la draft, un seul en réalité est un ratage complet, Leon Smith. Ce dernier est en effet le seul à ne plus être en NBA (même si dans son cas, il semblerait que ce n'est pas tant que ça ses qualités de basketteur qui se sont mis en travers de sa carrière).

Ford me paraît cependant être un peu conciliant. Je veux bien reconnaître que Chandler et Eddy Curry semblent être sur la bonne voie mais je n'en dirais pas autant de Kwame Brown, DeSagana Diop et DeShawn Stevenson. Ceux-là ont certes du temps de jeu mais celui-là n'est pas bien grand. Une dizaine de minutes pour Diop et Stevenson, à peine plus de vingt pour Brown. Et dans ces moments passés sur le parquet, combien sont ceux donnés pour essayer de les faire progresser et non parce qu'ils le méritent ?

Ford se montre également très généreux envers Jonathan

Bender en disant que le joueur d'Indiana est sur le point d'éclore. Personnellement, je ne suis pas sûr de voir de différences majeures dans son jeu cette année. Il ne joue toujours pas plus de vingt minutes par rencontre alors qu'il est en NBA depuis quatre ans maintenant. Darius Miles n'est pas cité, mais c'est un petit peu la même histoire.

Alors certes, ces joueurs sont encore dans la rotation d'équipes NBA mais je ne pense pas trop m'avancer en disant que ceux qui les ont recrutés sont déçus. Il n'y a rien de sûr à drafter des lycéens.

Il n'y a rien de sûr avec les universitaires et ceux qui viennent d'au-delà des frontières américaines non plus, mais la NCAA ou les ligues professionnelles étrangères sont un premier test avant la NBA. Jerod Ward, Damon Bailey ou encore Ronald Curry et Marvin Stone sont des exemples de lycéens d'élite qui n'ont pas réussi la transition en NCAA. En voyant leurs échecs universitaires, je ne peux pas m'empêcher de penser qu'une franchise NBA aurait peut-être drafté l'un d'eux s'ils étaient proposés à la grande ligue directement depuis le lycée, et qu'elle s'en serait mordue les doigts.

Le passage en NCAA -ou ailleurs tant que le niveau y est plus élevé que celui du championnat lycéen- offre un premier filtre mais il permet aussi une meilleure évaluation du joueur qui évolue alors face à des joueurs mieux dotés intellectuellement, techniquement et physiquement. Ce n'est pas encore pareil que la NBA mais l'écart reste moins grand qu'avec le lycée.

Mesurer ce que sera le niveau de jeu d'un jeune joueur en NBA alors qu'il n'y est pas encore n'est pas facile, et cela l'est encore moins quand l'intéressé évolue dans un championnat aussi faible et particulier que celui des lycées.

Note à part, c'est du coup plutôt un bon calcul de la part

des lycéens de profiter de ce flou pour accéder à la NBA et à une belle rémunération, quitte à risquer d'avoir le mot « échec » tamponné sur le coin du front par la suite. Damon Bailey aurait probablement gagné plus d'argent et eu davantage de temps de jeu en NBA (et donc une meilleure chance de se développer et de s'y faire une place) s'il s'était présenté à la draft après sa superbe carrière lycéenne. Àf la place, après quatre saisons gentillettes mais pas extraordinaires à l'université, il a été drafté en 44e position et n'a eu droit qu'à une minuscule place en bout de banc chez les Pacers d'Indiana pendant une petite année uniquement. Tandis que dans la même équipe, Jonathan Bender se voit encore donner plusieurs occasions de faire ses preuves et de progresser.
Bon, même pour ces lycéens le pari est risqué comme l'a montré Leon Smith qui n'a, semble-t-il, pas pu gérer mentalement la plongée dans le monde professionnel avec son lot de pression interne et externe, d'exigence, d'autonomie et autres trucs nouveaux pour quelqu'un à peine sorti de l'adolescence. Ou encore Lenny Cooke et DeAngelo Collins qui auraient peut-être pu se servir de la NCAA pour rassurer la NBA sur leur niveau de jeu et se faire drafter.

Le propos de Chad Ford -plutôt optimiste à mes yeux, donc- est que si l'an passé, les difficultés de Kwame Brown, Tyson Chandler et compagnie ont pu refroidir la NBA au sujet des lycéens, la saison actuelle a probablement réchauffé les esprits. Tyson Chandler et Eddy Curry montrent des progrès et surtout, le seul lycéen drafté cette année, Amare Stoudemire, réalise une saison rookie que Ford qualifie de dominante. Et puis, un autre lycéen arrive l'an prochain, LeBron James, bien sûr. Bref, l'invasion des lycéens est encore d'actualité, clame le journaliste.

Ford précise que Stoudemire est une exception (dans le sens où dès sa première année dans la ligue il s'impose déjà comme un véritable titulaire qui joue une trentaine de minutes par match). Je regarde un peu les chiffres des anciens lycéens rookie qui sont devenus des stars : il est vrai qu'aucun des Kobe Bryant, Tracy McGrady, Jermaine O'Neal ou Rashard Lewis n'a eu un temps de jeu supérieur à vingt minutes en moyenne lors de leur première année dans la grande ligue, ni ne marquait plus de dix points par match. Il n'y a que Kevin Garnett qui flirtait avec les trente minutes et qui atteignait tout juste les dix unités au scoring.

Aujourd'hui, à quelques semaines de la fin de saison, Stoudemire affiche trente-deux minutes et un peu plus de treize points en moyenne. C'est impressionnant, notamment comparé aux joueurs cités plus haut dont on sait qu'ils sont par la suite devenus des membres de l'élite de la NBA, mais qui ont quand même eu besoin d'un temps de transition avant de montrer tout leur talent.

Certains pourraient rétorquer que chacun a connu un contexte différent et que peut-être, les Garnett, Bryant et McGrady auraient eux aussi pu être d'entrée de jeu aussi productifs que Stoudemire, mais que c'est surtout leur équipe qui ont préféré les faire plonger dans le bain avec précaution. C'est peut-être vrai mais c'est de la théorie. Et qu'importe après tout, la question est de réussir à différencier, avant la draft, qui sont les Bryant, McGrady et O'Neal, et qui sont les Bender, Miles et DeShawn Stevenson, ces joueurs actuellement en échec qui, pourtant, étaient dominants au lycée.

Je crois me souvenir qu'avant leurs drafts respectives, Kwame Brown et Amare Stoudemire -tous les deux

occupant le poste d'ailier fort- étaient présentés avec un petit peu les mêmes atouts : d'incroyables qualités physiques et suffisamment de basket dans les mains pour transformer ces qualités en chances de gagner pour leurs équipes lycéennes. Il me semble d'ailleurs que Brown faisait briller les regards en montrant déjà un certain potentiel au niveau technique, avec une capacité de dribble et de shoot malgré sa taille. De ce côté-là, Brown semblait plus avancé que Stoudemire.
Mais une fois tous les deux en NBA (en décalé, Stoudemire débarquant un an après Brown), on a pu voir que l'un était en réalité un large cran au-dessus de l'autre. Et ce n'était pas Brown.
Dans ces matchs appartenant au plus fort championnat du monde, il est assez typique de les voir tous les deux recevoir la balle sur le côté de la raquette, un pas avant la peinture et avec un défenseur bloquant l'accès au panier.
Quand il est dans cette position, Stoudemire arrive la plupart du temps à déborder son adversaire et à se trouver un tir qui a une chance raisonnable d'être réussi. Il y arrive parce que le premier pas de son débordement est plus vif et plus brutal que ne l'est le pas de côté défensif de la majorité des NBAers du même poste. Ensuite, la vitesse de ses mouvements suivants et l'ampleur de ses enjambées (lesquelles appellent une agilité, une coordination des membres et un équilibre de très haut niveau quand on mesure 2,08m ; à quoi il faut ajouter un peu de technique parce qu'il réalise souvent ce débordement avec un ou deux dribbles) participent à lui donner cet instant d'avance sur son défenseur. Puis il saute bien haut et détend toute sa longueur des pieds jusqu'au bout des doigts pour approcher sa main porteuse du ballon jusqu'à proximité du panier. C'est ensuite à sa dextérité d'œuvrer pour que la balle traverse le filet. Parfois d'ailleurs, il n'en a pas

besoin, ses qualités physiques lui permettent directement de dunker.

C'est le cumul de ces caractéristiques physiques qui lui permet d'avoir un avantage quasi-systématique sur les intérieurs opposés.

Il n'est pas spécialement plus grand que les autres ailiers forts de la grande ligue mais il n'est pas plus petit non plus. Pareil pour sa longueur de bras. Sur ces aspects, il fait jeu égal mais par contre, il ne perd pas de points par rapport aux autres. Là où il semble être au-dessus de la moyenne NBA, voire même peut-être dans les sommets du classement -et qui lui donne cet avantage presque permanent-, c'est au niveau de sa vivacité, de son agilité et de sa coordination.

On peut ajouter également qu'il est suffisamment costaud pour ne pas trop être déstabilisé par les contacts quand il fait son débordement et saute en l'air. La cerise sur le gâteau est que Stoudemire a de grandes mains. Il n'est pas rare de le voir tenir fermement la balle d'une seule mimine, comme s'il s'agissait d'un gros pamplemousse ou d'un melon. Cet atout anatomique supplémentaire lui permet d'économiser quelques micro-gestes et nécessite un peu moins de coordination entre tous ses membres, pour rendre encore un peu plus tranchant ses débordements.

Comme je disais, Kwame Brown se retrouve lui aussi souvent dans cette position en bord de raquette. L'histoire, cependant, n'est pas la même. On le voit essayer de déborder brutalement son défenseur comme le fait Stoudemire. Mais dans son cas, pratiquement de façon systématique, le joueur adverse arrive à se décaler à temps pour mettre son corps en opposition. Brown se cogne alors le nez dans le torse ennemi ou bien stoppe son débordement en catastrophe pour tenter autre chose, généralement un nouveau débordement, un renversement en rotation dans l'autre sens (un « spin move ») qui n'aboutit pas davantage ou un shoot difficile par dessus le pénible défenseur.

Stoudemire passe là où Brown ne passe pas. Brown est quelques centimètres plus grand que le joueur des Suns (2,11m contre 2,08m), a la même longueur de bras, ne paraît pas moins costaud et il saute haut. Mais son premier pas balle en main n'est pas autant explosif. Plus problématique, ce premier pas n'est pas plus vif que ne l'est le déplacement latéral des défenseurs NBA du même poste.

En voyant Stoudemire et Brown tenter tout le temps ce débordement en un-contre-un aux abords de la peinture pendant leur première saison dans la ligue professionnelle, je devine que c'était une action habituelle chez tous les deux quand ils étaient sur les terrains lycéens. Et surtout, que tous les deux la réussissaient avec aisance.

Brown et Stoudemire réussissent la même action au lycée mais quand ils passent en NBA, seul Stoudemire arrive encore à la passer.

C'est le problème de jouer à un trop faible niveau, face à des défenseurs moins bien dotés physiquement et moins basketballistiquement intelligents : que ce soit face à un attaquant plus fort qu'eux (Brown) ou face à un joueur beaucoup, beaucoup plus fort qu'eux (Stoudemire), ces défenseurs lycéens se font passer pareil. Dans les deux cas, l'attaquant réussit son débordement et marque son panier sans problème. Comment voulez-vous percevoir qu'en réalité, l'un est bien meilleur que l'autre ?

C'est pour cette raison que voir LeBron James dominer des lycéens (et même les meilleurs d'entre eux) jour après jour ne suffit pas à satisfaire mon besoin d'information. Ses performances, aussi impressionnantes soient-elles, ne

donnent qu'une idée approximative du joueur qu'il sera en NBA. Peut-être même dessinent-elles quelques illusions trompeuses.
Ce problème d'étalonnage est particulièrement sensible pour évaluer les qualités physiques car celles-ci, au-delà même de leur importance intrinsèque dans le jeu d'un joueur, sont rarement véritablement améliorables, contrairement à la technique ou au savoir-faire. C'est donc bien sur cet aspect du profil d'un basketteur qu'il est dangereux de se tromper quand on recrute un jeune prétendant. Si ces caractéristiques physiques se révèlent être trop en dessous du niveau requis par la NBA, le pauvre joueur sera probablement condamné à essayer de vivre avec ce lourd boulet au pied.
Heureusement, si Kwame Brown est moins explosif que prévu balle en main, il n'a pas pour autant les pieds dans le béton. D'ailleurs, il est beaucoup plus vif sur pattes quand il n'a pas le ballon, chose exploitable en défense mais aussi en attaque s'il améliore sa technique de démarquage.
Globalement, son profil physique reste intéressant et s'il n'est actuellement pas un très bon joueur à ce niveau de compétition (le plus élevé du monde, on le rappelle), il peut -c'est même ce qui est attendu- se développer sur le plan technique et de la science du jeu pour devenir un élément qui compte dans la ligue. Peut-être même jusqu'à, un jour, faire honneur à son statut de n°1 de draft.
Amare Stoudemire a déjà beaucoup d'avance sur lui, cependant je me garderais encore de dire que l'ailier fort de Phoenix est d'ores et déjà un joueur de top niveau. Il affiche des aptitudes physiques d'élite pour le niveau NBA mais pour l'instant, son seul véritable apport sur un parquet professionnel est cette capacité à marquer des points sur ces situations de jeu aux abords de la raquette évoquées depuis maintenant plusieurs minutes. Et encore,

il n'y est pas d'une efficacité fabuleuse : son adresse générale -a priori semblable à son adresse sur ces actions-là puisqu'il ne fait pratiquement que ça- atteint presque 47% de réussite, ce qui est dans la moyenne de la ligue mais quand même un peu décevant pour un joueur qui prend ses tirs à proximité du cercle.

J'attends encore de lui qu'il gagne en efficacité et peut-être qu'il développe un peu de diversité offensive avec pourquoi pas de la passe et du tir à distance. Il faudra aussi qu'il améliore à peu près tous les aspects de sa défense.

Kwame Brown a déjà un peu plus de shoot (mais pas encore suffisamment efficace pour être intéressant) et un meilleur apport défensif (même s'il saute souvent pour des contres qui n'existent pas). Il peut tout à fait devenir un très bon joueur sans forcément avoir la capacité de débordement de Stoudemire.

Là est la clé pour ces jeunes basketteurs : être capable de s'améliorer une fois en NBA. Même pour Stoudemire, aussi impressionnante sa première année professionnelle est-elle pour quelqu'un qui vient directement du lycée. C'est cela qui va déterminer leur avenir dans la ligue.

L'ennui, c'est qu'il est pratiquement impossible de deviner à l'avance qu'un jeune joueur arrivera à passer des caps au plus haut niveau.

Certains estiment qu'il faut regarder si le jeune basketteur travaille dur et écoute son entraîneur pour savoir s'il progressera. D'ailleurs, dans son article sur les lycéens du McDonald All-American Game, Chad Ford fait un focus sur l'attitude de LeBron James durant les séances d'entraînements précédant le match de l'événement sponsorisé par l'enseigne au clown jaune et rouge.

« Vous pouvez voir un paquet de ce qu'il sait faire en regardant les rencontres » dit un recruteur. « Mais voir ce qu'il fait ici [à l'entraînement] est tellement important. Le match [du McDonald All American] lui-même est insignifiant. Ce qui l'est, c'est comment il [James] répond au coaching, comment il s'intègre à ses coéquipiers, à quel point il joue dur. Ce sont ces choses que nous regardons. Actuellement, je dirais qu'il réussit avec brio. »

Un autre recruteur va dans le même sens : « Ses habitudes de travail sont extraordinaires. Il s'entraîne aussi dur qu'il joue [les matchs, je comprends]. Il fait mordre la poussière à tous les autres gamins, lesquels sont tous des All-Americans [c'est-à-dire récompensés d'une sélection dans les différentes « équipes de l'année » lycéennes]. Il a été le premier arrivé à l'entraînement. Incroyable. »

Pour sûr, je vois d'un bon œil un joueur qui présente une telle attitude (même si on se souvient que d'autres observateurs parlaient d'arrogance et d'efforts à géométrie variable). Il semble aussi logique que ce comportement augmente ses chances de poursuivre sa courbe de progression au niveau supérieur. Mais cela garantit-il que cela sera le cas ?

Pas vraiment. Joe Smith est arrivé en NBA en 1995 après deux saisons exceptionnelles à l'Université de Maryland, et on pouvait lire partout qu'en plus de présenter des qualités physiques et techniques de haut standing, il était intelligent et un gros travailleur. Avec une insistance particulière sur ce tout dernier point.

Avec ce profil idéal et cette massive éthique de travail, il a été drafté en première position par les Warriors de Golden State. Pourtant, son niveau de jeu n'a jamais véritablement évolué depuis ses premiers pas dans la ligue et il doit se contenter aujourd'hui d'être un solide joueur de rotation

À l'inverse, quelques mots avaient pointé l'investissement discutable de Tracy McGrady et on l'a pourtant vu gravir les niveaux de jeu de la NBA jusqu'à ses sommets ou presque. Je crois vaguement me souvenir que l'attitude de

Shawn Kemp avait également été une source d'inquiétude. On peut penser qu'on en a vu quelques conséquences par la suite mais quoiqu'il en soit, Kemp a poursuivi le développement de son jeu jusqu'à devenir l'un des meilleurs joueurs de la NBA à son poste.

Il y a des joueurs qui travaillent jour et nuit leur tir à distance sans jamais obtenir plus qu'une amélioration marginale. Parfois parce que ces joueurs s'entraînent beaucoup mais mal, parfois parce qu'ils leur manquent un élément intrinsèque compliqué à développer (pour le shoot cela peut être un certain manque de toucher de balle, mais il peut aussi s'agir d'une limite physique par exemple). Parfois, on ne sait pas trop pourquoi les joueurs ne progressent pas malgré tout le boulot abattu dans les gymnases tard le soir.

Amare Stoudemire est pour le moment un meilleur NBAer que Kwame Brown mais il existe un scénario où ce dernier se développe au point de rattraper et dépasser l'intérieur de Phoenix. Il existe aussi un futur parmi d'autres où Stoudemire ne s'améliore jamais et reste éternellement le joueur qu'il est actuellement, à savoir un joueur pas si intéressant que ça.

LeBron James semble parti pour débarquer dans le monde professionnel plus fort qu'aucun autre lycéen avant lui et pour réaliser une première saison du calibre de celle de Stoudemire. Voire plus impressionnante encore. Mais progressera-t-il encore par la suite ?

Quelques semaines plus tard, le 25 avril, LeBron James revient truster les premières pages des différents sites web du basket en annonçant qu'il se présente à la prochaine draft de la NBA.

Le jeune homme ne nous prend pas vraiment par surprise

mais il avait néanmoins jusqu'à présent délicatement laisser planer l'éventualité qu'il aille quand même faire un tour à l'université avant de tenter le grand saut, instiguant une petite touche de suspense autour de lui comme le ferait un bon romancier.

Je réalise que la rencontre du McDonald All-American était ainsi son dernier match en tant que lycéen. Cette année encore le Nike Hoop Summit -cet affrontement entre les meilleurs basketteurs américains des lycées et une sélection des plus forts joueurs de la même catégorie d'âge sévissant dans le reste du monde- n'aura pas lieu. Non pas que ce nouveau match réunissant la crème des espoirs du basket planétaire aurait apporté des informations supplémentaires sur James (désormais, seuls des rencontres l'opposant à des adultes le pourraient) mais j'aimais bien voir le résultat et les performances de ces matchs au goût de futur.

LeBron James sera donc normalement en NBA l'an prochain. Comme Chad Ford et d'autres le laissaient entendre, probablement même qu'il sera choisi en première position de la draft. Les seuls candidats qui se présentent devant l'estrade pour lui disputer cette place sont Carmelo Anthony, qui après avoir été le rival de James au lycée, est parti gagner le titre de champion NCAA avec l'université de Syracuse, et Darko Milicic, un intérieur serbe qui joue contre des adultes aguerris dans son pays -grande nation du basket qui sort régulièrement des joueurs fabuleux- depuis qu'il a 16 ans et qui aujourd'hui sans encore avoir 18 ans, s'impose déjà comme un excellent élément de la première division serbe. Les dés semblent toutefois jetés. Il est sage d'avoir à l'esprit le manque de fiabilité des performances lycéennes pour évaluer un niveau NBA et de conserver sur un mur de son cerveau les sombres exemples de Jonathan Bender,

Darius Miles et peut-être aussi Kwame Brown en guise d'avertissements, mais évidemment, personne ne voudra prendre le risque de passer à côté d'un Kevin Garnett, d'un Kobe Bryant ou d'un Tracy McGrady. D'autant plus quand le lycéen de cette année a été bien plus impressionnant que ces trois-là ne l'avaient été.

Parlant de dés, quelle franchise NBA aura la chance de tirer le gros lot ? La saison régulière est terminée depuis une paire de semaines et les franchises qui ont obtenu les plus mauvais résultats vont pouvoir participer à la loterie qui désignera leur ordre de sélection à la draft. Les plus malheureux ont une chance de devenir les plus heureux dans cet effort de la ligue pour rééquilibrer le championnat.

Volontairement ou non (un petit peu, beaucoup, passionnément, ...), les Cavaliers de Cleveland sont restés collés au fond du classement toute la saison. Mais ils n'y ont fini pas seuls, les Nuggets de Denver se sont également en effet retrouvés couchés à côté d'eux quand le gong final de la saison a retenti. Les deux équipes ont terminé avec un bilan identique de 17 victoires pour 65 défaites.

Cleveland a dû tirer la même grimace que quelqu'un à la plage qui voit un touriste s'installer à côté de lui alors qu'il y avait plein de place ailleurs. Au lieu d'avoir 25% de chances de rafler le droit de choisir en premier, elle n'en n'aura que 22,5%. Mais plus que cette légère perte de points de pourcentage, c'est la circonstance que Denver aura également 22,5% de ces chances qui doit faire grincer la franchise de l'Ohio.

Il y a donc 45% de probabilités que James atterrissent sur les terres qui l'ont vu naître, grandir, se révéler et illuminer la planète basket ; ou dans les montagnes rocheuses du centre des États-Unis. Deux franchises qui par ailleurs,

n'ont jamais gagné de trophée de champion ou même eu l'honneur d'occuper un peu sérieusement les sommets de la ligue. Nul doute que si James se montre à la hauteur des attentes, cela risque de changer.
Toutefois, 45% c'est beaucoup et peu à la fois. Il y a quand même à l'inverse plus de la moitié des scénarios qui envoient le first pick à une autre équipe comme Toronto (15,7% de chances), Miami (12%), Los Angeles version Clippers (8,9%), Memphis (6,4%), Chicago (4,4%), Atlanta (2,9%), New York (1,5%), Washington (1,4%), Golden State (0,7%), Seattle (0,6%) ou enfin Houston (0,5%).
Quelques semaines s'écoulent encore et cette fois James vient nous faire un coucou avec un grand sourire aux lèvres. En tant que candidat à la draft NBA, il n'est désormais plus tenu de faire attention à son inéligibilité pour les matchs lycéens et universitaires, et d'esquiver les propositions d'argent provenant de tout part. Conséquence presque immédiate, on apprend en ce 22 mai qu'il a signé un contrat de 90 millions de dollars sur plusieurs années avec une marque de chaussure. Mais qui a-t-il donc choisi entre Adidas et Nike ?
Et bien, il a signé avec Nike. D'ailleurs, on apprend que Reebok était finaliste devant Adidas. Étrange, c'est la première fois que je vois passer le nom de l'équipementier d'origine britannique dans cette course
Je vais me coucher. Demain matin, quand je me réveillerai, je découvrirai quelle franchise NBA aura reçu le premier choix de la draft 2003.

22,5% de chances, ce n'est pas tant que ça quand on y pense. Un basketteur qui affiche cette adresse aux tirs n'a probablement pas sa place sur un terrain. Si un jeu de

hasard me propose ce pourcentage de probabilité de gagner, je passerai sans doute mon chemin en me disant qu'il ne faut pas être bien bon en mathématiques pour se laisser prendre à pareille escroquerie. Qui parierait sa chemise quand il y a presque 80% de chances d'échec ?
Quoiqu'il en soit, les Cavaliers de Cleveland ont obtenu le droit de choisir en premier lors de la draft 2003.
Je ne sais pas si LeBron James donnera réalité à son sobriquet d'Élu mais quelles sont les probabilités que la franchise NBA de l'État qui l'a vu grandir soit tirée au sort précisément l'année où ce joueur est à cueillir ? C'est une belle histoire mais n'importe quel éditeur passerait une soufflante à l'écrivain qui terminerait son récit avec un croisement de coïncidences si arrangeant.
La langue venimeuse qui parle parfois dans le secret de mon esprit siffle que la coïncidence est trop grande, que l'histoire est trop belle pour qu'elle n'ait pas été écrite par une main humaine. Il est vrai que certains commerciaux disent que les histoires font vendre alors associer cet adolescent qui est une sorte de poule aux œufs d'or de 2,03m, à un conte de fée moderne a peut-être fait saliver les dirigeants NBA comme des enfants devant la maison de pain d'épices et de sucre des frères Grimm. Ça ne serait pas la première fois que des rumeurs viendraient parler d'une loterie de draft truquée.
La draft elle-même ne se déroulera qu'à la fin du mois de juin mais pour ce qui est du choix de joueur que fera Cleveland, il ne fait aucun doute. Les décideurs de la franchise risqueraient une émeute s'ils ne sélectionnaient pas l'enfant prodige du pays. En réalité, il se peut que chaque franchise en position de recruter James qui ne le ferait pas risquerait une révolution populaire tant l'engouement autour du jeune homme est phénoménal. Mais dans l'Ohio, c'est de la fierté du coin dont il s'agit.

Tout l'État n'a cessé de couver l'adolescent d'un regard affectueux et le cœur rempli d'amour lors des dernières années.

Mon œil abandonne un instant la première ligne de l'ordre de draft pour regarder la suivante. Là apparaît la franchise de Detroit. Detroit ? Comment ça, Detroit ? Seules les équipes non qualifiées pour le tournoi post-saison participent à cette loterie, et Detroit est en ce moment même en train de batailler contre les Nets de New Jersey en finale de la Conférence Est. Alors qu'est-ce que cette franchise fait à cette deuxième place de la draft ?

Après quelques recherches, je rigole en même temps que tous les journalistes qui écrivent leur article. Ce sont les Grizzlies de Memphis qui ont initialement, à la surprise générale, décroché le second strapontin. La franchise du Tennessee n'avait qu'un maigrelet 6,4% de chances d'obtenir le premier spot et juste un peu plus d'avoir la deuxième place, mais le sort a décidé de se montrer inconventionnel et de la favoriser elle en particulier.

Cependant, le sort avait manifestement une géniale blague en tête car ce pick de draft doit revenir à Detroit en conséquence d'une transaction vieille de six ans.

Durant l'été 1997, Les Grizzlies et les Pistons de Detroit s'entendent pour un échange de bons procédés comme il y en a en permanence en NBA. Les Grizzlies, qui sont alors à Vancouver et non à Memphis, font l'acquisition de l'intérieur Otis Thorpe -solide joueur qui a été champion avec Houston en 1994- en échange d'un futur choix de draft. Thorpe n'est plus tout jeune mais si mes souvenirs ne sont pas trop corrompus par le temps, il s'agissait d'apporter un peu d'expérience et d'encadrement à une très jeune formation autour du talentueux Shareef Abdur-Rahim, du massif Bryant Reeves et du meneur tout fraîchement drafté en quatrième position, Antonio Daniels.

Sur le principe, pourquoi pas. De son côté, Detroit avait dans l'idée de se libérer du contrat de Thorpe pour pouvoir signer d'autres joueurs, d'autant plus que l'intérieur et le coach, Doug Collins, ne se parlaient plus depuis plusieurs mois. C'était donc chose faite en transférant le joueur grognon chez les Grizzlies contre un simple pick de draft. Ce dernier ne compte pas dans la masse salariale encadrée de la franchise tant qu'il n'est pas utilisé, ce qui permet de faire les économies recherchées. Et un jour prochain, ce choix de draft pourra donner un sympathique jeune joueur.
À l'époque, les dirigeants Grizzlies avaient quand même (un tout petit peu) conscience que l'échange n'était pas très équilibré. Si ce pick s'avérait, le moment venu, être haut placé dans la draft, le jeune joueur recruté pourrait en effet être beaucoup plus fort que l'âgé Otis Thorpe. Ils ont donc posé une condition au transfert de leur pick à Detroit : ils pouvaient, au moment où la position de ce choix de draft sera connu, décider de le conserver et de repousser son envoi dans le Michigan à la draft de l'année d'après. Il a ainsi été convenu que les Grizzlies pourraient ainsi garder leur pick et repousser son transfert pendant les cinq prochaines draft. Si le pick n'avait pas été donné avant la draft de 2003 donc, il reviendrait de droit aux Pistons sans restriction. Enfin si, une. Si le choix se retrouvait être le premier de cette draft 2003, il restait cette année encore la propriété des Grizzlies.
L'ordre de draft étant corrélé aux nombres de victoires (grosso modo, plus une équipe remporte des matchs durant la saison, plus sa position descend dans la draft), les Grizzlies espéraient pouvoir être suffisamment bons au fil des années pour pouvoir céder le pick quand celui-ci ne serait pas extraordinairement bien placé. Sauf que ce jour n'est jamais arrivé durant les cinq drafts qui ont suivi. Oui, c'est un peu triste.

Lors de la draft suivante, celle de 1998, les mauvais résultats des Ours les ont amenés à obtenir le second choix. Logiquement, ils ont décidé de le garder, remettant à plus tard son transfert à Detroit. Avec cet excellent pick, ils ont sélectionné Mike Bibby. Ils se sont à nouveau retrouvés avec le second pick un an plus tard et ont jeté leur dévolu sur Steve Francis qui, ne voulant pas porter les couleurs turquoises de cette équipe, les a forcé à le transférer immédiatement. L'année suivante, à défaut de gagner des matchs, les Grizz réussissaient l'exploit de décrocher une troisième fois d'affilée le second strapontin de la draft.
Vous comprenez pourquoi, jusqu'à présent, les dirigeants de Vancouver n'ont pas voulu donner leur choix à Detroit. Stromile Swift sera alors sélectionné.
Choisissant en sixième position lors de la draft 2001, ils engagent Shane Battier (ainsi que Pau Gasol avec le 3ème pick acquis auprès d'Atlanta contre Shareef Abdur-Rahim). Avec le quatrième pick la fois suivante, ils prennent Drew Gooden.
Puis là, en 2003, alors que la franchise désormais installée à Memphis réalise la meilleure saison de son histoire (28 victoires pour 54 défaites, ce qui reste pas fameux), le hasard décide de la remettre en seconde position de la draft avec un gros rire gras. Bien sûr que le hasard savait que les Grizzlies ne pourraient pas profiter de ce coup de chance et qu'ils devraient le céder, la mort dans l'âme, à Detroit (qui en a bien moins besoin que Memphis). Cela est d'autant plus un crève-cœur que cette cuvée de draft a vraiment un beau potentiel en dehors même de LeBron James.
Une autre chose qui me fait beaucoup rire est qu'il y avait un scénario où les Grizzlies gardaient leur choix de draft : si celui-ci se retrouvait, par la grâce de la loterie, à la

première place.

Vous imaginez, ce fabuleux coup du sort positif si l'année où la franchise devrait probablement abandonner son pick, elle parvenait à le conserver in extremis et cela pour obtenir un joueur qui attire des comparaisons avec Michael Jordan et Magic Johnson ? Cela aurait été digne d'un panier de la victoire au buzzer pour être champion du monde, avec un tir du milieu du terrain.

Et le pire, c'est que Memphis a sérieusement cru voir ce scénario de rêve se réaliser. L'annonce de l'ordre de sélection se fait du moins bien au mieux placé après tirage, probablement histoire de prodiguer un suspense maximum. Et comme en réalité, la loterie ne détermine par son hasard pondéré que les quatre premiers choix, l'ordre qui est déroulé au début est le même que celui des probabilités (miroir du classement de la saison régulière). Sauf si une de ces équipes qui n'est pas parmi les plus mauvaises a été tirée au sort dans les quatre premières places.

Ainsi, quand le présentateur est arrivé à la sixième position et qu'il a prononcé « Los Angeles » plutôt que « Memphis », les Grizzlies savaient que le hasard leur avait souri et qu'ils allaient avoir l'un des quatre picks. Et peut-être même le premier, seul pick qui n'impliquera pas un transfert à Detroit. Celui qui permettrait de recruter LeBron James.

Donc, dans les secondes suivantes (allongées d'une page de publicité intelligemment placée par les Hitchcock de la NBA), les Ours se sont dit que peut-être, malgré cette fichue histoire de transfert malavisé effectué des années auparavant et une probabilité infime, ils se retrouveraient avec un jeune joueur qui est surnommé l'Élu.

Ils y ont cru jusqu'à la dernière seconde, notamment une fois que Denver a été annoncé en troisième position et que le gros lot se jouait entre Cleveland et eux. Et puis patatras, le sort a fermé la porte de la chance sur leur nez, sur la dernière marche avant le paradis.

Je parie que ceux qui étaient sur place ont cru entendre au loin le rire espiègle du hasard.

Sans se préoccuper la moindre seconde des malheurs des Grizzlies ou de la chance des Pistons, les Cavaliers de Cleveland ont donc obtenu l'immense privilège de choisir en premier un jeune talent parmi tous ceux qui postuleront à la NBA cet été 2003. Ce choix, la franchise le fera officiellement à la fin du mois de juin, lors d'une cérémonie spéciale qui ressemble un peu à une remise de diplôme (les appelés montent sur une estrade devant un parterre de spectateurs, serrent la main du grand patron de la ligue professionnelle, reçoivent une casquette aux couleurs de leur nouvelle équipe et sont pris en photo avec un grand sourire sur le visage).

Mais bien sûr, le choix du joueur à prendre est déjà fait. Le 23 mai, au lendemain de la loterie qui a donné le ticket magique à l'équipe de l'Ohio, l'Associated Press rapporte que le propriétaire de la franchise heureuse élue, Gordon Gund, a indiqué après le résultat qu' « [ils] ne savaient pas qui [ils] allaient sélectionner » avant de, un peu plus tard, brandir un maillot de Cleveland avec le nom de LeBron James et son numéro vingt-trois dessus. Le directeur sportif, Jim Paxson, lui, n'essaie même pas de jouer un peu le jeu : « Ce n'est pas un secret que nous avons l'intention de sélectionner LeBron James avcc le premier choix de draft ».

L'article, ainsi qu'un autre d'Andy Katz publié sur le site d'ESPN, fait apparaître que le jeune basketteur objet de toutes les convoitises est ravi de ce coup de chance qui lui permet de rester sur ses terres. Lors de sa première interview d'après loterie, James précise par contre bien qu'il ne peut pas promettre aux clevelandais un titre de champion NBA. Mais on se doute bien qu'il passe désormais ses nuits à rêver de parvenir à faire décrocher le trophée à l'équipe qu'il supporte depuis son enfance, d'autant plus que celui-ci serait le premier de l'histoire de la franchise.

D'ailleurs, comme si la nouvelle ère qui s'ouvre devait se voir dès le premier coup d'œil, les Cavaliers vont complètement changer d'imagerie avec de nouvelles couleurs, un nouveau logo et un nouveau maillot.

Je suis curieux de voir ce que ce tournant esthétique va donner. Les Cavaliers sont sur le point de voir leur maillot apparaître un peu partout l'année prochaine et, si tout se passe bien, durant les suivantes également. Alors ils ont intérêt à en faire un des plus élégants. L'actuel n'est pas spécialement moche (du moins à mes yeux) mais il n'est pas particulièrement attractif non plus (toujours à mes yeux).

J'imagine que ce changement de peau correspond à l'envie de se débarrasser de l'ancienne qui n'a jamais vraiment correspondu à des jours heureux et de s'en parer d'une autre, encore immaculée et prête à symboliser des moments radieux. Avec LeBron James, c'est un tout nouvel espoir qui remplit les poumons d'un air frais et puissant. Peut-être même que la franchise souffreteuse oserait-elle commencer à bomber le torse.

Pourtant James n'est encore qu'un adolescent de seulement dix-huit ans qui va découvrir un basket aux antipodes de celui qu'il vient de quitter, et il va débarquer dans la plus mauvaise équipe de la saison. Il est probable que même avec James, les Cavaliers aient à essuyer encore un certain nombre de défaites et à avaler encore quelques saisons difficiles avant de pouvoir présenter un visage fier et fort.

D'ailleurs, je ne vois pas beaucoup de discussions sur ce

que l'équipe pourrait donner sur le terrain l'an prochain, sur la façon d'utiliser James pour son entrée dans le grand bain bouillonnant de la NBA ou sur la manière de combiner celui qui a le mot « sauveur » inscrit au-dessus du front avec les joueurs déjà en place comme le fantasque Ricky Davis, l'immense statue Zydrunas Ilgauskas ou encore les jeunes Dajuan Wagner et Carlos Boozer.
Peut-être ne suis-je simplement pas tombé sur les articles qui parlaient de jeu et qui projetaient les possibilités de cette équipe aux ambitions nouvelles ; que ces papiers sont là, quelque part dans un coin du net ou de la presse sans que je le sache. À l'inverse, je n'ai aucun mal à trouver des colonnes parlant de l'argent qui coule à flots autour de l'Élu et qui pavera vraisemblablement d'or les rues de la ville de Cleveland.
Le colossal contrat avec Nike, notamment, fait beaucoup parler de lui. D'ailleurs, à défaut d'avoir quelques mots sur les futurs affrontements des Cavaliers sur le terrain, j'ai droit à un compte-rendu détaillé de la bataille entre la marque à la virgule, Adidas et Reebok pour signer le prodige, dans un article de Sport Illustrated, écrit par Richard O'Brien.
La lecture est intéressante même si le basket est en réalité assez secondaire. Je m'amuse quand même à noter qu'Adidas avait choisi Malibu pour faire la présentation d'un modèle de chaussure à James car l'akronien avait demandé à ce que la rencontre prenne place dans « un endroit chaud ». Comme quoi, ma supposition que son intérêt pour l'université de Florida tenait quand même un peu au soleil ne devait pas être complètement à côté de la plaque.
Le 26 mai, je vois passer la couverture du magazine The Sporting News qui pose en très gros la question « LeBron James est-il surestimé ? ». À côté de ces mots en lettres

capitales, une photo de l'intéressé le montre regardant au loin, comme voyant arriver des embûches et des accrocs.
Je ne parviens cependant pas à connaître la teneur de l'article prenant la suite de ce titre en forme de coup de pied dans une fourmilière. Pointe-t-il de véritables inquiétudes quant au niveau de jeu de James ou veut-il plutôt mettre le doigt sur les attentes générales déraisonnablement élevées qu'il y a autour de lui ? Je tente encore quelques clics sur internet mais je finis par rendre les armes. Ce titre restera donc pour moi une parole lancée en l'air quelque part au loin, sans que je puisse savoir ce que son auteur avait vraiment en tête en la prononçant.

La draft approche désormais avec des bottes de sept lieues. C'est généralement durant ces quelques semaines qui la précèdent que les suiveurs de la NBA découvrent qui sont ces jeunes gens aux dents longues qui s'estiment suffisamment forts pour rejoindre la plus grande ligue du monde. Je pense cependant pouvoir dire sans trop de risque que cette année, même le fan NBA avec les plus grandes œillères du milieu sait déjà un paquet de choses sur le lycéen LeBron James.
Cela n'empêche toutefois heureusement pas les spécialistes de la draft de donner leur description de celui qui sera sélectionné en première position. Et j'en suis ravi car, même si je dois bien finir par accepter qu'il faudra se contenter de l'image floue que le basket lycéen donne de son niveau de jeu jusqu'à son débarquement en NBA (alors que c'est essayer de se forger un avis sur sa future réussite avant qu'il y soit, qui est amusant ; les devinettes n'ont du sel que si on tente d'y répondre avant que la réponse soit donnée), peut-être que certains d'entre eux auront remarqué une chose qui aura échappé aux autres.

Ce n'est pas vraiment le cas de Sean Deveney, de The Sporting News, ai-je commencé à me dire. Dans un commentaire publié le 26 mai et repris par un obscur site internet, le journaliste écrit quelques mots qu'on connaît tous : « James peut manier la balle, déstabiliser les défenseurs et passer n'importe qui avec son imprévisible premier pas. »

J'avoue toutefois que la notion de premier pas imprévisible m'intrigue un peu. Les évaluateurs se contentent généralement de parler plutôt de la vitesse ou de la qualité du premier pas d'un joueur, mais rarement de son caractère imprévisible. Est-ce que cela signifie que Devenay a décelé chez James une certaine faculté à déclencher son débordement aux moments où le défenseur face à lui ne s'y attend pas ? Qu'il démarre parfois un instant plus tôt que normalement, parfois un instant plus tard ? Peut-être avec un petit geste d'hésitation trompeur ou alors avec un caractère si subit alors qu'il a une posture banale qu'il en surprend l'adversaire ?

S'il y a quelque chose de ce goût-là, c'est effectivement assez intéressant. Avoir un premier pas vif est important mais réussir à tromper le défenseur en usant de timings particuliers ou de feintes peut faire réussir le débordement sans forcément être plus explosif que ledit défenseur (cumuler les deux offre bien sûr encore plus de chances de réussite). Il a déjà beaucoup été dit que James était un phénomène physique mais aussi que cet avantage athlétique ne serait plus aussi franc en NBA. Donc si l'akronien double sa vitesse d'un certain savoir-faire technique, il y a de quoi être un peu plus rassuré sur ses probabilités de réussite au haut niveau.

Gardons malgré tout quelques réserves aux propos de Devenay. Ce que je décris est quand même pas facile à observer tant la chose est subtile, d'autant plus que personne d'autre n'a relevé cet élément. Il est possible que le journaliste du Sporting News prenne des vessies pour des lanternes. On peut aussi penser que mystifier un défenseur lycéen est autrement plus facile que mystifier un défenseur de la NBA. Et enfin, peut-être est-ce moi qui extrapole un peu trop ce qu'il y a derrière le terme « imprévisible » et que Devenay n'évoquait pas en réalité une quelconque faculté consciente de tromper l'adversaire et de faire démarrer son débordement dans un timing où son vis-à-vis est vulnérable.

Devenay continue en avançant que James « est un passeur de premier ordre avec un flair pour le spectaculaire ». Rien de vraiment nouveau (et le goût du théâtral, s'il n'est pas pour me déplaire, n'indique rien de son apport concret sur le terrain). Et puis Devenay balance sa dernière phrase : « et il se classe aux côtés de Tracy McGrady et Kobe Bryant parmi les meilleurs finisseurs au cercle du pays. »

Ça, c'est nouveau. Pour commencer, c'est plus ou moins la première fois que ses qualités de finition au cercle sont mentionnées explicitement. J'avais quand même compris qu'il mettait la plupart de ses points de cette façon et qu'il y était très bon. Décrit en permanence comme un joueur qui attaque le cercle balle en main et quelqu'un qui force les défenses à choisir entre empêcher ses pénétrations ou empêcher de laisser un de ses coéquipiers ouverts, et enfin comme quelqu'un qui est un fabuleux scoreur mais pas forcément grâce à son tir à distance, il était difficile d'imaginer autre chose.

Il convient néanmoins de distinguer la capacité à aller au cercle malgré la défense, et la capacité à finir l'action par un panier une fois arrivé auprès dudit cercle. On peut être très bon à l'un sans l'être à l'autre (ce qui est très frustrant, par ailleurs), et inversement. Jusqu'alors, les descriptions mettaient plutôt en avant les qualités de perceur de défense de James sans trop mentionner son adresse au moment de conclure, comme si ce dernier point n'était qu'une formalité.

Ça ne l'est pas. Ou du moins, peut-être que ça l'est au niveau lycéen quand on mesure plus de deux mètres, qu'on est costaud et qu'on est aussi véloce qu'un dragster humain, comme c'est le cas du leader de St Vincent-St Mary. Mais face à des adultes aux allures de colosses qui voient le jeu arriver et qui savent se placer, un attaquant doit parvenir à déclencher un tir malgré des corps et des bras qui viennent ou qui sont déjà là, et réussir à travers ces obstacles à faire tomber la balle dans le filet. Cela demande vision de jeu, anticipation, faculté d'improvisation, coordination, puissance physique et dextérité (au moins).

Étant donné les différents pourcentages de réussite de James que j'ai pu glané ici ou là (et dont on comprenait que les pourcentages de ratés correspondaient le plus souvent à des tirs à distance), je déduis qu'il est effectivement très efficace une fois arrivé dans la zone proche du cercle. Mais comme dit, je devine aussi qu'à ce niveau de jeu, pour quelqu'un comme James, cela n'est pas représentatif de ce qu'il pourra faire en NBA. Ce domaine de la finition au cercle, où le physique fait une grande différence et où tout se passe en deux clignements de paupières, me paraît être très sensible à la variation de niveau.

Je me souviens encore de ce que disait le pivot lycéen choisi en deuxième position de la draft 2001, Tyson Chandler, avec ses 2,15 mètres et son excellente mobilité : ce qu'il faisait au lycée ne passe pas en NBA.

J'attendrai donc de voir avant de croire que James est dans le même sac que McGrady ou Bryant pour ce qui est de la

finition au cercle. Je me demande d'ailleurs pourquoi Deveney a choisi ces deux joueurs-là en comparaison. Depuis un an ou deux, la vedette d'Orlando et celle de Los Angeles sont devenues les basketteurs témoins pour mesurer la valeur de James (parce que ce sont des arrières lycéens qui ont réussi, probablement). Mais pourquoi le faire sur ce point particulier de la finition au panier alors que tous les deux marquent leurs points majoritairement à distance ?
J'ai en tête qu'ils arrivent plutôt bien à conclure les quelques pénétrations qu'ils réalisent par match mais il est aussi plus facile d'avoir l'air d'un bon finisseur quand on ne va pas si souvent que ça au cercle, car on y va généralement seulement lorsqu'on aperçoit une jolie chance de marquer. Dans le cas de McGrady et Bryant, s'il n'y a pas cette brèche, ils préfèrent créer leur tir autrement, à savoir par un shoot à distance.
Si LeBron James est du genre à aller chercher ses points en traversant la défense jusqu'au cercle, je préférerais le voir être comparé à des joueurs qui partagent cette tendance comme Ron Artest, Corey Maggette ou encore Paul Pierce. Bon, plus que quelques mois à patienter avant de voir si le lycéen est aussi fort qu'eux dans cette discussion.

Je m'en vais ensuite faire un tour sur le site nbadraft.net. Je n'y ai pas passé un œil depuis un petit moment maintenant et la page de LeBron James s'est musclée depuis. La photo a changé pour montrer un joueur un peu plus âgé, tandis que la comparaison n'est désormais plus faite avec Kobe Bryant mais avec Magic Johnson, ce qui est plus cohérent avec le profil de James. Et si jamais le site la fait aussi en fonction du niveau de jeu, on passe de

la comparaison avec une actuelle jeune vedette de la NBA à un parallèle avec l'un des meilleurs basketteurs de tous les temps. C'est comme qui dirait une grosse promotion.
L'évaluation de James que j'avais lu la dernière fois est toujours là mais elle est maintenant accompagnée d'une seconde, un peu plus dense et signée d'un certain Matthew Maurer, que je ne connais pas. Lisons donc ce nouveau rapport, probablement le dernier avant la draft.
« Forces : Joueur fluide qui donne l'impression de faire les choses sans effort, quelle qu'en soit la difficulté... »
Fluide, c'est-à-dire que James a une capacité à enchaîner les gestes et les mouvements (sans et avec le ballon dans les mains, a priori) de façon parfaitement continue, sans qu'on sente une hésitation ou un inconfort technique. On peut voir à travers cette idée une illustration de son habileté athlétique et technique mais surtout, cela signifie qu'il fait les choses plus vite que quelqu'un de moins fluide. Ce n'est pas rien dans un sport où une fraction de seconde peut faire la différence entre réussir à déborder son adversaire (et tirer sans être contré, etc) ou échouer.
« ...Fait preuve d'une capacité incroyable à passer le ballon. A tout simplement cette troublante vision de jeu et ce talent pour voir les actions se dérouler avant qu'elles ne se produisent... »
Rien de nouveau ici, si ce n'est peut-être qu'on sent à travers la plume de l'auteur que cette combinaison de capacité à la passe, de vision de jeu et de sens de l'anticipation est à un niveau tel qu'il a un peu du mal à en croire véritablement ses yeux.
« ...Possède une très bonne gestuelle sur son tir en suspension à longue distance, faisant un excellent travail pour garder son corps droit et son mouvement de shoot avec son coude rentré... »
Ce n'est pas la première fois que la gestuelle de tir du

jeune homme d'Akron est décrite positivement (si ma mémoire est bonne, seul Charly Rosen y voyait des imperfections). Même si ces shoots ne rentrent pas autant qu'on le voudrait, d'après ces mêmes commentateurs, on peut espérer que cette absence de défaut technique laisse imaginer un avenir où son adresse sera satisfaisante.

« ...Possède un premier pas rapide et un solide maniement de balle pour dépasser la plupart des défenseurs... »

Tiens ? Cette description, bien que tout à fait positive, est, sur cet aspect, un peu moins enthousiaste que ce que j'avais lu jusque-là. On est deux ou trois crans en arrière de la « seconde vitesse qui permettait à James de passer virtuellement n'importe qui » lâché par le même site dans son précédent rapport que je retrouve en remontant un peu mes yeux sur la page, ou encore du « premier pas imprévisible » de Sean Deveney, de The Sporting News. Qu'en est-il de l'explosivité suprême ou encore désarmante qui était attribuée au natif de l'Ohio ?

Quant à son maniement de balle, les observateurs ne se sont jamais autant enflammés qu'à propos son premier pas. Donc qu'nbadraft.net qualifie cette faculté de « solide » n'est pas hors des clous. Je pourrais par contre me demander si un dribble seulement « solide » suffira en NBA, surtout que la chose est plus ardue quand le porteur de balle en question dépasse les deux mètres.

Je garde en tête cet entraînement clandestin effectué chez les professionnels de Cleveland et durant lequel James avait enfilé avec succès le costume de meneur de jeu. Cette session m'avait convaincu de la capacité de James à occuper ce rôle dans la grande ligue (et donc à être un suffisamment bon manieur de ballon pour ça) mais est-elle vraiment un indice suffisant pour avoir des certitudes ? Ses adversaires ne jouaient pas forcément à fond et il n'y avait pas que des joueurs NBA en face, quand James a

rejoint l'équipe des Cavaliers pour jouer les meneurs. Je dois bien m'avouer que je ne suis plus si sûr de mon avis.
C'est ennuyeux car cette question du dribble est peut-être ce qui sépare un LeBron James porteur de balle en NBA et légitime héritier de Magic Johnson, d'un LeBron James arrière ou ailier plus classique qui est moins capable d'aller au cercle pour scorer et qui n'aura pas autant le ballon dans les mains pour exploiter ses fabuleuses qualités de passeur. Ce dernier n'est pas un joueur inintéressant, mais il demeure massivement moins excitant que le premier mentionné.
Je reste un instant songeur devant mon écran d'ordinateur silencieux. Malheureusement, je ne vois pas comment je pourrais savoir si James a un maniement de balle assez fonctionnel pour être un meneur de deux mètres au niveau NBA avant de le voir fouler les parquets du championnat professionnel. Une nouvelle poignée de secondes passent, immobiles, puis je secoue mon esprit pour sortir de mes pensées. Ce n'est pas comme ça que je trouverai des réponses alors autant poursuivre ma lecture.
« ...Lorsqu'il pénètre pour aller au panier, il fait preuve d'un phénoménal contrôle de son corps, ajustant son tir selon la défense... »
Très bien, très bien. La capacité à lire les mouvements des défenseurs-contreurs et à agir en l'air pour les contourner est un sacré atout face aux défenses bien dotées et bien organisées qui arrivent toujours à faire venir au dernier moment des grands bras, en seconde lame, pour empêcher le panier. Certes le tir devient plus difficile mais au moins, il y a un tir et donc une chance de marquer.
Cette faculté n'est pas donnée à tout le monde. Il faut un esprit vif, un œil qui voit tout, un certain sens de l'improvisation et les bons muscles du corps qui permettent de mouvoir ses membres comme voulu sans

être tenu au sol par les pieds. Tous les joueurs n'y arrivent pas et même chez les pros, certains partent à l'abordage du cercle en croisant les doigts pour ne pas avoir ces obstacles sur leur route.

Quand on a vocation à marquer ses points en se creusant un chemin jusqu'au panier comme c'est pour l'instant le cas de James, c'est une véritable carte maîtresse d'avoir cette capacité. Restera quand même à voir s'il arrive à improviser ses tirs aériens dans le trafic en NBA, face à des intérieurs plus grands, plus rapides et plus intelligents.

C'est dingue, plus l'arrivée de James en NBA approche, plus je me sens obligé d'armer mon avis de pincettes et de précautions. L'incertitude est un poison à effet lent.

« ...Montre une remarquable sélection de tirs, en ce sens qu'il ne force pas beaucoup de tirs... »

Et ça c'est beau car la propension à tenter trop souvent de tirs un peu trop audacieux (arrogants ?) est la maladie la plus fréquente chez les basketteurs les plus talentueux. Il ne m'est pas rare de pester une bonne partie du match devant certains tirs des meilleurs scoreurs de la NBA comme Allen Iverson, Vince Carter ou encore Kobe Bryant, me disant à chaque fois qu'il y avait probablement une chance de panier plus facile à trouver. Même quand le panier rentre, je rouspète parce que je sais que ces tentatives ne rentreront pas suffisamment souvent les prochaines fois (j'avoue cependant comprendre un peu ces joueurs : quoi de plus impressionnant -et de plus grisant- que de réussir ce que les autres sont incapables de faire ? À chaque succès on doit vouloir essayer d'en réussir un autre).

Si James est le genre de joueur qui m'évite ces grimaces quand je le regarde jouer, il va rapidement rentrer dans mes bonnes grâces. Ce discernement n'est toutefois pas vraiment une découverte, je pouvais déjà le percevoir à travers ses bons pourcentages de réussite et les dizaines de commentaires affirmant que l'intéressé jouait « de le bonne façon ». Attention quand même car cette qualité peut devenir une limite : parfois, l'excellente chance de marquer n'existe pas et il faut savoir prendre un tir compliqué (et le réussir de temps en temps).

« ...Solide rebondeur qui comprend comment bien se positionner sous les panneaux pour obtenir les opportunités de rebonds faciles... »

Sacrebleu, il a le réflexe de poser systématiquement des écrans de retard. C'est merveilleux.

« ...Fait preuve d'un grand sang-froid et d'un grand leadership sur le terrain... »

C'est dans la droite lignée de ce qui a déjà été dit sur lui.

« ...A un très bon physique, bien qu'il ne s'agisse pas d'un physique prêt pour la NBA. James peut certainement prendre cinq ou six kilos de plus confortablement... »

Petite divergence avec pas mal de monde qui disait qu'au contraire, James avait un corps déjà prêt pour la grande ligue. Mais qu'importe, cela ne change pas grand chose. Avoir un « très bon physique » à seulement 18 ans est déjà un très bon signe pour l'avenir de ce point de vue-là.

Quand l'auteur, Matthew Maurer, dit que l'intéressé peut prendre quelques kilos supplémentaires confortablement, c'est sans doute pour dire qu'il peut prendre du muscle sans en subir des conséquences négatives comme une perte de vitesse ou d'agilité. Comme sait-il cela ? Je n'en sais rien. Probablement que la charpente de James semble à l'œil suffisamment large par rapport à ses contours pour considérer que son poids optimal pourrait être plus élevé.

« ...Excellent finisseur en contre-attaque, où il peut éliminer ses adversaires avec son dribble et monter en l'air pour un rapide dunk... »

Ce truc-là, je m'en fiche un peu. Réussir à marquer quand

la défense est à moitié absente ou mal repliée, n'est pas très difficile pour quelqu'un d'aussi véloce et athlétique que James. Réussir cela régulièrement au niveau lycéen ne dit en réalité pas grand-chose de ce qu'il fera aux échelons supérieurs. D'ailleurs, même en NBA, la plupart des joueurs rapides sont bons dans l'exercice. Ce n'est pas pour cet aspect du jeu, à la fois trop simple et trop rare, qu'on drafte haut un basketteur.

« ...Joue très bien la ligne de fond où il est souvent le destinataire d'une passe rapide pour un dunk en alley-oop... »

Ah ? Première fois que j'entends quelque chose de positif sur son jeu offensif sans ballon, je crois.

« ...Défensivement, il fait preuve d'un solide sens de l'anticipation lorsqu'il joue sur les lignes de passe... »

Ça aussi, je l'ai déjà entendu. C'est d'ailleurs à peu de choses près le seul point positif qui est ressorti sur sa défense. Ce n'est pas grand chose mais au moins, ça semble être confirmé par plusieurs voix. C'est déjà ça, non ?

« Faiblesses : À ce stade de sa carrière, sa défense n'est pas la meilleure mais il possède les outils physiques pour être un défenseur exceptionnel... »

Justement, la défense dans les aspects négatifs, nous y voilà. Et là aussi il y a un consensus, bien qu'assez édulcoré par cette idée qu'au lycée, la défense, tout le monde s'en tamponne en fait.

« ... A la mauvaise habitude de surjouer son vis-à-vis pour tenter une interception, ce qui peut avoir pour résultat de laisser celui-ci ouvert pour un tir facile... »

Voilà une critique que j'ai déjà entendue, ce qui semble en confirmer la réalité. Ce petit péché de jeunesse est assez

corrigible mais s'il se conserve dans les âges les plus mûrs, il peut facilement renvoyer le joueur sur le banc de touche.
« ...Souffre sur la ligne des lancers francs mais développer une routine et de l'expérience lui serait très bénéfique, en plus d'affûter sa capacité de concentration... »
Une vieille faiblesse que celle-ci et qui ne semble pas s'améliorer avec le temps, ce qui n'est pas très encourageant. C'est d'autant plus dommage qu'un jeu porté sur les pénétrations jusqu'au cercle est très propice à la provocation de fautes et donc de lancers francs (qui sont généralement une façon de marquer des points plus efficaces que le tir au cercle en bout de pénétration et gêné par la présence des défenseurs).
Si un joueur est fort pour se frayer un chemin jusqu'à l'arceau et qu'il est fort aux lancers francs, il devient un nouveau dilemme empoisonné pour les adversaires (exactement comme l'attaque du panier et la passe) qui doivent tenter de l'empêcher d'aller marquer son panier mais en s'abstenant de faire la moindre faute car le bougre aura encore plus facilement ses deux points (ou presque) avec les lancers. Un LeBron James éventuellement fort en pénétration en NBA mais faible aux lancers marquera un peu moins de points par tentative que ce qu'il pourrait.
Et puis on en revient à la question du tir à distance et de la probabilité qu'il y a à ce qu'il y soit bon un jour. Un joueur peut-il devenir un fort shooteur de loin s'il ne maîtrise pas le tir à distance le plus facile du jeu ?
« ...Son tir périphérique à mi-distance n'est pas aussi développé que son tir à longue distance... »
C'est assez étrange d'être meilleur en s'éloignant un peu du panier mais soit. Bah, à choisir, autant être plus adroit là où le tir vaut trois points plutôt que deux.
« ...Son maniement de balle est très bon au niveau lycéen mais James a encore besoin de travailler pour avoir une

meilleure protection de balle, et il a tendance à être imprudent avec son dribble... »

Aïaïaïe, ce maniement de balle est une des grosses inquiétudes que j'ai quant à la capacité de l'ohioan à transposer en NBA le joueur qu'il est actuellement à St Vincent-St Mary (et c'est celui-là qu'on veut, ce meneur de plus de deux mètres, super athlétique et merveilleux passeur). Maurer juge ce maniement de balle pour l'instant insuffisant -tenant probablement compte de la taille de James- bien qu'améliorable. Mais progresser là-dessus est plus facile à dire qu'à faire. Encore une fois, ce n'est pas pour rien que les meneurs de si grande taille sont si rares.

Cependant, je me demande comment Maurer arrive à faire cette analyse simplement à partir de matchs lycéens où, dit-il lui-même, ce dribble est par contre suffisant. Certainement qu'il a en tête la vivacité, la longueur et la capacité d'anticipation des pros et qu'il arrive à visualiser ces défenses en filigrane sur les matchs lycéens de James. Mais c'est dur de taper dans le mille dans cet exercice (j'ai déjà acheté un meuble en étant persuadé qu'il passerait la porte de mon salon. Ce meuble est toujours dans mon hall d'entrée à ce jour).

« ...N'exploite pas suffisamment sa taille, en ce sens que son jeu offensif au poste bas demeure inutilisé... »

Je me souviens que quelqu'un d'autre avait dit une chose similaire, ajoutant que c'était dommage car il était un très bon passeur depuis cette position dos au panier. Il est vrai que c'est en principe un type d'action qu'on ne demande que rarement à un meneur. Mais l'avantage d'avoir un meneur de grande taille est aussi de pouvoir se servir de cette supériorité systématique en centimètres (et en kilos). Donc même si ce n'est pas forcément un chantier prioritaire pour le jeune homme (la défense et le shoot passent avant), le jeu poste bas pourrait être quelque chose d'intéressant à développer.

« ...Parfois il peut jouer de façon un peu trop tape-à-l'œil, se laissant prendre par l'instant... »

En gros, de temps en temps, il s'enflamme un peu trop, tente quelque chose de spécial pour faire lever la foule, puis ça se termine par un raté ou un ballon qui part dans les tribunes (si c'est le prix à payer pour un peu de spectacle, je peux bien fermer les yeux sur ce souci. À condition que cela n'arrive pas trop souvent quand même, hein).

« ...Son shoot en sortie de dribble laisse un peu à désirer à partir de 5, 6 mètres... »

Ce tir étant l'un des tirs les plus difficiles à rentrer de ce sport et il a déjà été bien assez dit que James ne comptait pas vraiment le shoot dans ses forces, il n'y a rien d'étonnant à voir apparaître cette faiblesse. Mais moi ça me va. C'est un tir pour lequel il est compliqué d'avoir un bon pourcentage et que je n'apprécie par conséquent pas vraiment (indépendant de ses qualités esthétiques indéniables), donc si cette faiblesse force James à chercher d'autres solutions de marquer plus efficaces, j'appellerai ça un mal pour un bien.

Évidemment, plus un joueur a de cordes à son arc, plus il est imprévisible et donc difficile à défendre. Il est cependant plus ardu de choisir la bonne corde par rapport à la situation quand on en a des dizaines dans son carquois. Cet arsenal touffu est une main tendue à la mauvaise sélection de tirs et ce n'est donc pas plus mal qu'un jeune joueur attende un peu le poids de la sagesse pour l'agrandir.

« ...Certains se sont demandés s'il ne s'est pas mis à croire lui-même à tout l'engouement médiatique qu'il y a autour de lui mais il est à mettre à son crédit qu'il faut un certain niveau d'arrogance pour gérer tout ça... »

Tout juste, tout juste.
« ...Pas un joueur à la vitesse éblouissante, donc sa vitesse latérale en défense devra être travaillée... »
Wow, jusqu'à présent cette évaluation de Matthew Maurer était assez cohérente avec l'image que l'assemblage des avis divers et variés que j'ai lu a construit dans ma tête. Mais là, les deux visions se télescopent dans un gros éclat de poussières et de bouts de métal en fusion. Je me souviens encore des scores de vitesse de James lors des tests athlétiques du foot américain qui le plaçaient à des sommets incroyables pour quelqu'un de son gabarit.
Au-delà de ça, je me demande s'il y ait une corrélation totale entre la vitesse frontale et la vitesse latérale, comme semble le laisser entendre Maurer. Je n'en sais rien mais courir devant soi ne me paraît pas utiliser exactement les mêmes muscles et les mêmes orientations d'articulations que se déplacer en crabe. Je ne suis pas du tout sûr qu'un joueur rapide en sprint le soit tout autant dans les déplacements latéraux, même si c'est probablement une aide.
Bref, passons. C'était là le dernier commentaire de l'analyse de nbadraft.net sur LeBron James. Il s'agit probablement du rapport le plus complet que j'ai pu lire jusqu'à présent. La page web a aussi la délicate attention de fournir les statistiques de James pour ses trois premières années de lycée. Celles de sa quatrième et actuelle saison sont absentes mais je ne vais pas faire la fine bouche, qui serait d'ailleurs plus ingrate que fine.
Je découvre ainsi de façon chiffrée ce qui était déjà bien ressorti des commentaires à l'égard de James. Ce dernier a en effet tout de suite été un prolifique pourvoyeur de points malgré ses quinze ans (18,1 points de moyenne) et la tendance n'a fait qu'augmenter au fur et à mesure des années (25,3 pts pour sa saison sophomore et 28,8 pour la

suivante). Cela en conservant une magnifique efficacité générale (56,2%, 57,8% et 55,1%). Ce n'est pas une découverte mais l'image est un peu plus précise et parlante avec ces chiffres.
D'ailleurs, cela me rappelle qu'en général, une augmentation des points (souvent liée à une augmentation du temps de jeu et des responsabilités offensives) s'accompagne souvent -et logiquement- d'une baisse de l'adresse générale (parce que les défenses sont plus concentrées sur le joueur, la fatigue s'accumule, etc). Or, on voit de façon éclatante que ce n'est pas le cas de James. Y a-t-il un signe plus évocateur montrant qu'il est au-dessus du lot ?
Je souffle un petit « enfin » en voyant inscrits dans le tableau les pourcentages des tirs à trois points et ceux des lancers francs (seulement pour les saisons sophomore et junior, certes). Je fais une moue appréciatrice devant les 39,5% de réussite à longue distance pour sa seconde année, qui devient une grimace face au maigrelet 32% de la troisième année. Je porte un regard tiède devant son 70,7% de réussite aux lancers quand il était sophomore, regard qui se plie d'horreur en voyant ce chiffre dégringoler à un maladif 60% lors de la saison 2001-02.
Ces pourcentages ne sont pas très encourageants (un seul est bon sur quatre, laissant penser qu'il s'agit d'une anomalie, d'une « saison chanceuse » plus que du niveau réel du joueur). Cependant, ces stats demeurent encore trop incomplètes pour pouvoir en tirer des vérités. Sans le nombre de tentatives pour connaître la taille de l'échantillon, je ne sais pas si ces pourcentages sont représentatifs de la capacité réelle de James, dans un sens ou dans l'autre.
J'avais toutefois cru comprendre qu'il prenait quand même beaucoup de ces tirs à longue distance, et son jeu me fait

dire qu'il provoquait probablement beaucoup de fautes et donc de lancers francs. Par conséquent, je commence doucement à penser que l'akronien est plutôt parti pour être un shooteur moyen. Au mieux.

Son nombre de passes décisives est peut-être un peu décevant pour quelqu'un tant portée aux nues et dont la plus grande force est la passe (3,8 ; 5,9 et 5,9). Il faut cependant avoir à l'esprit que cette statistique peut être trompeuse en ce sens qu'elle ne montre que les passes que les coéquipiers ont réussi à convertir en points sonnants et trébuchants. Combien de fois James a-t-il servi un partenaire sur un plateau d'argent pour qu'au final le tir de ce dernier finisse par rebondir piteusement contre l'arceau ?

Ses moyennes aux rebonds confirment qu'il est bien présent dans le domaine (6,1 ; 7,3 et 8,3), puis on retrouve en défense un joueur effectivement assez productif dans ses aspects sans ballon. Réussir en effet d'une part presque deux contres par match (1,7 pour chacune des dernières années ; 0,8 lors de sa saison freshman) est très impressionnant pour quelqu'un qui joue plutôt à l'extérieur, même si on devine que sa vitesse, sa taille et sa détente bien au-dessus des standards lycéens doivent quand même bien aider face à des jeunes étudiants naïfs.

Réussir d'autre part plus de trois interceptions à chaque rencontre (3,1 ; 3,6 et 3,3) a également une sacré tronche, mais je sais maintenant que le concerné arrive à ce joli résultat aussi en sur-tentant la chose et en laissant son défenseur tout seul quand on n'est pas dans ces trois fois par match où il parvient à voler la balle.

Le tableau s'arrête là. J'aurai aimé avoir aussi les moyennes des minutes et des ballons perdues mais je comprends bien que ces données ne sont pas faciles à obtenir. De toute façon, les statistiques, c'est comme les avis d'observateurs. Ce sont des données prises sous un certain angle qui ne se suffisent pas en elles-mêmes pour décrire un joueur avec justesse. Ce ne sont que des pièces d'un puzzle qui doivent être associées à d'autres.

Le site officiel de la NBA, nba.com, y va aussi de sa rapide présentation de ce joueur que la ligue espère bien voir continuer de faire couler or et attention quand il sera dans son giron.

La page web avance d'abord que le meilleur attribut de James est sa capacité à faire la bonne passe avec élégance. Puis ensuite que le candidat à la draft a une excellente puissance et un excellent contrôle du corps, que sa taille et sa polyvalence lui permettent de jouer plusieurs positions et enfin, qu'entraîneurs et coéquipiers louent son altruisme.

On ne peut pas vraiment dire que cette description énonce des choses réellement fausses, mais je ne suis pas sûr qu'elle réussisse à montrer en quoi ce lycéen fait tant tourner les têtes. Si ces mots étaient accolés à un autre nom que celui de l'adolescent qui a été surnommé « l'Élu » par un célèbre magazine, je ne suis pas sûr que j'y aurai vu un potentiel haut choix de draft.

Quand on me dit que la première qualité d'un joueur est de faire la bonne passe, je me dis que c'est chouette mais je ne visualise pas spécialement quelqu'un qui rend létale l'attaque de son équipe. Je vois plutôt un sympathique joueur qui, quand il voit un partenaire démarqué, lui fait la passe. Mais rien de plus.

Est-ce qu'il existe en NBA une star dont le meilleur attribut est la simple capacité à faire la bonne passe ? Pas à ma connaissance. Jason Kidd a cette capacité, néanmoins ce n'est pas son plus grand atout et ce n'est pas cela qui fait de lui un joueur si majeur. En plus de faire cette bonne

passe régulièrement, Kidd est en effet capable d'en créer une de toute pièce lorsque aucune possibilité de passe plus intéressante se présente sur le terrain. Il est aussi capable de réaliser des passes plus difficiles et offrant de meilleures positions de tir à un coéquipier, que la simple bonne passe. Même chose pour Magic Johnson. Ces facultés sont à la fois rares et très bénéfiques pour l'attaque. Elles peuvent, elles, faire d'un joueur une arme offensive de grande valeur.
James a d'ailleurs démontré qu'il disposait de ces capacités dans son jeu (du moins au niveau lycéen), et celles-ci, oui, justifient qu'il soit projeté premier candidat sélectionné à la prochaine draft. Alors que ce n'est au contraire pas vraiment le cas de la faculté, plus commune et moins impactante, de faire souvent la bonne passe.
Et puis ensuite, pourquoi nba.com ne mentionne-t-il pas le talent de scoreur de l'ohioan ? S'il y a bien un élément le plus souvent dénominateur aux vedettes de la ligue professionnelle, c'est bien la faculté à mettre des points. Sans ces deux aspects -création par la passe et scoring-, James n'aurait jamais été l'objet d'une telle effervescence médiatique. Ni d'une effervescence tout court, probablement.
Le reste de la description du site ne montre pas non plus un jeune basketteur au potentiel dévastateur. Le postulant à la draft qui y est dessiné ressemble plutôt à un utile joueur de complément dont le rôle se résumerait à faire de bonnes passes, courir en contre-attaque et prendre des rebonds, pendant que ses coéquipiers stars se chargeraient de créer du jeu et de fournir des points.
Que le site internet me dise plutôt que l'intéressé est un meneur de grande taille, à la fois passeur d'élite et excellent scoreur, qu'il comprend le jeu comme personne à son âge et qu'il est de plus déjà calibré pour la NBA au

niveau athlétique, et je commence à lever un sourcil très intrigué. Que le site me dise ensuite qu'il a dominé toutes les rencontres qu'il a jouées jusqu'à présent -y compris face à l'élite de sa catégorie-, et je me mets à tortiller ma moustache d'un air passionné.
Dans un article du 13 juin, l'analyste d'ESPN, Jay Bilas, livre un court avis sur ceux qu'il estime être les meilleurs candidats à cette draft 2003 qui aura lieu dans quelques jours. LeBron James arrive évidemment en premier de la liste et le paragraphe que Bilas lui consacre montre relativement bien pourquoi : « James a déjà un corps NBA. Il est puissant, bien bâti et il est un talent aux qualités athlétiques supérieures qui est aussi un passeur du type de Magic Johnson. Il est aussi doué que Kobe ou Garnett l'étaient au même âge, mais il est beaucoup plus imposant physiquement. S'il améliore son shoot et son intensité défensive, il a le potentiel d'une superstar. »
Comme Jay Bilas donne aussi son avis sur les autres candidats à une entrée en NBA, je décide d'y passer un œil. C'est toujours intéressant de noter les futurs joueurs de la ligue, notamment les plus prometteurs.
En deuxième position, je retrouve sans surprise un autre prodige. Serbe celui-là et pas encore âgé de dix-huit ans : Darko Milicic. Bilas parle de lui comme d'un monstre sur le terrain grâce à sa combinaison de taille (2,13m), de technique (il peut shooter, dribbler et il a un excellent toucher de balle) et de qualités athlétiques. Il lui reste à devenir plus costaud et plus mûr pour être un grand joueur, mais il a la détermination pour cela.
Vient ensuite, toujours sans la moindre once d'étonnement, Carmelo Anthony. Le freshman de Syracuse University est décrit comme un potentiel all-star grâce à sa capacité à scorer de loin ou au poste bas en toutes circonstances (même s'il n'éblouira personne par sa capacité à déborder

son adversaire direct). Le journaliste ajoute par contre qu'Anthony est un défenseur suspect.
Le nom de Chris Bosh ne m'est pas inconnu non plus mais je ne sais par contre quasiment rien de lui. Ici, il est évoqué comme un long et athlétique gaucher qui peut faire des contres, shooter d'assez loin et courir. Il a besoin de se développer physiquement et d'apprendre à dominer les matchs mais il est le grand qui a le plus de potentiel de toute la draft, en dehors de James, Milicic et Anthony.
Bilas mentionne ensuite Kirk Hinrich comme le meilleur des arrières complets de la draft [je suppose que l'analyste compte plutôt James dans les ailiers], pouvant jouer meneur comme deuxième arrière et qui est bon shooteur. Il est suivi d'un arrière athlétique du nom de Dwayne Wade, qui attaque le cercle et qui est bon passeur, correct dribbleur et défenseur aux longs bras qui dévie plein de balles. Je plisse un instant les yeux. C'est Dwyane, son prénom, pas Dwayne.
Je suis heureux de trouver juste après le français Mickaël Pietrus. Jay Bilas le voit comme un « athlète de sang-froid qui a un jeu américain, à savoir qu'il attaque le cercle ». Une petite moue me chiffonne le visage à la lecture de ces mots. C'est qu'il est un peu simpliste de résumer les différences entre le basket américain et le basket européen à la tendance prévalente à se creuser un chemin jusqu'au cercle ou non. Enfin bref, pour l'analyste, le joueur de Pau-Orthez est très athlétique, bon défenseur mais perfectible au niveau de la technique et du tir à distance.
La mock draft de Sport Illustrated qui, dans son édition du 23 juin, accompagne un article de Ian Thomsen, est sensiblement la même. James est vu sélectionné en premier (« S'il peut résister à la tempête de hype, James peut devenir une version plus athlétique de Magic Johnson »), Milicic en second (« Peut-il mûrir suffisamment vite

pour aider son nouveau coach, Larry Brown, la saison prochaine ? ») et Anthony apparaît pareillement sur la dernière marche du podium (« en tant que scoreur rejoignant une équipe qui cherche désespérément à marquer des points, il est un favori en avance pour remporter le trophée de meilleur débutant de l'année ». Tiens donc, plus favori que James ? Pourquoi cela ? Car Anthony tombe dans un contexte qui le mettrait particulièrement en valeur ? Car le magazine considère que James aura davantage besoin de temps d'adaptation face à Anthony qui a déjà pu -brillamment- expérimenter l'échelon intermédiaire de la NCAA ? Aucune idée).
Chris Bosh et Dwyane Wade suivent le même train et puis, petite surprise du chef, c'est Pavel Podkolzine (18 ans et... une taille annoncée à 2,26 m) qui prend la sixième place. Je n'avais pas vu le russe affiché si haut jusqu'à présent. L'article de Thomsen révèle que le jeune géant en a mis plein les yeux lors des essais d'avant-draft, bougeant plus fluidement que Yao Ming selon certains et faisant saliver d'autres par ses énormes mains et son superbe tir. Il y en a des qui disent que Podkolzine devrait être considéré par toutes les équipes de la loterie sauf Cleveland (James reste donc au-dessus, mais pas les pourtant phénoménaux Milicic et Anthony).
Cependant, Thomsen calme tout de suite cet enthousiasme de dernière minute en rappelant que le pivot n'a que rarement posé ses immenses pieds sur un parquet cette année en Italie avec Varese, et que les moments où cela est arrivé n'avait rien d'impressionnant. Pour le reste de la draft fictive, je ne retiens que la septième position donnée à Mickaël Pietrus.
Cet article de Sports Illustrated est le dernier que je trouve sur le jeu de James avant la date fatidique du 26 juin 2003, date de la draft et date à laquelle le lycéen aux milles

médias accrochés aux basques sera officiellement un joueur de la NBA. J'ai, pour ma part, désormais une image assez précise du joueur qu'est LeBron James (bien que pas autant que je l'aurais voulu). Je visualise aussi assez bien pourquoi ce jeune joueur fait tant chavirer les foules.

J'ai aussi quelques endroits d'inquiétude quant à la transposition de son jeu en NBA. En cela, James n'est pas différent de ses semblables. Probablement est-il le meilleur lycéen à être jamais allé directement dans la grande ligue, mais lui-même ne peut complètement épousseter les voiles de l'incertitude. La réponse, toutefois, arrivera bientôt. Ce n'est plus qu'une question de mois maintenant.

Il m'aurait plu de suivre en direct la draft 2003 cette nuit, dans quelques heures. Notamment, j'aurai aimé assister à cet instant où LeBron James montera sur l'estrade pour serrer la main du grand patron de la NBA, David Stern, et où il recevra sa casquette de premier joueur sélectionné.

Malheureusement, aucune chaîne de télévision française et aucun site internet qui m'est accessible ne diffuse l'événement (qui n'en est donc pas un pour tout le monde, manifestement). Je me résous donc -un peu comme d'habitude quand il s'agit de James, finalement- à aller dormir puis à rattraper le lendemain matin sur le web tout ce que j'aurai manqué.

Je me réveille ainsi en ce matin du 27 juin mais je traîne un peu dans mon lit. C'est que je ne suis ni pressé, ni excité de savoir parce que je sais déjà. Il ne fait tout simplement aucun doute que James a été choisi par Cleveland. Un bon quart d'heure après, je prends une douche, attrape un gros morceau de pain que je noie de

confiture et m'installe devant mon ordinateur.
Le site nba.com affiche immédiatement au premier plan de sa page d'accueil l'akronien, couronné numéro un de la draft comme prévu. Sur la photo, son visage est encore un brin enfantin malgré une carrure de basketteur chevronné (même si cette vision est peut-être un peu tiraillée par un costume blanc probablement trop grand).
Ce n'est bien évidemment pas aujourd'hui que les médias vont se retenir de parler du prodige, et l'intéressé occupe les premières pages de tous les sites internets que j'ai l'habitude de visiter. Les articles à son sujet se déploient comme une armée partout sous sa photo de nouveau cavalier, avec même deux d'entre eux qui rapportent la soirée de draft de James pratiquement minute par minute (offerts par Randy Kim sur nba.com et Darren Rovell sur espn.com).
Sortant un peu ma tête de la bulle LeBron James, je regarde la liste des autres heureux sélectionnés de la draft. Il n'y pas vraiment de surprise non plus. Darko Milicic se retrouve en seconde position et va rejoindre Detroit, Carmelo Anthony arrive juste après et s'envole pour Denver, tandis que Chris Bosh a été choisi à la quatrième place par Toronto et Dwyane Wade, à la cinquième par Miami.
Mickaël Pietrus apparaît finalement à la onzième place avec une casquette des Warriors de Golden State sur la tête. En descendant un peu, j'aperçois un autre français, Boris Diaw, qui prendra la direction d'Atlanta après avoir été choisi en 21ème position.
Maintenant que j'y pense, Boris Diaw affiche des contours de joueur assez semblables à ceux de James. Il est un excellent passeur qui mesure plus de deux mètres et qui est altruiste, athlétique et intelligent. Il n'a pas été utilisé comme porteur de balle principal de son équipe à Pau-

Orthez, mais il me semble que c'était le cas quand il était en troisième division française sous le maillot de l'INSEP, sorte de centre de formation national. James est par contre plus costaud et un scoreur incroyablement plus impactant. Et aussi un moins bon défenseur, semble-t-il.

Chad Ford d'ESPN apprécie d'ailleurs ce choix de recrutement pour Atlanta car il attribue la note de « A- » à la franchise géorgienne pour cette draft. Il voit en effet le français devenir le parfait complément du scoreur de petite taille, Jason Terry, se chargeant de gérer le jeu tandis que ce dernier s'occupera de remplir le tableau des points. Aran Smith de nbadraft.net ne donne qu'un « B » mais il dit sensiblement la même chose.

Je note enfin la présence dans le tableau de draft du meneur de Dijon, Paccelis Morlende, pioché sans trop de bruit en 50e position par les SuperSonics de Seattle après un transfert avec les 76ers de Philadelphie.

Je parcours à nouveau le tableau. Puis, avec un sourcil interrogateur, je le passe devant mes yeux encore une fois. Non, aucune trace du géant Pavel Podkolzine que Sports Illustrated visualisait en sixième place de ses prévisions. Après quelques clics, je comprends que le russe a finalement retiré son nom des inscrits à la draft, préférant s'y présenter plutôt l'année prochaine. D'ailleurs, nbadraft.net l'imagine être sélectionné en troisième position de cette édition 2004 fictive, derrière Dwight Howard, Emeka Okafor et devant Luol Deng.

Je reviens rapidement sur les articles d'ESPN et de nbadraft.net qui filent des notes aux équipes pour savoir si elles ont pris des bonnes décisions de draft ou non. La sélection de Wade en cinquième place par Miami est validée (« le choix le plus sûr » disent Chad Ford et Aran Smith) et celle de Bosh par Toronto juste avant, davantage encore (« il a une chance d'être spécial » écrit Ford, « peut devenir l'un des meilleurs ailiers forts de la ligue » ajoute Smith).

Les Nuggets de Denver récoltent un « A- » avec Carmelo Anthony, ce « moins » probablement posé là car la franchise n'a pas, par ailleurs, réussi de coups d'éclat durant cette draft, en dehors de prendre le joueur perçu comme le meilleur parmi ceux restant. Mais elle a essayé, apprend-t-on de la plume d'Aran Smith. D'après lui, les Nuggets ont en effet tenté de vendre Anthony à d'autres équipes, mais qu'ils n'ont pas eu d'offres d'échange suffisamment intéressantes en retour pour conclure la transaction. Comme quoi, un certain nombre de personnes au sein de la NBA pensent qu'aussi fort Carmelo Anthony est-il, il n'est pas non plus un prospect pour lequel on hypothèque sa maison.

Les Pistons de Detroit sont sortis du Madison Square Garden avec la note de « A+ » épinglée sur leurs vestons. Tout d'abord pour avoir jeté leur dévolu sur Darko Milicic (« ils décrochent un "franchise talent" [un talent susceptible de marquer le club, traduirais-je] » avance Smith ; « le meilleur grand de la draft » d'après Ford qui n'en dit pas plus au lecteur parce que celui-ci, écrit-il, sait déjà tout ce qu'il y a à savoir à propos du jeune serbe). Puis aussi pour avoir fait la meilleure affaire de la nuit en récupérant l'ailier argentin Carlos Delfino avec le plus lointain 25ème pick.

Les Cavaliers de Cleveland, de leurs côtés, sont probablement arrivés à la soirée de draft dans le plus confortable des fauteuils. Nul dilemme à trancher, nul ongle à se ronger de crainte de voir le jeune joueur désiré être sélectionné avant que n'arrive leur tour, et l'assurance de repartir chez eux avec le plus convoité des lots. Ils n'ont eu qu'à écrire un nom -ce même nom qui a été écrit tant et tant de fois sur du papier journal ou numérique- sur

un quart de feuille et le tendre aux autorités de la NBA pour être les rois du bal.
Ils récoltent un « A » simplement pour ça. Mais pouvait-il en être autrement ? C'est simple c'était un « A » ou alors un « F » -un « Z » même- s'ils avaient choisi quelqu'un d'autre que James. Ça ne pouvait être rien d'autre entre les deux. D'ailleurs, Chad Ford donne réellement un « A- » à la franchise de l'Ohio, en précisant toutefois qu'elle obtient un « A » automatique avec LeBron James. Le « moins » est parce que l'analyste estime que Cleveland a manqué l'occasion d'essayer de se renforcer à l'intérieur avec le 31ème choix de draft, préférant plutôt prendre un shooteur en la personne de Jason Kapono. En ce qui me concerne, je n'ai pas étudié la question des besoins de l'effectif des Cavaliers mais il me semble que mettre des artilleurs à distance autour de James est une bonne façon d'utiliser les forces de ce dernier.
Sur ESPN, Marc Stein indique justement dans un article titré « Cleveland est officiellement Jamestown maintenant » que les Cavaliers doivent désormais essayer de savoir si les talents déjà présents dans l'équipe comme Dajuan Wagner, Ricky Davis et Darius Miles, pourront cohabiter efficacement avec le tout frais n°1 de draft (c'est-à-dire accepter de lui laisser souvent le ballon et de chercher à combiner avec lui plutôt que jouer individuellement leur propre carte) tout en laissant de la place aux intérieurs Zydrunas Ilgauskas et Carlos Boozer. On y comprend aussi que beaucoup de regards se porteront sur le nouvel entraîneur, Paul Silas, qui avait précédemment fait un plutôt bon passage à la tête des Hornets de Charlotte.
Mais c'est surtout la folie joyeuse qui envahit Cleveland -maintenant qu'il est parfaitement officiel que le jeune Élu est un membre des Cavaliers- que Stein rapporte. Après

tout, on n'est jamais sûr de rien et peut-être que toute la ville avait quand même une légère inquiétude de voir la franchise trébucher au dernier moment en griffonnant le mauvais nom sur la fiche de draft.

Le journaliste raconte que des fans ont fait la queue pendant trois heures pour entrer dans la Gund Arena, la salle où joue les Cavaliers, afin d'assister à la draft diffusée sur écrans géants ; que contrairement à d'habitude le nombre d'humains a dépassé le nombre de sièges vides dans les tribunes et qu'enfin, les maillots portant le nom de James se vendaient plus vite que les vendeurs n'arrivaient à les sortir de leurs boîtes.

Ce genre de raz-de-marée populaire est rare à Cleveland et les dirigeants ont pris la précaution d'engager un directeur de la sécurité à plein temps pour protéger James de la foule, tout en sortant toute l'énergie qu'ils ont dans les poches pour vendre des tickets pour les matchs à venir.

Enfin, Marc Stein donne les derniers mots de son article à Austin Carr, figure historique des Cavaliers sélectionné lui aussi par la franchise ohioan avec le premier choix lors de la draft de 1971 et actuellement commentateur des matchs des Cavs à la télévision. L'ancien arrière raconte qu'il avait eu droit à une fanfare après sa draft, mais qu'elle était sans commune mesure avec celle qui accueille James aujourd'hui.

Le natif d'Akron doit encore faire ses preuves en NBA et la raison voudrait qu'on attende un peu avant de jeter de la sorte ses espoirs sur un jeune homme de dix-huit ans. Mais qu'y peut-on, l'espoir justement est quelque chose d'irrépressible et de plus sucré que le sucre.

Les clevelandais -et même vraisemblablement tous les habitants de l'Ohio- se voient déjà devant les rencontres de leur équipe de cœur à déguster les exploits de leur prodige fait maison de la même manière qu'ils croqueraient dans un nuage. Ils s'imaginent avec à la main des tickets de match imprimés sur des feuilles d'or, s'asseoir sur des sièges capitonnés de velours puis regarder un tableau de maître italien de la Renaissance s'animer et vivre sous leurs yeux.

Ils se visualisent en train de faire rouler les victoires entre leurs doigts tel une musicienne jouant avec les cordes de sa harpe. Puis respirer l'air frais qui n'existe qu'au plus haut des sommets.

Ils entendent probablement aussi déjà les légendes de James et des Cavaliers être contées par la plume d'un poète et chantées par la voix d'un ange, les livres d'histoire s'ouvrir dans un doux bruit de frottement d'encre et de papier pour consigner les records et les hauts faits, ou encore les carillons de la gloire sonner de toutes leurs vibrations dorées.

Peut-être aussi que leur côté sombre se délecte-t-il à imaginer les jaloux se cailler le sang à force de les maudire de posséder ce qu'ils aimeraient avoir. Parce que je me doute bien qu'ils veulent aussi s'asseoir à la table des dieux et plaisanter avec eux en regardant les autres de si haut qu'ils pourraient sentir la chaleur du soleil en levant la main en l'air. Certainement même qu'ils chériraient cette cible de l'envié par tout le monde qui serait clouée dans leur dos. Qu'ils crèvent de désir d'avoir des ennemis pour pouvoir les balayer d'un revers de la main.

Si jamais LeBron James est bien le chef d'œuvre annoncé, espérons quand même qu'ils aient une fierté plus bienveillante que toxique et la revanche plus sportive que rancunière. Mais je m'égare, en ce 27 juin 2003, les esprits sont plus à l'utopie qu'au cynisme. C'est d'ailleurs un des bonheurs de la draft qui est partagé par tous. En ce jour, l'avenir paraît meilleur à tout le monde car toutes les équipes pensent avoir mis la main sur un jeune joueur de talent, avec une chance que celui-ci se révèle être une perle rare. Mais bien sûr personne n'est aussi ivre de joie et d'espoir que l'équipe qui a pu recruter LeBron James.

Quant à moi, maintenant qu'il est en NBA, je vais enfin pouvoir voir jouer le jeune basketteur de mes propres yeux. Quand ? Je ne sais pas vraiment encore. Son premier match officiel sera dans quelques mois, à la toute fin d'octobre. Mais laquelle des rencontres des Cavaliers sera diffusée en France en premier ? Mystère.

J'ai un peu hâte quand même. Et puis ensuite, le reste appartiendra à l'Histoire. Qu'importe que James se montre à la hauteur du mythe déjà créé autour de lui, qu'il se contente de devenir un bon joueur ou qu'il déçoive complètement, cela sera écrit dans les registres. Parce qu'il y a déjà dedans tout un chapitre à son nom qui attend une suite à son récit.

Fin.

Ainsi se termine notre aventure à nous aussi. J'espère qu'elle vous a plu et que vous avez passé un bon moment. Ce livre n'aurait pas été tel qu'il est sans les sites d'archives Newspapers.com et archive.org (The Internet Archive, n'hésitez pas à faire des dons), ni bien sûr sans les médias et intervenants qui apparaissent dans ses lignes. J'en profite pour préciser que j'ai commencé à travailler sur ce projet à compter de fin 2022 et l'ai poursuivi durant l'année 2023. Les informations utilisées sont celles disponibles et trouvées durant cette période (et probablement d'ailleurs que je suis passé à côté d'un certain nombre d'entre elles, internet demeure un puits sans fond). J'ai essayé de faire une reconstitution aussi juste que possible mais on peut raisonnablement penser que ce même livre écrit réellement en même temps que LeBron James émerge et s'installe dans le paysage médiatique, aurait une autre tête. Si cela était possible, j'aurai bien aimé pouvoir lire ces deux livres.

En coulisses:
- J'ai écrit une bonne partie de ce livre avec la chanson « GIANTS » de True Damage (Becky G, Keke Palmer, SOYEON de (G)I-DLE, DUCKWRTH, Thutmose) en fond sonore. Et le reste du temps, c'était la bande originale de la série Arcane.
- Beaucoup de chocolat a été englouti durant la rédaction de ce livre.
- Au moment où je termine ce livre, je n'ai toujours pas vu le documentaire « More than a game » qui raconte les années lycéennes de James, ni le film « Shooting Stars » (ou le livre autobiographique de James, accompagné de Buzz Bissinger qui en est l'adaptation). Bientôt, bientôt.
- Je n'ai pas davantage vu de matchs de James sous le maillot

de St Vincent-St Mary.

- Je n'ai également pas encore regardé le documentaire sur Lenny Cooke, intitulé « Lenny Cooke ».

- Je suis un peu déçu de n'avoir jamais eu l'occasion de mentionner Romeo Travis dans ce livre, coéquipier de James à St Vincent-St Mary, alors que j'ai souvent eu l'occasion de le voir jouer en France.

- Je n'ai pas arrêté d'écrire le nom du coach Keith « Damrot » au lieu de « Dambrot », allez savoir pourquoi.

- Il est surprenant de voir à quel point beaucoup de jeunes joueurs cités ont par la suite joué professionnellement en France.

- D'ailleurs, ça me fait dire qu'il faudrait que je fasse une sorte de suite racontant ce que les jeunes joueurs cités dans ce livre sont devenus par la suite.

- J'ai lu un gros paquet d'articles sur LeBron James durant tout son cursus à St Vincent-St Mary. Mais je ne sais pas s'il a finalement eu son diplôme lycéen ou pas.

Cette fois, c'est bien la dernière page à lire du livre. J'espère que vous le refermez avec le sourire. Si c'est le cas, vous feriez une passe d'un beau fouetté du poignet en allant écrire un commentaire sur le site où vous l'avez acheté. Merci et à bientôt !

ISBN : 978-2-9592129-0-1
Dépôt légal : mars 2024
Nicolas Aaa, 10 rue Marivaux, 67200 Strasbourg
19,84 €, prix toutes taxes comprises, France.

Printed in France by Amazon
Brétigny-sur-Orge, FR

19147762R00173